吉林省科技厅项目"生态保护红线划分背景下吉林省乡村旅游开发问题研究"（项目编号：20180418110FG）

乡村旅游可持续发展研究

——以吉林省为例

付卉 张竞 陶淑芬 著

中国社会科学出版社

图书在版编目（CIP）数据

乡村旅游可持续发展研究：以吉林省为例/付卉，张竞，陶淑芬著.—北京：中国社会科学出版社，2019.3
ISBN 978-7-5203-4235-3

Ⅰ.①乡… Ⅱ.①付… ②张… ③陶… Ⅲ.①乡村旅游—旅游业发展—研究—吉林 Ⅳ.①F592.734

中国版本图书馆 CIP 数据核字（2019）第 056719 号

出 版 人	赵剑英
责任编辑	刘晓红
责任校对	周晓东
责任印制	戴　宽
出　　版	中国社会科学出版社
社　　址	北京鼓楼西大街甲 158 号
邮　　编	100720
网　　址	http://www.csspw.cn
发 行 部	010-84083685
门 市 部	010-84029450
经　　销	新华书店及其他书店
印刷装订	北京君升印刷有限公司
版　　次	2019 年 3 月第 1 版
印　　次	2019 年 3 月第 1 次印刷
开　　本	710×1000　1/16
印　　张	17
插　　页	2
字　　数	245 千字
定　　价	78.00 元

凡购买中国社会科学出版社图书，如有质量问题请与本社营销中心联系调换
电话：010-84083683
版权所有　侵权必究

前　言

自古以来，我国就以农业作为经济发展的支柱，随着历史的不断演变，农业文明的前进步伐也正在孕育着丰厚的农业文化。与此同时，我国拥有辽阔的地域，横跨热带、亚热带以及温带；地形多种多样、呈阶梯状分布，广袤的平原地区有利于我国发展生态农业。我国丰富多样的资源都来源民间地方，并且都具有独特性，特别是对国内外的游客保持了强烈的吸引力，同时它也具有宽泛的市场空间。长期以来，旅游经济一直被称为绿色、生态的产业，因为它不仅能有效地推进我国经济的快速发展，还能为旅游地区的人们提供就业的机会。目前，在地方政府以及各大企业的带动下，原生态资源逐渐地被广为开发利用，同时也被包装为各式各样的旅游资源，供消费者享用。

在乡村旅游不断发展的同时，也出现了许多负面问题。例如，千篇一律地发展同样的旅游项目。这在一定程度上给当地的生态环境带来了严重的破坏性，其行为也可被视为掠夺式的开发。正是因为这些利益性的行为，已经大大地缩减了农业生态旅游的宝贵价值，同时也给消费者留下了不好的印象，这将阻碍经济的可持续发展进度。所以，处在生态文化的热潮之中，应该注意到农业生态资源的长久发展问题。吉林省作为农业大省，更应该注重乡村旅游的可持续发展。

"生态保护红线划分背景下吉林省乡村旅游开发问题研究"是吉林省科技厅批准立项的软科学基金项目。立项后，课题组负责人及全体参加人员进行了认真细致的研究工作，收集了大量资料和数据，调研了吉林省旅游委、长春市旅游委、吉林市旅游委、延边州旅游委和各个市（区）具有代表性的乡村旅游企业等，最终形成本研究报告。本书通过对吉林省乡村旅游发展问题的研究，认为吉林省乡村旅游必须从根本上下功夫，不能只做表面文章，必须坚持树立正确的发展模式，必须坚持科学的发展体系，必须坚持发展有吉林特色的乡村旅游项目，必须坚持走大吉林旅游之路。

本书在研究过程中，吉林省旅游局和各地（市、州）旅游局及多地乡村旅游企业都对研究工作给予了大力支持，省科技厅领导和工作人员也给予了热心指导，北华大学科研处提供了充分的科研管理服务，本书在完成中参考了一些学者公开发表的研究成果，在此，对所有为本书完成做工作的人们表示衷心感谢！

本书为吉林省科技厅项目"生态保护红线划分背景下吉林省乡村旅游开发问题研究"（项目编号：20180418110FG）成果之一。

最后，欢迎广大读者对本书不足之处进行批评和指正，共同为乡村旅游的繁荣和发展贡献力量。

付　卉　张　竞　陶淑芬
2018年8月于吉林

目 录

第一章 绪论 …………………………………………………… 1

    第一节 研究背景及意义 ……………………………………… 3
    第二节 文献综述 ……………………………………………… 6
    第三节 本书主要内容及研究方法 …………………………… 14

第二章 相关理论及相关概念界定 …………………………… 17

    第一节 相关理论 ……………………………………………… 17
    第二节 相关概念界定 ………………………………………… 27

第三章 吉林省乡村旅游现状 ………………………………… 50

    第一节 吉林省乡村旅游资源概况 …………………………… 51
    第二节 吉林省乡村旅游客源现状 …………………………… 55
    第三节 吉林省乡村旅游发展分析 …………………………… 59

第四章 吉林省乡村旅游存在问题及原因分析 ……………… 70

    第一节 对乡村旅游认识不足 ………………………………… 70
    第二节 农村生态景观的破坏 ………………………………… 71
    第三节 盲目建设,缺乏整体规划 …………………………… 71
    第四节 市场定位不明确,产品结构单一 …………………… 72
    第五节 旅游活动参与程度低 ………………………………… 73
    第六节 主要的法律问题 ……………………………………… 73

第五章 解决吉林省乡村旅游发展问题的对策 ……………………… 77

第一节 "中国梦"对吉林省乡村旅游发展的影响 ………… 77
第二节 "中国梦"背景下的吉林省乡村旅游发展对策 …… 79

第六章 吉林省乡村旅游创新发展路径 …………………………… 88

第一节 分时度假研究综述 …………………………………… 88
第二节 分时度假与乡村旅游结合的理论探讨 …………… 107
第三节 乡村分时度假旅游概念的提出及其现实意义 …… 119
第四节 基于网络信息平台的吉林省乡村旅游特色化关键
技术研究 ………………………………………………… 123

第七章 吉林省乡村旅游可持续发展的保障 ……………………… 128

第一节 旅游行政主管部门的角度定位与调整 …………… 128
第二节 乡村旅游行业协会组织的角色定位与调整 ……… 131
第三节 法制道德建设 ……………………………………… 134
第四节 扩大开发，加快区域合作 ………………………… 142
第五节 构建乡村旅游可持续发展的生态环境检测系统 … 145

第八章 结论 ………………………………………………………… 153

附录 …………………………………………………………………… 155

参考文献 ……………………………………………………………… 244

第一章　绪论

目前，中国正处在社会发展的加速期和转型期的关键阶段，必须在经济增长的前提下实现主动转型，同时要在转型的过程中实现高质量的经济增长。中国经济发展的最大潜力在广大城镇和农村，实现可持续发展的落脚点也在城镇和农村。中共中央、国务院印发的《国家新型城镇化规划（2014—2020年）》要求，努力走出一条以人为本、四化同步、优化布局、生态文明、文化传承的中国特色新型城镇化道路。[①] 截至2014年，中央一号文件连续11年以"三农"为主题，在新农村建设上中央提出了"生产发展、生活宽裕、乡风文明、村容整洁、管理民主"的总体要求，强调扎实推进社会主义新农村建设[②]。这些都强调了新型城镇化与新农村建设在中国特色社会主义现代化建设中的重要地位。

然而，中国在快速推进新型城镇化和新农村建设并取得令世人瞩目的成绩的同时，其背后也暴露出越来越多的问题和挑战。经济取得了快速发展，但在实施过程中却往往只着眼于经济建设而忽视保护生态环境，以牺牲环境的代价来换取经济发展，从而造成了诸多生态问题，使得许多地区已经处于亚健康或不健康状态，这些已经成为制约整个中国经济发展的瓶颈。"中国梦"的重要内容之一就是生态文明建设，生态文明是物质文明建设的主要内容之一，其主要特征表现为人与自然和谐发展。在我国建设新型城镇化过程中，将生态文明的理

[①] 中共中央、国务院：《国家新型城镇化规划（2014—2020年）》，2014年3月。

[②] 十届全国人大四次会议：《中共中央关于制定国民经济和社会发展第十一个五年规划的建议》，2006年3月。

念和新农村建设的要求相结合，考虑到可持续发展相关的要求，大力推进集约、智能、绿色环保项目，为中国特色社会主义建设目标的实现打下良好的基础，这对我国的长远发展也有重要的意义。

我国的乡村旅游产业目前正处于高速发展阶段，这种产业是基于农业生产活动，并融入相关的旅游元素而开发的，本地农民在其中发挥了积极的作用，因而应该通过各种途径吸引当地农民积极参与其中，这样也可以有效地提高他们的经济收入，为当地经济的发展提供一定的支持作用。在发展乡村旅游项目过程中，考虑到我国当前的社会发展状况，结合农村的特色资源，需要对农村经济模式进行主动转型，为长久的可持续发展打下良好的基础。中国经济目前已经进入临界发展阶段，不过广大城镇和农村的经济发展潜力还没有充分地发挥出来，因而以后的发展中应该重点开发城镇和农村的资源。根据国务院发布的《国家新型城镇化规划》，在未来十年内，我国将进一步加大改革开放力度，努力开创以人为本、四化同步的新型发展模式。为了实现此方面的发展目标，国务院也制定了未来农村发展纲要，并提出了"生产发展、生活宽裕、乡风文明、村容整洁、管理民主"的总体要求，对新农村建设工作做了详细的规划。这些文件都不同程度地加大了新农村建设工作的力度。

目前我国在新型城镇化领域已经取得了很多成绩，总结了大量宝贵的经验，不过在此发展过程中很多的问题也不断地表现出来。主要的问题之一就是，在经济迅速发展过程中，生态环境保护工作没有做到位，很多地区的生态环境和自然资源遭到大量的破坏，并引发了诸多生态问题，一些地区民众的生命健康也受到很大的影响，这对中国经济进一步发展产生了一定的制约作用。"中国梦"的重要内容之一就是加大生态产品的生产和消费，整合乡村旅游资源，通过各种方法对这些资源进行转化，并据此提升当地民众的经济效益。吉林省的农业资源很丰富，目前农村旅游业开始进入高速发展阶段，发展乡村旅游有很广阔的前景。不过在发展过程中应该合理有序地开发，做好此方面的规划，提高开发效益。

第一节　研究背景及意义

一　研究背景

在经济和社会的高速发展下，大量的温室气体被排放到环境中，这也导致"热岛效应""水泥沙漠"等相关的问题开始日益频繁地表现出来。生态旅游作为一种新的旅游发展趋势，目前开始受到广泛的关注，且进入高速发展阶段，此方面的研究也不断增多。目前生态旅游研究已经成为旅游业的研究热点。随着城市化的迅速进展，城市居民的生活压力也日益增加，很多城市居民开始渴望体验农村生活的悠闲舒适。为了有效地解决新农村发展过程中遇到的问题，农业旅游产业开始被提出来，且受到了很多城市居民的欢迎。乡村旅游资源具有共同特征，将这些资源和农业结合起来，就形成了农村旅游产业的基础。

乡村旅游具有其自身的独特特征，如"农游合一"，根据此方面的发展经验表明，农村旅游对调整农业产业结构有重要的意义，也在一定程度上提升了当地居民的收入，促进新农村建设、对解决当地的就业问题也有一定的帮助作用，因而有多方面的意义。此外农村旅游也可以有效地传递农村和城镇文化知识，提高农村民众的精神文化水平，因而目前政府部门也加大了重视力度，制定了相关的政策来促进农村旅游的发展。这些对乡村旅游的长远发展也有一定的支持作用，在"98 华夏城乡游""06 中国乡村旅游年"之类旅游活动的带动下，乡村旅游已经被社会广泛认同。

不过目前关于乡村旅游的理论研究还很缺失，和旅游实践活动相比有明显的差距。乡村生态旅游的内涵、资源分类等还不是很明确，此外农业旅游资源的开发价值及潜力等也不是很明确，缺乏科学评价体系，这也导致出现了很多问题。如乡村旅游资源开始出现大众旅游的"开发一处、破坏一处""开发一处，失败一处"重蹈覆辙的问题。就总体而言，目前我国的乡村旅游正处于初始发展阶段，相关的规范也没有建立起来，很多理论和实务问题还有待处理。目前，吉林省乡村旅游还存在诸多问题必须尽快解决，否则就会产生负面影响。大部分研究文献关于乡村旅游的研究层次不高，没有摆脱传统"景观"旅游资源的局限，主要集中在乡村旅游的可持续发展方面，而关于这种旅游的生态效益目的性的研究很少。这也导致"乡村旅游"的内涵不明确，一些农业旅游景点都借用了乡村旅游的名义，不过其相应的旅游产品大都不满足此方面的需求。因而在概念混乱的影响下，乡村旅游产业的类别也不明确，从而引发了管理混乱等问题，并导致很多地区的生态环境遭到一定程度的破坏。比如生活废水污染严重，大量的生活垃圾随意丢弃，这对乡村旅游的长远持续发展产生了一定的不利影响。

二 研究意义

乡村旅游对农村经济发展有重要的意义，是农业和生态旅游协同发展基础上建立的新型旅游模式。其综合了农村各方面的资源，将其中的优势资源挖掘出来，并通过一定方式转化为经济和社会效益，并在此基础上推动社会、经济的有序发展。开展乡村旅游对吉林省新农村建设也有积极的带动作用。

（一）学术价值

1. 丰富和完善乡村旅游概念研究

目前关于乡村旅游的名称有很多，不过还没有统一的定义，很多称呼如旅游农业、农业旅游、观光农业、休闲农业旅游、旅游农业等相类似概念混淆，需要明确界定。

2. 丰富和完善可持续发展理论研究

吉林省是农业大省，农业资源非常丰富，然而乡村旅游发展却比较滞后，如何使农业能够可持续发展是摆在决策者面前的重要问题。乡村旅游可以帮助农村转变经济发展模式，有利于民众充分利用当地资源致富；旅游业成为农村经济新的增长点，也为解决农村的就业问题提供了一定的支持作用，有多方面的意义。对吉林省乡村旅游发展的研究，有助于丰富和完善可持续发展理论。

3. 有助于深入研究"中国梦"

中共中央领导人提出了"中国梦"的构想，指明未来中国发展的方向，对于吉林省乡村旅游的发展研究必须以这个思想作为指导。具体怎样做，需要深入的理论研究。

(二) 实践意义

1. 有利于指导吉林省农村产业结构调整和农村剩余劳动力再就业

吉林省农业经济模式较为单一，主要为种植业，产品附加值很低，城乡差距很大，不过农村特色资源较多。如果在充分利用这些资源的同时，适当地开发乡村旅游，有机地融合农产品加工、农村旅游、农艺展示等相关的元素，则可以将这些资源的价值充分发挥出来，且带动农村商业、服务业等产业的协同发展，也可以促进农村产业结构调整。同时，也提供了更多就业岗位，为解决农村就业问题、逐步缩小城乡差距发挥一定的支持作用，也可以适当地推进农村的城镇化发展进程。

2. 有利于指导吉林省乡村旅游建设，是吉林省现代农业发展的必由之路

在目前城镇化迅速发展的形势下，生活压力加大，环境污染、资源浪费、生活垃圾大量排放的问题也开始表现出来，这些都和城市化有一定的相关性。与此同时，很多城市白领也希望能从城市嘈杂的环境中暂时解脱，并进入乡村的自然环境中去放松身心。因而回归田园生活成为市民的追求。在目前交通日益发达的形势下，很多城市居民在双休日到乡村农庄旅游或者农家乐休闲放松、陶冶情操，也调节了身心状态。本研究成果将为吉林省乡村旅游发展提供一定的理论依据和建议。

3. 有利于提高吉林省农产品的附加值，改变传统的单一经济模式

乡村旅游综合了农业、旅游业和交通业各方面的元素，对第一产业的新型发展有很大的带动作用，同时为旅游者提供了多方面的服务，如娱乐、观赏、品尝、休闲、度假等，这样一方面提高了农产品和服务的附加值，也为城市旅游者提供了更好的旅游体验；另一方面为旅游区的农民创造了致富的平台，解决了相关的就业问题，也促进

了农村经济的繁荣发展。相关调查研究结果表明，目前我国至少有1万个村、约300万人口从事和乡村旅游相关的工作。

乡村旅游对经济和社会发展有多方面的意义，比如可以促进经济科技信息的交流，优化资源配置，带来资金、技术的流动，对开拓农村市场也有一定促进作用，同时也可以提高当地产品的知名度，带动农产品加工业、工艺品制造的发展，有利于拓宽农村人的视野。可以在此基础上有效地推动农业经济进入高速发展阶段。

4. 有利于改善乡村生态环境质量，提升农业资源的附加值

在农村经济发展过程中，提升农业资源和产品的附加值是一个重要的途径。在传统农业进入现代农业发展过程中，当地生态环境可以通过乡村旅游来得到有效的保护。旅游者通过参与农业生产项目，可以放松身心，缓解紧张的工作压力，也获得了生活乐趣，增长了自己的见识，开阔了视野。据此也可以看出，乡村旅游具有明显的社会效益。农业现代产业发展过程中需要进行高科技投入，综合利用先进的生物技术，降低化肥、农药引发的不利影响，这样可以为生态环境保护提供一定的支持作用，并带来很高的生态效益。同时乡村旅游还能激活农民整治环境、改善生态环境质量的积极性和主动性，进而提高吉林省农业生态环境的质量。

本书不仅对吉林省农业发展有一定指导作用，还对国内其他同类省市具有一定的参考价值。

第二节　文献综述

一　乡村旅游研究进展

国外关于乡村旅游的研究开始于20世纪50年代，当时的研究重点为山区资源开发，一些学者在调查基础上研究了旅游开发对山村居民的意义。进入60年代之后，此方面的研究开始增加，乡村旅游主题的研究也开始受到广泛的关注，在此阶段相关的研究重点为乡村旅游开发对农民经济效益的影响。进入80年代之后，在社会经济等各

方面因素影响下，很多学者从不同角度对其进行了各自的研究，相应的研究范围也明显地扩大，经济、文化、环境、发展模式、旅游地空间等也都被纳入进来。在此后的发展过程中，国外乡村旅游研究也日益成熟，一些理论也被提出来，相应的研究技术和方法也得到改进。此阶段的乡村旅游研究内容主要有如下几方面：乡村旅游对乡村社区的影响，乡村旅游中的产品服务、规划和市场营销问题，旅游地空间布局，旅游对农业经济的带动问题。进入21世纪之后，国外乡村旅游的案例大幅度增多和理论研究水平大幅度提高，一些学者将社会学、人类学、地理学等相关的知识引入其中，同时应用了聚类分析、案例访谈、问卷调查、综合比较等相关的研究方法。研究的问题主要有如下几方面：（1）乡村旅游的开发管理问题；（2）乡村旅游的影响；（3）乡村旅游相关概念辨析问题；（4）民众对乡村旅游的态度；（5）乡村旅游对当地女性就业的影响；（6）乡村旅游的冲突和解决途径。

我国的乡村旅游从20世纪80年代开始发展，其后为了更好地促进此方面的发展，与此相关的研究也不断增加。总体上看乡村旅游的研究可划分为如下几个阶段，1990年前后至1998年，此阶段的研究较为粗浅，主要侧重于引进国外此方面的研究成果，相应的研究成果也不多，不过为其后的研究打下了良好的基础。1999年至2001年，此阶段的研究水平明显地提高，在"98华夏城乡旅游"活动的影响下，此方面的研究论文明显地增加，研究内容范围也明显地扩大。一些学者还进行了相关的理论研究，提出了乡村旅游的概念、产品、发展模式等；不过此阶段的研究也存在局限性，主要是针对乡村旅游相关问题的粗略总结。2002年以后，与此相关的研究开始深入，研究内容进一步深化，相应的技术水平也明显地提升。分析可知当前此方面的研究侧重如下几方面：（1）区分农业旅游、休闲农业、乡村旅游的异同，且给出相应的定义，划分乡村旅游的类型；（2）不同地区在发展乡村旅游方面的模式选择；（3）乡村旅游在发展过程中面临的问题和解决措施；（4）旅游区内部空间规划方案；（5）旅游区的资源优化利用，以及空间布局关系，旅游对经济的带动作用；（6）乡村旅游发展驱动机制。

总体而言,虽然国外关于乡村旅游的研究都有了纵深的发展,但都存在亟待解决的一个关键的理论问题,也就是"乡村旅游"的定义,其内涵和外延。在此方面的理论研究中,应该明确乡村旅游的概念,这对理论体系的建立有重要的支持作用。不过目前和乡村旅游很类似的概念有很多,如体验农业、"农业旅游"、"休闲农业"、"田园旅游"、"田野观光"等,目前此方面还没有形成明确的定义,这对乡村旅游的理论研究产生了一定不利影响。

二 生态旅游研究进展

生态旅游思想是 20 世纪 60 年代被提出的,赫克在进行此方面的研究时,提出了"生态性旅游"的表述,到 80 年代时"生态旅游"作为一个独立的概念被墨西哥环境保护学者拉斯卡瑞提出[①]。此后随着联合国世界环境和发展大会召开,生态旅游的概念也被接受且广泛地传播,此外其和可持续发展理念结合起来,与此相关的研究也不断地增加。在全球范围内开展了此方面的研究热潮。与此相关的表现如下:(1)国际上关于刊载生态旅游的专业性期刊达到了三十几种,主要有《旅游研究期刊》《旅游研究杂志》《旅游管理》等,很多相关生态旅游的文章都在这些刊物上出现过;一些专业的旅游学术专著相继问世,其中影响深远的如《生态旅游:规划和管理指南》(Lindberg, 1993)、《自然旅游经营者的生态旅游原则》等。(2)在此方面的发展过程中,生态旅游思路对国际旅游业的影响也不断地表现出来,不同类型的旅游研究协会也纷纷建立,如世界旅游组织、国际生态旅游协会、自然保护管理委员会、世界自然保护联盟、日本自然保护协会、美国生态旅游协会等。根据相关资料可知,这些生态旅游研究机构从不同角度开展了生态旅游的研究工作,且通过各种方式进行生态旅游的推广。其中世界旅行旅游理事会从 20 世纪 90 年代开始建立生态旅游认证标准体系,其后此方面的认证开始受到广泛关注,全球有超过 1500 家企业获得了此方面的认证,一些标准也被建立;其

---

① Fennell D. A., *Ecotourism: An Introduction*, London: Routledge, 1999, p.217.

中的 NEAP 生态旅游认证体系目前已经被广泛地采用，且在其后做了相应的改进和完善。

我国对生态旅游的研究也已经有很多，20 世纪 90 年代，在全国首届生态旅游学术研讨会上，一些学者提出了生态旅游活动相关的事宜；其后很多旅游资源很发达的城市纷纷召开了相关的旅游研讨会；为了更好地促进我国旅游业的发展，国家旅游局举办了"99 生态环境游"等系列活动。这对我国生态旅游业的发展起到重要推动作用，也为此方面的研究打下了良好的基础。此后与此相关的研究不断增加，一些学者从不同角度对生态旅游进行了研究，且取得了很多重要的成果，相关的研究期刊和论文也日益增加，此方面的专业论文已经达到 31500 余篇，一些学术著作也开始出版。与此同时生态旅游科研机构也被建立，如中国林学会生态旅游协会、中国地理资源旅游开发研究所、中国社会科学院旅游研究所，此外还包括中南林业科技大学建立的学术性研究单位。为了更好地促进我国生态旅游业的发展，我国旅游管理部门还制定了此方面的规范和标准，其中著名的如中国旅游协会制定的《中国生态旅游标准》。

根据以上论述可以看出，生态旅游成为独立学科的时间还不长，不过在其 40 年的时间里已经产生了巨大的影响。国内外学者对此进行了多方面的研究，目前已经形成了生态旅游的核心元素：保护、负责任和多元交互。经过十多年的发展，目前在国内"生态旅游"已经变得很火热，且开始成为旅游市场营销的"法宝"。不过根据此方面的资料可知，"生态旅游"的定义和内涵还不是很明确，目前还缺乏明确统一的结论。相关研究者的学术背景和研究目的存在一定的差异，且给出的生态旅游概念也表现出学科差异。统计结果表明，目前生态旅游的概念已经超过了二百多种。这些概念的出发点、范围和内涵等都有所不同，且有不同的适用领域。另外由于生态旅游的内容本身就很模糊，因而目前还没有得到明确统一的结论。"生态旅游"概念内涵的多样性和经济、地域、文化，以及学者的研究方向等都有关，说明了"生态旅游"概念内涵的丰富性和复杂性。这也说明了"生态旅游"概念还存在很多不确定之处。

三 乡村生态旅游研究进展

国外学者在研究农业旅游过程中应用了生态理念，且在此基础上建立了相关的理论体系，形成了多种研究方法，研究的范围也扩大到很多领域。从总体上分析可以看出国外学者关于乡村生态旅游的研究较为全面成体系，他们从概念、意义、乡村生态旅游价值、发展方向、管理模式等方面进行了研究，讨论了乡村生态旅游管理过程中的问题，以及女性就业问题等。他们在研究时用到的方法也有很多种，综合应用了统计学、行为学、旅游学、社会学等相关的理论知识。在此基础上还做了大量的图表分析、问卷调查，对所得结果进行统计处理。而有的学者还应用了经济数学方法来讨论，取得了很多有重要价值的成果。分析可以看出，发达国家关于乡村生态旅游研究侧重如下内容：(1) 乡村生态旅游的定义和内涵，分析可以看出，国外此方面研究者的专业背景和研究目的等存在明显的差异，且用到的方法也不同。他们从不同角度对此做了定义，并深入地分析了其内涵和外延，讨论了其在经济发展中的价值。不过目前关于其内涵与外延还没有得到一致意见，还存在很多的分歧需要进一步融合。(2) 发展乡村生态旅游的影响和居民态度、当地民众对乡村旅游的参与积极性和态度等。根据此方面的分析可以看出，西方发达国家侧重此方面旅游的公平问题，且对乡村旅游的管理秩序等也较为关注，且认为在以后的发展过程中应该重点解决这些问题，此外还需要考虑到可持续发展，这样才不会误入歧途。(3) 乡村生态旅游市场细分和目标客户群体的认定，西方发达国家对此进行了全方位的研究，且取得了很多重要的成果，相应的研究内容已经很细化。开始出现很多的门类，如游客对此类产品的认知情况，不同分类游客的特征和他们的个性化需求，此外还有各种类型游客对服务质量的意见和看法，怎样的设计才能更好地满足他们的要求，各种具体旅游产品的价格定位，乡村旅游活动的项目安排等。他们在研究中开始用到一些定量分析方法。(4) 乡村生态旅游发展中的女性问题，这也是此领域的研究热点之一，很多国外学者对此问题进行了不同角度的研究，且达到了一定的深度。大部分国外学者认为发展乡村生态旅游对农村女性可以起到帮助作用，为她们提供就业机会，有利于开拓其视野，提升她们的经济地位。农村女性在乡村生态旅游发展中也发挥了重要的作用，不过目前学者在此方面还没有形成统一的结论，存在很多分歧。

我国学者从20世纪90年代开始进行乡村生态旅游的研究，虽然起步晚，不过发展速度很快，一些理论体系也已经被建立起来。总体上看，相关的研究情况如下：研究范围较窄，大部分学者的研究侧重于乡村生态旅游的概念界定、内容评价，乡村旅游发展中面临的问题，管理模式和方法，以及其未来的发展方向等。分析可知这些研究的深度不足，且应用到的方法也有限。此方面的方法一般基于一两个学科理论，很少进行跨学科的研究，大都采用定性分析或在调查结果基础上进行一定的统计处理。有的学者在研究过程中应用到问卷调查、数理统计相关的方法，对所得结果进行了模糊层次分析。也有的学者在研究时用到了经济数学方法，且进行了相应的实地调查研究，这些研究还存在一定的局限，具有较大的提升空间。目前我国此方面的研究主要集中在以下方面：（1）明确乡村生态旅游的定义，国内学者在进行此方面研究时，缺乏统一性和整体性，主要是从各自的专业背景进行，并据此来对乡村旅游进行定义，然后开展相关的研究，因而此方面的分歧很明显，未能形成公认一致的意见。（2）在一定用户调查基础上建立起乡村生态旅游资源评价标准规范。不过这方面的标准都是基于《旅游资源分类、调查与评价》而建立的，在进行定量分析过程中，建立了相应的综合模糊评价数学模型，且应用了一些模糊数学相关的方法。而也有学者应用了GIS技术、生态足迹分析方法来进行研究，取得了很好的成果。（3）乡村生态旅游产品定位、规划等，与此相关的研究也有很多，比如刘丽丹、王辉、谷松（2006），王健等学者对此进行了研究，不过分析这些研究内容可看出，他们主要采用定性研究方法，因而所得结论不是很深入，缺乏一定的理论指导价值。（4）乡村生态旅游开发中存在的问题与对策，如于颖（2010）、贾照雪（2012）等学者对此进行了不同角度的研究。他们在此方面的研究中主要用到了定性研究方法。（5）乡村生态旅游的开发模式。此类研究相对较少，如张洪双（2010）等学者应用了利益相关者的方法对此进行了研究，所得结果有一定参考价值，刘宜晋（2011）等分析了乡村旅游过程中的环境保护问题，且从可持续开发相关的角度对此进行了具体的研究，同时还做了模型分析，孙彤等（2011）从宏观管理角度对此进行了研究，其从政府管理、可持续和投入回收等角度做了全面的分析，并论述了这种旅游的不同开发模式。(6) 也有的学者从综合角度进行了研究，比如谢雨萍、黄亚泉（2012）等学者分析了乡村旅游在发展过程中对当地的政治经济等的影响。

综合以上文献综述可知，西方发达国家对乡村生态旅游的研究起步早，且研究得较为全面深入，并形成了复杂全面的理论体系，相应的研究方法也比较成熟，所得的结果具有较高的指导价值。此外对比分析可知，他们的研究偏重于"人"的方面，而我国注重"物"的方面。不过在以后的研究中，都需要解决的问题包括：(1) 明确地给出乡村生态旅游的概念和内涵。这对建立生态旅游理论体系有重要的意义，不过目前关于此方面内涵和划分标准还没有形成统一的观点，因此很有必要从更高的层面对此进行分析总结。(2) 乡村生态旅游资源的分类体系。可以在此基础上进行市场定位，划分不同的消费者群体，为旅游供给者制定发展战略提供支持，这样也可以更好地满足旅游者的个性化相关的要求，为政府管理部门制定行业规范提供支持。不过分析发现，目前此方面的研究文献中很少有关于乡村旅游分类的内容，因而还应该加大此方面的研究。(3) 乡村生态旅游资源及其开发评价体系。这对此类旅游项目的立项有重要的意义，也为乡村生态旅游的长远发展提供了合理的标准和参考。不过目前此方面的研究很少依据"生态"内涵来构建此种体系，因而还有很大研究空间。

四　研究不足与展望

综上所述，国内外在研究乡村旅游理论时，还存在以下四个方面不足。

(1) 对乡村旅游的概念和内涵缺乏统一的认识，其原因主要在于基础概念"生态旅游"尚缺乏较为一致的概念界定。目前理论界对生态旅游的认识大都还受传统大众旅游认识和思想的影响，大部分研究文献所反映出来的研究观点和认识方法都带有较为明显的"观旅游"认识痕迹。现有研究文献所给出的生态旅游概念，大都只认识到了生态旅游的可持续发展方面，而没有充分认识到"享受生态效益"的生态旅游出游这一核心目的。

（2）对乡村旅游资源缺乏深刻的认识。主要表现在两个方面：①已有研究文献对乡村旅游资源内容或范围的界定和归纳，大都是在传统大众观光旅游的认识和思想框架下展开的，因而一方面对满足生态旅游出游核心目的的旅游资源认识模糊，特别是不能认识到农业生态环境的旅游产品性质，使乡村旅游失去了根基，另一方面也未能明确地认识到乡村旅游资源的多样性和层次性，使乡村旅游不能在保持其基本属性的前提下开发多样化的旅游形式；②基本上只讨论了乡村旅游资源质量问题，很少讨论开发条件和经营条件。事实上，一方面，好的乡村旅游吸引物不一定就能构成好的旅游资源，如交通极度不便地区的良好乡村旅游吸引物，因为不具备开发条件，就不算是真正意义上的旅游资源；另一方面，开发旅游资源和经营管理旅游区不当，很可能会降低乡村旅游资源的质量。

（3）西方偏重于"人"的研究，而我国偏重于"物"的研究。事实上，乡村旅游是人与物的结合，是人享受物、人欣赏人的活动。因此，研究乡村旅游不能脱离物和人这两个基础要素，更要考虑"物"与"人"、"物"与"物"、"人"与"人"的关系，在所设计的乡村旅游资源评价体系中，以及所提出的乡村旅游区开发建设标准中，也应当体现出对这两个基础要素和三方面相互关系的关注。

（4）目前对于吉林省乡村旅游方面的研究较少，在CNKI上检索有关吉林省乡村旅游的研究成果只有33篇学位论文和期刊论文，其中17篇为公开发表的期刊论文（截至2018年年初），多数是从旅游角度去研究，很少将农业和旅游相结合，更没有研究"中国梦"背景下的吉林省乡村旅游可持续发展问题。

综上所述，针对吉林省乡村旅游可持续发展的研究应当致力于生态旅游和农业旅游概念的科学界定、生态旅游资源和农业旅游资源内容的合理归纳，应当充分考虑"物"和"人"这两个研究对象的基础要素以及它们之间的互动关系，要注意考察所用研究方法的适当性，摒弃文献统计法等可能使得研究结论更加远离现实的研究方法，更多地采用实地调查等科学的基本研究方法，先界定相关核心概念，并进行科学分类，努力做到定性描述和量化评价的完整结合，结合中国国情和地区特点，实现研究的深入和系统化。

第三节　本书主要内容及研究方法

一　本书主要内容

本书首先从基础理论研究入手，借鉴国内外学者对乡村旅游各方面研究的理论和实践成果，对乡村生态旅游的概念、相关概念以及国内外研究现状进行了总结；探讨了吉林省乡村旅游现状，并对吉林省乡村旅游进行了SWOT分析，发现了吉林省乡村旅游存在的问题，同时分析了问题的原因；最后提出了"中国梦"背景下的吉林省乡村旅游可持续发展策略。

本书在总体上分为八章。

第一章是绪论。此部分的主要内容有研究背景和研究意义，通过对国内外已有文献的概况，对本书的主要研究内容、研究方法和技术路线予以简单的说明。

第二章是相关理论及相关概念界定。把共生及相关理论、乡村旅游开发理论、生态旅游资源开发理论和旅游经济学理论作为该研究的理论基础，界定了"中国梦"、生态旅游、乡村旅游、乡村生态旅游和乡村生态旅游资源概念。

第三章是吉林省乡村旅游现状。首先，分类概述了吉林省乡村旅游资源；其次，通过实践调研总结吉林省乡村旅游客源现状；最后，主要从乡村旅游实践基础出发，通过SWOT分析吉林省乡村旅游的发展现状。

第四章是吉林省乡村旅游存在问题及原因分析。主要通过考量吉林省乡村旅游发展现状，发现吉林省乡村旅游存在的问题，了解吉林省乡村旅游发展的困境，剖析制约吉林省乡村旅游发展的真正原因。

第五章是解决吉林省乡村旅游发展问题的对策。主要探讨解决问题的对策。从谈"中国梦"对吉林省乡村旅游发展的影响入手，提出"中国梦"背景下解决吉林省乡村旅游问题的对策，保证吉林省乡村旅游的可持续发展。

第六章是吉林省乡村旅游创新发展路径。主要介绍了分时度假相关研究、分时度假与乡村旅游结合的理论，乡村分时度假的显示意义以及基于网络信息平台的吉林省乡村旅游关键技术。

第七章是吉林省乡村旅游可持续发展的保障。主要论述了吉林省相关主管部门和乡村旅游行业协会组织的角色定位与调整、相关法制道德的建设、扩大加快区域合作和构建吉林省乡村旅游可持续发展的生态环境检测系统。

第八章是结论。总结本研究提出的主要观点和建议。

二 研究方法

（一）资料收集方法

（1）文献研究法。通过对乡村旅游发展的历史文献、教材教程、数据资料及他人原始数据的统计分析、比较，对乡村旅游进行典型案例分析，做出客观的研究、分析和综合阐述。

（2）调查研究法（问卷调查）。问卷调查法是指通过向调查者发送调查问卷，请其填写对有关问题的意见和建议，采取书面形式搜集和获得材料、信息的一种调查方法。

（3）比较研究法。本书通过比较分析国内外乡村旅游的优劣，总结出了它们的成功经验为本书提出的"中国梦"背景下吉林省乡村旅游可持续发展策略提供了有力的参考依据。

（二）资料分析方法

1. 统计分析法。通过对吉林省乡村旅游发展的实地观察及研究，为吉林省乡村旅游的发展做出定量、定性的分析。

（1）收回问卷后利用 Excel 汇总和筛选问卷数据，去掉选中率低于 60% 的指标或评价标准后做成汇总结果。

（2）用 SPSS 15.0 统计软件，对评价指标的选择、各评价指标相对重要性水平的判断，以及各评价因子的评分标准的确定等调查结果，进行信度和效度检验，要求克朗巴哈α系数（Cronbach's Alpha）和 KMO（Kaiser - Meyer - Oikin）值均大于 0.8，并要求各评价指标的权重系数都通过一致性检验，即要求一致性比率 CR < 0.1。

2. 德尔菲法。专家咨询主要用于分析和确定主要研究问题和关键研究要点，确定调查方案、调查程序和调查对象的适当性，分析调查结论是否存在明显的不合理性等。

第二章 相关理论及相关概念界定

乡村旅游基本概念包括生态旅游、乡村旅游和乡村生态旅游等。本章将分别阐述本书相关理论和相关概念界定。

第一节 相关理论

为了能够更好地发挥为对相关资源进行整合和开发提供指导的作用，研究"中国梦"指引下的吉林省乡村旅游发展问题，需要依据相关理论，与此相关的理论有很多，其中主要包括：社会交换理论、共生理论、利益相关者理论、资源转换理论、产业融合理论、旅游产业模式理论等。这些可以为农业旅游开发提供一定的理论支持；此外还涉及生态旅游资源开发的理论，如景观生态学理论、环境承载力模型、景观学，还有旅游经济学理论，如增长极理论、旅游地生命周期理论、产业聚集理论等，这些都可以为农村旅游产业的发展提供指导。

一 共生及相关理论

此种理论和可持续发展理论、利益相关者理论和社会交换理论等存在很强的相关性，在乡村旅游开发中处理一些问题时，这些理论可提供一定的指导作用。

（一）共生理论

"共生"原本是一个生物学名词，其含义为不同种属的生物在一起生活而建立的相互协作和依赖的关系。根据此理论的观点，共生是一种普遍的现象，其在生物、社会领域都普遍存在。广义的共生就是一定数量的共生单元,以一定的共生模式形成的相互依存和利用的关系。和共生相对应的就是共生关系,此种关系具体包括共生单元、共生模式和与共生环境相关的要素。其中共生单元构成共生体的基本单位,其和共生体的物质交换存在密切的关系。共生模式也就是一定的共生单元之间建立的交互模式。而共生环境也就是对共生单元会产生影响的全部外界因素之和。以此理论作为研究乡村旅游及其资源分类、评价与开发的理论基础,要求树立"合作稳定、共同进化、对称性互惠共生"的关系模式。

（二）可持续发展理论

可持续发展指"满足当代人的需要又不损害后代人满足其需要的能力"。在气候变暖的影响下,可持续发展理念开始受到广泛的关注,其具体是指"在满足当代人需要的基础上,不会对后代人的生存发展产生影响的发展模式"①。乡村旅游是可持续农业发展的一种有效形式,其对农村经济发展有重要的意义,其要求在农业发展过程中应该充分利用农业资源,同时不会对农村生态环境产生明显的影响,满足后代人的生存环境相关要求。乡村旅游的基础就是农业体系的相关要素可良性循环,且生态环境不会受到明显的影响。而乡村旅游可以很好地满足此方面的发展要求,在经济发展的同时,良好地协调了经济、社会和生态等方面的关系,有利于农村地区的长远可持续发展。乡村旅游发展过程中,需要对农业生产相关的资源进行合理的利用,同时要求这类旅游在发展过程中不会对生态环境产生明显的影响,在其承载能力之上,不会影响到生态多样性,避免产生负面不利影响;此外在发展过程中还应该适当地维护当地的风情、地方特色、生活习惯等,避免影响到他们的习俗、生活方式,保持当地风土人情的特殊性。以可持续发展理论作为研究乡村旅游及其资源分类、评价与开发的理论基础,要求依据公平、持续性和共同性原则,确保在发展过程

---

① Hwey-Lian Hsieh, Chang-Po Chen, Yaw-Yuan Lin, "Strategic planning for a wetlands conservation green way along the west coast of Taiwaii", *Ocean & Coastal Management*, No. 47, 2004.

中，社会、经济等方面协同发展。

（三）利益相关者理论

根据此理论的观点，"利益相关者"是指"那些没有其支持，组织就无法生存的群体，包括股东、雇员、顾客、供货商、债权人和社会"①。此理论的主要观点就是：利益相关者可以根据其贡献出的专用性资产，而获取到对应的利益；其会对组织目标的实现产生一定程度的影响。因而组织在运行过程中应该对其利益予以重视，且合理地平衡不同利益相关者的权益。通过此理论来对乡村旅游及其资源分类相关的情况进行研究，就需要对乡村旅游中各相关方，如游客政府、社区、投资者的权益进行协调，确保各方的利益都得到维护。

（四）社会交换理论

此理论的主要观点就是，人与人之间交互行为表现出一定的和得失有关的理性行为，而个体和集体的这种交互也存在一定的资源交换性质。在乡村旅游研究中引入社会交换理论，可以分析居民对旅游影响的态度，以及旅游者的各种行为和产生原因。也可以据此来对乡村旅游资源的评价与开发等进行研究，并确定出旅客对这方面旅游的反馈情况。

二 乡村旅游开发理论

此方面的理论具体包括农业生态系统理论、产业融合理论和农业综合开发理论等，在乡村旅游资源开发中，可以通过这些理论来进行指导。

（一）产业融合理论

通过此理论进行分析可知，乡村旅游的基础为农业资源，是将农业和旅游业组合而形成的，这种旅游对农村发展有重要的意义，一方面大幅度地拓展了生态旅游业的产业边界，也在一定程度上延伸了农业产业的链条，为提升农产品附加值提供了支持。以产业融合理论为基础对农村旅游资源进行分类、评价，需要依据如下的原则进行：

---

① Medina FM, Garcia, R., Nogales M., "Feeding ecology of feral cats on a heterogeneous subtropical oceanic island", *Atta Hierological*, Vol. 51, No. 1, 2006.

①农业经济生产是这种旅游的基础，可以将其看作一种衍生物；②乡村旅游吸引人之处在于其可以让人学习农业生产知识，享受农村自然风光、体验农村自由放松的生活。因而在此发展过程中，应该首先考虑到农业生态功能的特征。

（二）农业多功能性理论

农业包含的范围很广，种植和养殖只是其中的很少一部分，精神物质文明、风土人情、生态环境保护等也包含其中。而乡村旅游发展过程中，应该注重农业的基础性作用，对与此相关的资源进行合理的利用。这种旅游对农业向第三产业的延伸有重要的支持作用，同时也在一定程度上体现了农业多功能性特征。基于此理论来对乡村旅游和资源进行分类研究，就需要对此方面的资源进行充分发掘和保护，确保其功能更好地发挥出来，主要如社会、文化功能等，并满足长远发展相关的要求。

（三）农业生态系统理论

此理论主要是将农业相关要素作为一个整体进行研究，农业生态系统也就是一定时空区间内，人类从事农业生产各种生物和非生物以及生物群体关系的总和。分析可以看出这种系统和自然生态系统一样，其中的要素主要包括微生物、农业环境因素、绿色植物等，这些要素之间存在一定的交互关系，且通过物质和能量的循环连接起来。其表现出一定的稳定性和持续性特征。不过这种系统和普通的自然生态系统存在一定的差异，具体表现为：①人工干预性。前者中的植物和动物是在人工活动下产生的，在系统的运转过程中，需要不断地加入人工加工的能量；这种系统的反馈调节也是借助外部人工手段进行的，而后一种系统则主要通过内部反馈实现。②在人为干预的影响下，农业生态系统的多样性受到明显的影响。通过此类理论来对乡村旅游及其资源分类进行研究时，需要通过运用相应的定性和定量分析方法对人的活动对生态环境的影响进行估计，并做好相应的预防和恢复工作。

三 生态旅游开发理论

此理论包括的内容也较多，主要如景观生态学理论、生态学原理和乡村生态旅游发展阶段评价指标体系理论，在乡村旅游资源综合利用和开发中可以适当地应用这些理论。

（一）生态学原理

根据前文的分析可以看出，农业生态系统表现出两方面的属性：一方面，可以通过自动调节机制来维持系统的平衡；另一方面，在运行过程中受到人工干预，这样其自调节能力就受到了一定的影响，稳定性也有所降低。因而在此方面开发时，若没有依据生态学原理相关的要求来合理地进行保护，则很容易产生生态环境破坏问题，对乡村旅游的长远发展产生一定的不利影响。在乡村旅游及其资源分类、评价过程中可以选择此理论进行指导，这就需要因地制宜、分类利用，对资源综合利用和环境保护进行协调处理，科学安排生产布局，满足持续性发展相关的要求。

（二）环境承载力理论

环境在一定的外界影响下可以保持稳定，不过超过了环境承载力则无法恢复。环境承载力也就是在维持某种环境相对稳定基础上，一定空间区域的环境资源可忍受的外界干预的最大限度。如果外界活动产生的影响超过了环境承载力，则环境的功能和结构就会被破坏，其自身的调节能力也会受到影响。因而选择此理论进行此方面的研究时，需要定性定量地评价旅游区的生态环境承载力，在此基础上对旅游活动进行限制，设置相应的阈值，避免其导致的影响超过了环境承载力。

（三）景观生态学和农业景观学理论

在规划乡村旅游景观时，需要应用此理论来对很多问题进行处理。

景观生态学是系统科学的一种，其以生态学的理论框架为基础，分析景观的空间结构与形态，以及外界干预对景观生态产生的影响，在此基础上进行景观布局和优化。这种理论可以为乡村旅游资源的景观布局提供支持和指导。

农业景观学的主要研究对象是农业与其特定地点景观及环境，需要对这些要素的相关性进行分析，在此基础上分析景观的结构、功能和组成以及其和农业的影响关系。

以此种理论来对乡村旅游进行研究,就要求在此方面的开发和评价过程中,应该从整体角度进行分析,且依据自然生态系统的特征,应用景观异质性、景观多样性相关的理论对此进行指导,在此基础上适当地布局和规划。

(四) 乡村旅游发展阶段评价指标体系

本书综合借鉴张秋惠 (2011) 以及邹宽生 (2011) 的有关农业旅游评价指标体系的相关研究成果,将评价指标定为 5 个大类 29 项指标,细化如表 2 - 1 所示。

表 2 - 1　　　　　　　乡村旅游发展阶段评价指标

主层指标	细化指标
乡村旅游环境系统 G1	G11 地表水环境质量;G12 景区空气质量;G13 噪声达标区覆盖率;G14 生物多样性;G15 建设面积占景区面积;G16 安全性;G17 可持续性能力;G18 社会影响;G19 当地居民的经济、文化背景及其对旅游活动的容纳能力;G110 环境监测与分析
乡村旅游客体 G4	G41 旅游的目的;G42 旅游者文化素质;G43 环境行为;G44 稳定性;G45 形成及活动安排
乡村旅游基础设施服务 G3	G31 管理者环境意识;G32 旅游计划制订及路线安排;G33 导游聘用;G34 教育职能;G35 建筑风格、建筑材料和装饰的类型;G36 能源使用结构
财政状况及收益分配 G5	G51 项目拨款情况及投资来源;G52 生态环境保护投入 G53 社区利益分配;G54 社区居民人均收入
乡村旅游企业 G2	G21 运作目标及营销手段;G22 从业人员的来源与结构;G23 乡村旅游企业与地方的关系状况;G24 员工素质及培养状况

资料来源:参见邹宽生《江西省自然保护区的发展现状及对策》,《森林工程》2011 年第 5 期。

四　旅游经济学理论

乡村旅游资源开发和经济密切相关,因而对这种行为进行分析时,也需要依据相关经济规律。本书在研究过程中应用到的此方面理论主要如竞争优势理论、旅游地生命周期理论、产业聚合理论等，以下对这些理论进行具体的分析。

(一) 旅游地生命周期理论

此理论是著名经济学家 W. Christaller 在 20 世纪 60 年代提出的，不过起初没有引起广泛关注，其后巴勒特等学者提出了改进的旅游地生命周期理论，这对其后此方面的研究起到很大促进作用。根据此理论旅游地的发展可以总体上划分为如下几个阶段。首先为探索阶段，在此阶段相应的旅游设施还没有建立起来，旅游者也很少。其后则进入简单参与阶段，此阶段的旅游者的数量在不断地增加，相关的旅游设施也开始被修建起来。此后则开始迅速发展，此阶段的旅游设施已经较为完善，相应的宣传推广活动也大量地开展，旅游市场日趋成熟。接下来开始进入巩固阶段，此阶段旅游者数量的增长幅度有所趋缓，一些矛盾问题也开始凸显出来。其后则开始进入停滞阶段，相应的旅游人数会进入稳定状态，不过对应的设施可能过剩。最后则进入复苏或衰落阶段，在此过程中可能出现如下情况：一是进行相关的资源深度开发，进行转型升级；二是适当地进行相应的调整，提升资源的吸引力，并据此来推动游客数量的增长；三是调整相应的旅游资源和设施的利用情况，更好地满足此方面的应用要求，从而确保游客的数量不会继续下降；四是深度开发相关的旅游资源，不过这可能对其市场竞争力产生相应的影响，并在一定程度上影响到游客的数量；五是其他原因，如一些不确定的突发因素导致的游客数量减少。

通过此理论来分析乡村旅游资源情况，且继续整合时，需要相关的开发和经营者对此方面需求变化情况进行分析，考虑到乡村旅游产品的生命周期，以及不同阶段的游客特点，在此基础上进行适当的规划，整合相关的资源，并通过相关的方法来进行有效的处理，提升资源的吸引力。

(二) 竞争优势理论与旅游区划理论

此理论是著名经济管理学者迈克尔·波特在 20 世纪 90 年代提出的，该理论对产业的竞争能力进行了深入详细的分析，且讨论了产业优势的影响因素。根据此理论进行分析可知，一定地区乡村旅游资源的优势可提升相应旅游产品的竞争力，这对其吸引游客会带来一定的积极促进作用。

依据相应的区域分工合作理论进行分析可知，乡村旅游资源没有有效的真核，相关的要素无法自由地流动时，旅游区同各个主体必然在一定的利益比较基础上，选择具有一定优势的产业来满足相关的效益要求。而对应的主体为满足此方面利益的需求，相应的竞争会日益激烈，长期这样下去，不同主体可以在良性竞争基础上促进旅游区的健康发展。各利益主体会为追求自身利益而相互联合起来，其中一个可靠的联合途径为，根据区域整合相关的要求，适当地组合相应的农村旅游资源，进行一定的互补和共享，这样可以很好地实现协作共享的目的，并提升总体实力。而区域旅游业结构的优势也会显现出来，从而为乡村旅游资源的优化发展提供支持。

在应用这两方面理论来整合农村旅游资源时，要求根据乡村旅游资源的各方面特征来进行合理的划分与整合，比如考虑到区域内社会、经济等方面的联系，在此基础上进行统计分析确定出乡村旅游资源的地域分布规律，以及配套设施的相关性。然后进行划分确定出不同等级的旅游区，然后根据区域特征来有区别地组织乡村旅游活动，并据此确定出不同旅游区的长远发展方向，为此方面旅游资源的开发和保护提供一定的支持和依据。

（三）增长极理论

此理论是著名经济学家弗朗索瓦在20世纪50年代提出的，根据其观点，区域经济的发展和"增长中心"存在密切的关系，起初的发展是从此中心开始的，一般是一些条件优越、具有明显市场竞争力的少数产业充当增长中心。此中心在其后的发展过程中不断积聚而产生规模效应，然后通过不同的路径向附近的行业和地区扩散，在此基础上带动区域经济发展。

在乡村旅游发展过程中，也可以应用此理论进行相关的资源整合，为满足此方面要求，就应该选择少数区位条件较好，且在某方面具有明显的优势和影响力的乡村旅游经营主体，对其进行重点培养，使其转变为相应的经济增长极；然后不断地提升其极化和扩散效应，在此基础上带动乡村旅游经营主体迅速地发展。不过在此过程中还应该意识到，增长极理论为此方面的区域发展提供了一定的支持作用，不过也存在一定的局限，就是没有考虑到培育增长极的过程中，增长极和与此相关的其他产业的差距会不断地拉大，这样就无法满足公平和整体区域健康长远发展的要求，为此就应该选择适当的方法对此进行处理。

（四）产业聚集理论

产业发展过程中，相关领域的企业可能由于共性和互补性等而有机地结合，并产生了地理上的联系，且形成产业群，这就是产业聚集现象。此类产业一般都处于相同的产业链上，彼此之间的关系较为密切，同时表现出一定的专业分工模式，这样就可以在一定的溢出效应基础上促使各方面的资源得到共享，提升资源的综合利用价值，区域内的企业也可以在此基础上获得规模经济效益，且产业群的竞争力也会明显地提升。据此可以看出，产业聚集也就是一定数量满足分工关系的企业为了完成某种产品的生产联合通过一定形式组成的群体。

产业聚集有多方面的意义，与此相关的研究已经有很多，阿尔弗雷德等对此进行深入研究，并发现产业聚集表现出如下的效用：一是对专业化服务的发展有促进作用；二是企业聚集起来，这样可以提供专业性较强的劳动力市场，为提高劳动者的就业率提供支持，同时也降低了劳动力短缺概率；三是可以很好地衍生相关的溢出效应，这样可以促使联合企业的生产函数更高，企业也可以据此获得更高的利润。根据相关的新竞争优势理论分析可知，产业聚集也就是企业在一定聚合基础上实现协同发展的目的。这样可以通过竞争对手的信息交换来提升企业的竞争能力。依据一些经济学家的观点，产业聚集属于企业的一种中间组织形式，其对降低企业经营环境的波动有重要的意义，也可以有效地减少相应克服交易中的机会主义，对提高信息的对称性也有重要的意义，同时也可大幅度地降低交易费用，且对提升企业的活力也有帮助作用。

应用产业聚集理论进行此方面整合时，需要用到"大旅游"理论，且在一定区域内对相关的资源进行整合，在此基础上建立相应的旅游产业链，不断地完善与此相关的配套设施，不过还应该避免出现同构竞争的问题。这样可以很好地形成区域内乡村旅游相关经营主体的合作性，且建立起相应的群体协同关系，从而形成相应的竞争优势，并在此基础上建立起相应的双赢格局。另外可在特点的支撑和协同基础上，建立起区域创新系统，不断地提升区域内企业的创新能力，为旅游区的长远和可持续发展提供支持。

（五）"点—轴辐射"理论

此种理论也就是"点—轴"渐进式扩散理论，在区域经济分析领域经常用到此种理论。此处的"点"是指在一定区域内的中心地，而对应的"轴"是指"点"与"点"连接形成的轴，也就是一定数量的交通干线在连接基础上形成的，其可以对附近地区和相关行业形成很强的吸引力，可以聚集此方面的资源形成优势产业，这样可以在物质、信息等因素的交互和流动基础上来有效地推动这些地区各方面的发展，并不断地提升资源综合利用水平，促使区域空间结构均衡化，实现区域经济整体发展的目的，这就是此理论的主要内容。

此理论是在增长极理论延伸基础上形成的，其主要内容就是，在经济发展过程中，应该在重视"点"的增长极作用基础上，同时还应该注重"轴"的作用，认为"点—轴"的推动作用显著地强于增长极的作用，这对实现协调发展目的也有积极的作用。

基于此理论来整合乡村旅游资源时，需要在一定的旅游区内，依据相应的区域状况布置好对应的发展轴；接着在发展轴上确定出基础好、满足一定综合优势要求的旅游景点作为"点"进行重点发展，并在其后的发展过程中重点发挥这些点的带动作用，从而实现区域发展的目的；最后随着区域乡村旅游业的迅速发展，选择相关级别较低的发展点建立起新的发展轴，然后对其进行同样的发展，并通过一定数量的发展轴建立起满足一定层次结构要求的"点—轴"系统，并通过其对区域乡村旅游业发展进行带动。

第二节 相关概念界定

乡村旅游的定义还不很明确，和生态旅游、乡村生态旅游等很类似，以下对此进行区分和界定。由于本书是基于"中国梦"的新背景下吉林省乡村旅游可持续发展问题，因而应该对"中国梦"的含义进行界定。

一 "中国梦"

习近平总书记在一次参观中国国家博物馆时指出："实现中华民族伟大复兴，就是中华民族近代以来最伟大的梦想。"[①] 此后，在十二届全国人大会议上，他进一步指出："实现中华民族伟大复兴的中国梦，就是要实现国家富强、民族振兴、人民幸福。中国梦归根到底是人民的梦。"[②] "中国梦"从总体角度明确了中国共产党的执政理念，也体现了中华民族的理想信念，经过不断的发展，其内涵也日益丰富，且在激励广大干部群众劳动热情方面发挥了积极的作用，同时对推动当代中国经济进一步发展也有重要意义，成为目前此方面的精神旗帜，也在一定角度上体现了我国的文化软实力。

（一）"中国梦"的总体核心内涵

习近平总书记于2012年11月29日在国家博物馆的一次讲话中讲述了中国梦的内容，也就是实现中华民族的伟大复兴。这对"中国梦"的核心内涵进行了明确说明，同时也高度概括了其内容。这对进一步深化理解"中国梦"也有重要意义，并成为目前此方面的广泛共识。

"中国梦"的主要目标就是追求中华民族的伟大复兴，在此追求过程中，应以中国古代的辉煌盛世为参照，借此来对当代中国人民进

---

① 习近平：《继续朝着中华民族伟大复兴目标奋勇前进——在参观〈复兴之路〉展览时的讲话》，《思想政治工作研究》2013年第1期。

② 习近平：《在第十二届全国人民代表大会第一次会议上的讲话》，《人民日报》2013年3月18日。

行激励，促使他们激发出强烈的再造中华文化繁荣的愿景，为实现这个梦想积极做出自己的贡献；同时"中国梦"并非单纯地回归中华民族曾经有过的辉煌，而是对其的超越和扬弃，且根据当前的时代特征而纳入新的内容，它包括：提升我国的综合国力，达到世界领先水平；将中华民族的创造力和凝聚力充分地展示出来，在自身各方面迅速发展的同时，也为全世界创造出更多文明成果、造福全人类，在地球文明的发展中做出自身的贡献；中国人民过上幸福美好生活，他们在追求幸福生活的过程中不懈追求等，这些是"中国梦"的主要内容。

(二)"中国梦"的本质内涵

习近平总书记在十二届全国人大会议上做出如下讲话："实现中华民族伟大复兴的'中国梦'，就是要实现国家富强、民族振兴、人民幸福。"这是习近平总书记对"中国梦"的明确阐释，明确地论述了其内容，也确定了"中国梦"的本质。

在"中国梦"本质内涵中"国家富强、民族振兴、人民幸福"三者存在密切的关系，在其中国家富强是基础，目标是人民幸福、国家强大。只有在国家强大基础上才可以实现民众幸福、民族振兴的目的，为这些提供可靠的保障。民族振兴则对实现国家富强的目标有促进作用；在这三方面都实现情况下，"中国梦"才可以最终实现。"国家富强、民族振兴、人民幸福"三者三位一体、彼此关联、互为犄角，且在此基础上促进三者的协同发展。

(三)"中国梦"的目标内涵

1."中国梦"的总体目标

党的十八大会议上提出了此目标的内容，也就是中国在2021年实现全面建成小康社会的目标，民众的收入和国内生产总值都达到十年前的两倍；到中华人民共和国成立一百年后，实现和谐、富强、民主的社会发展目的[①]。

2."中国梦"的具体目标

可以从宏观和微观上来对"中国梦"进行具体论述，从宏观上看

---

① 胡锦涛：《党的十八大报告〈十八大报告辅导读本〉》，人民出版社2012年版。

"中国梦"也就是实现现代化和中华民族的伟大复兴相关的目标。而从微观上看,"中国梦"和每一个中国人都存在一定的相关性,此外也可以从相关的产业和行业角度来对此进行分析,这样可以划分为如下几方面的目标:

(1)"中国梦"需要实现中国教育、科技高水平发展的目标,在中华民族复兴的伟大进程中,到新中国成立一百年时,我国的教、科、文、卫水平达到世界领先水平,民众的文化和科学素质达到很高水平。与此同时国民身体健康素质也明显地提升,民众可以享受富裕安乐的生活。与此同时还要求2020年以前中国实现创新型发展目标,且创新力具有全球领先水平。

(2)"中国梦"是"中国经济崛起梦",国家的强盛和经济繁荣存在密切的关系,同时经济也是各种精神文化活动的物质基础,因而"中国经济崛起梦"也是此方面的主要内容之一。在国家发展过程中,经济发展进入新的水平,其他相关的事情就更容易处理。因而在以后的发展过程中,应该紧紧抓住"以经济建设为中心"的目标,确保目标不动摇,不断地进行创新调整,并不断解放和发展生产力,促进物质文明繁荣发展,使民众的各方面物质需求尽可能地得到满足,不断把我国经济发展推向更高的层次,实现经济发达的目标。与此同时还应该加大力度促进经济发展方式转变,并尽可能在2020年确保经济结构得到合理有序的转变,为经济稳定健康地发展提供可靠的支持,在此基础上实现经济的长远可持续发展;并实现创新在经济发展中的推动目标,使其贡献尽可能地体现出来,在经济发展方面,应力争在2030年以前国内生产总值超过美国,且依然保持高速增长状态,且为中国的政治、文化等各方面的发展提供物质支持,为实现"中国梦"提供一定的保障作用。

(3)"中国梦"也和政治民主存在密切的关系。在我国经济的发展过程中,中国的民主化进程也日益加速,民主的内容也出现了明显的变化,相应的形式不断丰富。在相关民主决策选举等活动中,民众的民主权利不断扩大,且政府部门也严格地依照相关规定在宪法和法律范围内活动,政府公职人员的服务属性进一步体现出来,真正地担当"人民公仆"的角色。

（4）"中国梦"也是科技强军梦。军事力量也是国力的重要体现，我国在经济繁荣发展过程中，也需要保持军事实力提升到对应的水平。不过我国的军队主要任务是维护本国领土、主权，保障民众的生命财产安全，也是世界和平的主要维护者。目前我国的军事力量已经达到较高水平，中国人民解放军在航天和航母领域都取得重大突破，这在提升我国综合国力的同时，也对提升我国的民族自信心和自豪感有重要的意义。我国的经济发展后，亟须建立起和经济地位、国家安全相匹配的强大军队，与此同时还须建立起相应的战略导弹部队，为抵御外敌入侵和保护国家安全提供支持①。此外还要建立起相应的人民武装警察部队，保障我国的经济发展成果不受到外部反动势力的影响，我国的现代化发展进程可以持续进行下去，不会受到威胁干扰，为实现"中国梦"的目标打下良好的基础。

（5）"中国梦"是中华民族的祖国统一梦。在中华民族的发展过程中，大一统的国家统治形式一直是中华民族历史的主流，历代人民都为维护国家的统一做出了各自的贡献。在国家统一基础上，中华民族的凝聚力和向心力才会体现出来，并在此基础上创造出惊天动地的奇迹，而相反情况下就可能出现倾轧内战的问题，这对国家和民族利益都会产生一定的不利影响，民众的幸福稳定生活也被干扰。根据此方面的经验可以看出，国家长期不统一，一些敌对势力就可能趁机插手使绊，做出一些干扰破坏的行为，并对我国的持续发展产生障碍。目前中国台湾和大陆还处于分离状态，我国的统一目标也没有实现，因而在未来的发展中，实现国家统一也是我国此方面的重要目标之一。和平统一台湾对我国有重要的意义，也是中华民族的整体利益所在。在此方面发展中，这代人要以"和平统一，一国两制"战略方针为指引，且在此基础上做好各方面的准备工作，并最终收复统一台湾，实现我国此方面的目标。民族振兴也是我国此方面发展过程中面

---

① 王冠中：《努力建设与我国国际地位相称、与国家安全和发展利益相适应的巩固国防和强大军队》，载《十八大报告辅导读本》，人民出版社2012年版，第326页。

临的一项重大课题，拯救中华民族的国殇也是我国此方面的最高利益，同时对实现我国民族复兴目的也有重要意义。让台湾回家，为实现此方面的目标，就需要每个公民做好本职工作，多做对国家有益的事，汇聚全体民众的力量来提升我国的总体国力。中国的实力越强大，此方面的条件也越成熟，和平统一的目标也越容易实现。爱国的具体体现之一就是做好本职工作，在自己的工作岗位上做出贡献，同时为了台湾早日回家的目标，我们也应该做好各方面的工作，真干、实干、汇集个人微小的力量，总体上体现出强大的国家意志力！

（6）"中国梦"是中国人民的社会和谐梦。在社会发展过程中，应该在不断地改进完善基础上实现社会公平正义、民主法治的目标。不同经济发展程度的地区差距明显缩小，各不同人群的收入差距也明显地减小。在此基础上有效地解决好群众迫切关心的利益问题，保证民众的权益不受到侵犯，民众的收入不断提高，且在国民收入分配中的比重也达到较高的水平。提升法制化建设政治文明，努力开创社会管理有序、公民个体才尽其用的良好发展局面。

（7）"中国梦"是"美丽中国"梦。目前我国经济持续高速发展，不过在经济发展过程中，生活环境受到很严重的破坏，这也影响了民众的生活质量和身体健康，导致民众的幸福指数明显地降低。这些严重的环境破坏问题也引发了民众对发展经济与环境保护的矛盾问题的思考，而美丽"中国梦"的主要内容之一就是民众生活的环境优美，生活在自然、舒适的环境中，水、空气和食物等都干净安全、环境优美，可以在自然中看到清澈的河水、碧绿的草原，呼吸到新鲜的空气。李克强总理对此也做出了指示，要求相关政府管理部门要像对贫穷宣战一样，做好环境保护工作，与此同时全社会也应该积极行动起来，治理大气、水、食品方面的污染问题。根据目前的经济发展趋势而做好产业升级和改造工作，同时努力发展低碳节能项目，努力做好生态保护工作，建设一个生态环境良好、清新自然富有生机与活力的新中国。

（8）"中国梦"是中华文化复兴梦。在 21 世纪中，我国的强国梦进一步实现，内容也有一定的扩展，世界各民族文化包容互鉴、相互促进发展。在此方面的发展过程中，我国的综合国力和社会生产力水平迅速地提高，人民将享有更多文化权益，我国的各方面实力也显著地提升，对全世界做出更大的贡献，展示出中华民族的伟大。

为了顺利地实现"中国梦"的总体目标，就应该做好各分目标的工作，确保这些小目标实现。在"中国梦"的实现过程中，随着相应的时代发展变化，"中国梦"的内涵也出现了相应的变化，不过中华民族顽强拼搏精神没有变化，对美好生活的憧憬也不会改变。

二 生态旅游

经过40多年的发展，国内外的不同研究者基于不同的学术背景，且选择了不同的方法对此进行了研究，且给出了生态旅游的定义。根据此方面的统计结果表明，目前生态旅游的定义已经达到了近200种，这些定义相关的表述、范围或者侧重点存在明显的差异。这也说明了，不同地域、文化专业的学者对生态旅游的理解和认识也有明显的差异，相关的内涵也不同：从旅游实践来看，在生态旅游模式实现过程中，不同的旅游组织在相应的区域通过不同的途径来实现对应的旅游模式，不过此方面没有明确统一的标准。陈世清等学者在此方面的研究过程中，划分了生态旅游概念的类型，并认为总共可以分为"保护中心说""负责任说"和"原始荒野说"等几类，其还对不同类的异同和相关性进行了具体分析，同时建立了相关的学说，主要包括"回归自然说""原始荒野说"[1] 等，以下对此进行具体分析[2]。

"可持续发展旅游说"的主要观点之一就是，"生态旅游的重点在于，旅游业发展过程中应该做好旅游资源和环境的保护工作、强调在旅游发展过程中应该担负其对社会可持续发展方面的重任"[3]。根据偏重点的差异，可以将"可持续发展旅游说"划分为三类，也就是"保护中心说""负责任说"等，其中"保护中心说"主要内容就是，

---

[1] David A. Fennell, *Ecotourism*, Third Edition, London: Rutledge Press, 2008, p.125.
[2] 陈世清：《生态旅游概念浅析》，《广东林业科技》2004年第4期。
[3] 王金伟、李丹、李勇等：《生态旅游：概念、历史及开发模式》，《北京第二外国语学院学报》2008年第9期。

可以将生态旅游简单地看作"观光旅游+保护"①，侧重于旅游资源的保护方面，而相应的"居民利益中心说"可以简单地看作"生态旅游=观光旅游+保护+提升收入"，此学说的主要观点为，在旅游发展过程中同步地提升当地民众的收入。"负责任说"的内容可以简单地根据"生态旅游=负责任旅游"来描述，主要侧重点为，在发展旅游业过程中将"生态"与"旅游"适当地结合起来，通过生态学的理论来对旅游业进行引导，在此基础上促进旅游系统的整体有序发展。根据对比分析可以看出，"可持续发展旅游说"类定义对生态旅游的条件和目标进行了明确的叙述，不过此定义对旅游者身份和旅游动机描述不清晰，其基本主张远离了"生态旅游"一词的理解，因而有一定的局限性。这一定义过于泛化生态旅游，使其范围过大，这在理论上也行不通，且对其实现也有不利的影响。

"回归自然说"的主要观点就是"生态旅游=大自然旅游"，根据此学说旅游者走进大自然就可以看作生态旅游，进一步分析可知，此学说认为的"走进大自然的怀抱"就是生态旅游的观点和这种旅游的本质很相符合。不过根据实际应用情况可知此定义也存在缺陷，主要有如下几点。(1) 大幅度地扩大了生态旅游的对象范围，全部的户外旅游都被包括进去，如探险旅游、登山旅游、郊野休闲旅游等。这些一般都可以看作"走进大自然的怀抱"，而根据此定义也可以将这些类型的旅游归类为生态旅游，这会对已有的认知观点产生一定的不利影响，因而很有必要进行改进。(2) 这类定义在界定生态旅游的对象方面，范围过宽，对象不清晰，因而存在明显的局限。(3) 前述两个缺陷很容易引发相关认识上的混乱问题，并可能导致一些人滥用生态旅游标签问题的出现，对"生态旅游"的长远可持续发展会产生一定的不利影响，因而应该予以改进。

"回归自然说"认为"生态旅游=大自然旅游"，其核心内容是回归大自然，只要旅游者走进大自然的怀抱就属于生态旅游的范畴。

---

① 吴楚材、吴章文、郑群明、胡卫华：《生态旅游概念的研究》，《旅游学刊》2007年第1期。

"回归自然说"类定义主张生态旅游是"走进大自然的怀抱",在一定程度上表述了生态旅游的本质。但是,这类定义因存在以下重大缺陷而不可取:(1)这类定义将生态旅游的对象范围扩大到了所有的户外旅游,例如,探险旅游、登山旅游、度假旅游、休闲旅游等多种类型,都可能是"走进大自然的怀抱",按照"回归自然说"类定义,这些类型的旅游都可以归类为生态旅游,从而扰乱人们已经习惯了的旅游类型体系;(2)这类定义在界定生态旅游的对象时范围过于宽泛,使得这类概念的内涵在某种程度上来说是空洞的;(3)前述两个缺陷的存在,给旅游者和旅游组织者造成认知和识别上的混乱,给机会主义者随处粘贴生态旅游标签留出了空间,这也正是早些年"生态旅游"被泛用、泛化、泛滥的主要根源。

"原始荒野说"的主要观点就是"生态旅游也就是游客到很少有人类活动、也没有受到多少人类影响的环境中去旅游"。对比可知这种学说相关的生态旅游对象范围有所限制,更为具体一些,不过也不明确。这主要是因为"人迹罕至的地方"也无法进行旅游。例如有瘴气的原始森林和一望无际的沙漠荒原等,生命安全都无法保障,自然不能旅游。因而这种定义也存在一定的缺陷,需要进行相应的修改和订正。

"环境资源说"认为,生态旅游也就是在自然资源基础上,根据一定的旅游计划安排,到生态环境条件良好的自然中去休闲娱乐放松身心,从而实现认识和享受自然目标的一种旅游。这种旅游主要的目的是放松身心,为此就需要满足一定的自然生态条件。"环境资源说"在定义生态旅游概念时,从旅游主体、对象、目的等方面做了具体的分析,因而较为全面,其也是此方面最为科学的定义,得到了广泛的认同。

将"环境资源说"这种概念进行整理,在其中加入一定的生态元素,这样就可以确定出生态旅游的定义如下:生态旅游也就是民众为了消除环境对身心造成的压力,追求良好的生活状态,健康的生活模式,而到生态环境状况良好的旅游区去度假、放松身心,且在此基础上了解和认识自然的一种活动,其属于旅游活动的特殊形式。

这一定义包含了如下要点：（1）生态旅游需要满足良好的生态环境资源相关的要求，此类资源主要有良好的空气环境、水流、植被、空气负离子等，与传统旅游相同的目的情况下也包含在内。（2）其属于一种特殊的旅游形式，在此过程中也可以进行科研学习相关的活动，不过这些可有可无。生态旅游最重要的目的是休闲和娱乐放松。（3）这种旅游主要是到一些生态环境条件良好的旅游区去休闲娱乐，和传统的观光和娱乐旅游存在一定的差异。与此同时，和野外聚餐、摄影、狩猎等相关的活动也明显不同，和垂钓、登山、攀岩、潜水等享受自然的活动也存在差异，表现出较强的特殊性。（4）在这种旅游过程中可持续发展的思想贯穿其中，不过可持续旅游并非具体的旅游，其主要的特点表现为在旅游中贯穿了可持续思想。也可以这样认为，只要是能够保持经济、社会相关的协调和平衡的旅游形式也就是可持续旅游，这种旅游的侧重点并非娱乐休闲。根据以上论述可知，生态旅游是这种旅游的一种。（5）由于城镇生态环境受到明显的影响和破坏，因而其旅游的主体为城镇居民，一般情况下农村居民不在其中，不过也不排除。

生态旅游的基本特征包括以下三个方面：（1）生态性特征，主要表现在旅游目的的生态性、旅游资源的生态性、旅游管理的生态化和旅游活动的生态化四大方面。旅游目的的生态性是指生态旅游者是为了解除所处恶劣生态环境的困扰、追求人类理想的生存环境、追求健康长寿和心情愉悦，而到具有良好生态环境条件的旅游区去度假休憩、保健疗养和娱乐，这不同于以观光和娱乐为主的大众旅游。旅游资源的生态性是指生态旅游的关键资源是良好的生态旅游资源，包括自然生态旅游资源和人文生态旅游资源，要求各种人文生态旅游资源与自然生态旅游资源相互配合、相得益彰。旅游管理的生态化是指生态旅游项目的开发、旅游经营管理活动要以生态学思想为指导。旅游活动的生态化包括两个方面，一是要求旅游活动方式具有质朴性特征，二是要求游客的出游动机带有明确的生态环境意识，旅游活动要有利于保护生态环境，而不破坏生态环境。（2）高境界性特征，是指生态旅游的旅游体验具有高境界性，即生态旅游的旅游者不仅可以欣赏到大自然的神奇与美妙，实现耳目器官和心意情感的感受理解，而且还可以在清新、开阔、洁净的环境中修养身心，实现"天人合一"的最高境界。（3）高度参与性特征，是指旅游过程的高度参与性。首先，保护生态旅游所依赖的自然生态旅游资源需要有当地居民的支持，开发利用生态旅游所依赖的人文生态旅游资源更是需要当地居民的积极配合，因此生态旅游要求有当地居民积极参与旅游开发和经营并从中受益；旅游活动开展过程中有游客的主动参与；其次，生态旅游是一种体验旅游，游客是生态旅游活动开展的主体，游客的积极参与是提高旅游活动质量和效果的关键。

　　生态旅游的特征具体表现如下：（1）生态性特征，也就是旅游目的和资源的生态性，此外管理也包括在内。在这种旅游过程中，游客主要目的是消除紧张环境压力带来的影响，追求人类理想的生存环境、到适宜的环境中去放松身心，度假休憩，并实现一定的疗养目的，其和大众旅游存在明显的差异，表现出自己的特征性。旅游资源的生态性也就是这种旅游相关的资源全部为生态旅游资源，可以总体上划分为自然和人为两方面。在实际的旅游过程中，相关的自然和人为资源相互配合，更好地发挥其作用。旅游管理的生态化也就是这种与旅游相关的开发管理过程中需要用到科学的生态学思想进行引导。这种活动自身也表现出用到的生态性，一是旅游活动方式很质朴，二是旅客在出行中是基于生态环境意识进行相关活动。这种活动对于生态环境保护是有利的，而不会产生破坏作用。（2）高境界性特征，也就是这种旅游表现出一定的高境界特征，在旅游过程中，游客可充分地和大自然接触，且放松和娱乐身心，充分地感受到自然环境的美妙。此外还可以在清新、开阔的环境下放松心情、释放压力，在此基础上实现"天人合一"的最高境界[①]。（3）高度参与性，在这种旅游过程中，游客多方面地参与其中。主要表现为如下几方面内容，与此相关的自然生态旅游资源需要获得当地民众的支持，而在相关游玩过程中所需的人文生态旅游资源也基本上是当地居民提供的，为此这种

[①] 伍冠锁：《我国休闲农业的发展现状与对策》，《现代农业科技》2008年第10期。

旅游就要求当地居民深入参与其中，同时也可以在这些活动中获取利益；游客也大部分主动参与到这类活动中；另外，生态旅游也和游客的体验密切相关，游客在其中发挥了主体作用，其参与积极性和旅游效果存在直接的关系。

三 乡村旅游

国内外众多研究者对农业旅游的概念进行了积极的讨论，但是不同学者基于不同的理解，提出了许多不同的定义和称谓，至今尚未形成一致的认识。经不完全统计，被提出的关于农业旅游的不同称谓有"乡村旅游/农村旅游"（Rural tourism）"农业旅游"（Agri - tourism/Agro - tourism）"观光农业"（Agricultural - tourism）"休闲农业""观赏农业""体验农业""农庄旅游/村寨旅游"（Village tourism）"农场旅游/农庄旅游/农家乐"（Farm tourism）"田园旅游"等十多种。

世界经济合作与发展组织（OECD，1993）指出，乡村旅游就是在各个农村开展的旅游活动，"乡村性"（Rurality）是其最为独特和最有价值的卖点。该组织多次强调，乡村旅游就是发生在广大的乡村地区，以乡村资源的开发和利用为依托，经营规模小，能够确保农村经济实现可持续发展的旅游类型。此种阐释被认为是最严谨的，因此一直被研究者所沿用。但有的学者强调，"在各大乡村地区发生的旅游活动"此种说法是不合理的（Barke，2004；Frocot，2005；Sharpley & Sharpley，1997）。对于何谓"乡村性"学者们一般不会给出直接的界定，而是习惯于从"非城市性"（not urban）角度着手来加以说明。Sharpley 和 Sharpley（1997）强调，"相对于各大城市来说，乡村的特征是较为多元化的，如森林、沟渠等"。Gilbert 和 Turg（1990）认为，乡村旅游就是农户为旅游者提供食宿等条件，使其在农场、牧场等典型的乡村环境中从事各种休闲活动的一种旅游。Clock（1992）认为，乡村是一种特殊的居住地，乡村社区是买卖的背景，乡村生活方式等可以被移植，乡村文化的生活画面可以被加工、整体推销和出售。因此，若是我们无法合理而清晰地界定乡村地区的内涵的话，那么乡村旅游的内涵就无法明确下来。

知名专家 Lane（1994）强调，乡村旅游应该要满足如下几大条件：在乡村地区所发生的；从事乡村旅游活动的大多是规模比较小的企业，其根植于农村当中，对于本地农村处的各项资源是比较了解的；规模比较小，不管是建筑群抑或是居民点均为小规模；乡村旅游活动容易受到当地居民生活状态的影响；各乡村的发展程度以及自然面貌存在着较大差距，这就决定了乡村旅游具备多样性特征。世界旅游组织（UNWTO，1997）强调，所谓乡村旅游其实强调的是，旅游者在乡村（一般着重指的是位置较为偏远的传统乡村）开展游玩、学习、体验等活动。由于该组织是国际专业化的旅游组织，因此全球部分国家沿用了此种界定方式。

虽然说国内学者直到近年来才开始关注此问题，但由于我国旅游业发展迅猛，因此学者们在分析相关问题方面投入了巨大精力，最终获得了较为丰富的成果。部分学者还将乡村旅游问题做成了一项专项课题，但是对于何谓乡村旅游这一问题学者们还未取得一致性看法。下面简单介绍几种影响力比较大的观点。

王莹（1997）、孔润常（1998）、郭一新（1999）、徐保根（2002）、王慧（2012）、赵航（2012）、钟平（2012）等认为，乡村旅游是充分利用农业资源，使旅游者充分领略现代新型农业艺术，以及生态农业的大自然情趣的一种旅游活动。杨旭（1992）强调，所谓乡村旅游应该是在农业生物、经济、社会资源的基础上来构建立体景观以供游客欣赏或体验的旅游活动。范春（2002）强调，乡村旅游主要是以乡村文化以及社会资源为吸引点，可以较好地满足旅游者求异、求根等多元化旅游需求的一种旅游现象。其涵盖了基本的乡村旅游活动以及据此所开展的各项旅游产品研发与设计活动。王兵（1999）指出，乡村旅游是以农业文化景观、传统农事活动等为资源，集休闲、娱乐、体验、购物等为一体的旅游活动。有学者还指出，乡村旅游就是在广大的乡村所开展的农村活动，以乡村原始的文化风貌、田园风光资源为主的旅游产业（马波，1996；熊凯，1999；陈文君，2003）。学者刘红艳（2005）也比较认同此种观点，在她看来，乡村旅游其实就是在乡村开展的独特的旅游活动，以聚落景观、经济景观等为旅游资源，主要是让旅游者体验农村生活、感受农村的生活状态，以达到放松身心、陶冶情操、强健体魄的目的的旅游现象。

杜江、向萍（1999）在分析了乡村旅游资源、客源市场以后得出如下结论：乡村旅游其实就是以农村风光以及农事活动为"卖点"、将城市居民锁定为潜在客户，以满足其娱乐、探求以及拥抱大自然等诸多需求为目标的独特的旅游方式。周玲强（2004）强调，乡村旅游的服务对象以城市居民为主，以农村人文景观、农耕生活体验、独特的民俗风情为资源，集体验、疗养、度假、探知、娱乐等功能为一身的现代化的旅游活动。另外，李松志（2001）、杨雁（2003）、何薇（2004）等也提出了较为相似的观点和看法。

贺小荣（2001）强调，若想全面地把握乡村旅游的内涵，我们必须做好如下工作。第一，牢牢地抓住"乡村"这个关键词。乡村的非农人口通常不会超过300人，其应该是一个独立的地理单元，涵盖了林牧渔区等，资源种类多，异常丰富。第二，全面理解"旅游"的内涵。我们能否将一种活动称为旅游，关键是看参与活动的人员是否带有明显的游玩意识，如果其带有此种意识，那么其所参与的活动就是旅游活动。第三，明确具体的判断标准。若想明确旅游的性质，就必须要了解其使用了何种资源。经过系统地论述以后该学者得出了如下看法：那些利用一切可利用的资源来开展旅游活动，以满足旅游者观光、度假、购物等诸多需求为目标的各种旅游消费行为以及此类行为所引发的结果就是乡村旅游。吴必虎（2001）强调，乡村旅游其实就是以乡村自然环境为依赖的各项旅游活动的统称。

我国国家旅游局为了促进旅游业的长远规范发展，而颁布了《全国工农业旅游示范点检查规范》，在其中明确对这种旅游给出了明确的定义，也就是"综合了农村风貌、农产品加工，农事活动相关的旅游活动"[①]。程道品等在研究过程中从理论上对此做了深入而全面的分析，并认为这种旅游就是基于农业资源和特色，在融合相关购物、度假、科研、观赏等基础上开展的特殊旅游活动。王兆礼对此也进行了

---

① 钟平：《休闲农业体系构建与实证研究》，博士学位论文，沈阳农业大学，2012年，第18页。

具体分析，且对比分析了这种旅游和其他方式的旅游的差异之处，其认为农业旅游主要是通过农村的风土民情、乡村独特的景观和农业活动等来吸引游客，可以通过这种旅游来让城市居民放松身心，且实现观光、娱乐的目的，并在其中开阔了视野，增长了见识。王慧所做的研究发现，这种旅游是在农业活动基础上进行的，主要是满足城市居民的休闲、观光、体验等各方面的要求，其主要用到农村特殊的资源。刘敬禹认为这种旅游和观光农业等没有明显的差异，都是基于农业活动进行的，是结合农业和旅游业而形成的，主要是通过乡村独特的景观来吸引民众，其主要的游客来源为都市居民。在这类活动过程中，游客可以实现放松身心，且开阔视野、回归自然的目的。而刘红阳等学者也从多方面对农业旅游进行了研究，其认为这种旅游指以农业为主题，综合应用相关的农业生产、自然环境、农事活动来满足游客的观光、休闲等方面的需求，并使他们体验农事活动的艰辛和乐趣，也陶冶了情操。杨铭铎等从理论角度进行了具体分析，并发现农业旅游主要是通过广义的农业旅游资源来吸引游客的，相关的游玩地点并不是很局限，可以在农村、农场、农庄等，或者在郊野农村附近等。在这些活动过程中游客可以回归自然、了解自然，且充分地放松身心，并体验到自然的乐趣，同时还可以实现度假、学习、体验、相关的目的。而王室、王兵等学者也从各自不同的角度进行了相应的研究，得到了类似的结论，如邹开敏等研究发现，可以根据包含的对象将农业旅游划分为两类，即广义农业旅游和狭义农业旅游。其中狭义的也就是综合利用现有农业资源，在合理的规划和设计基础上，综合农业建设、科学管理等而形成的一种旅游活动。而广义的包括的内容很多，"观光农业""休闲农业"等也包含在内，一般来说前一种定义应用更为广泛，后一种的范围过宽，这样描述的对象不精确。

很多学者从不同角度对"乡村旅游"进行了研究，且提出了相应的定义，以下对此进行简要论述。卢云亭等（1995）认为，观光农业是一种农业旅游活动，其主要将相关具有观光、旅游价值的农业资源高效地结合起来，且融入农村风情、农业生产、农产品加工，和游客体验农事活动等，而为游客提供休闲娱乐的服务。舒伯阳（1997）所做的研究结果表明,观光农业也就是基于现有的农业资源,考虑到游客的需求而在一定的规划、设计基础上,综合了农业展示、农业建设、农产品加工为一体的活动,在此过程中游客可放松身心,且领略到新型农业艺术气息,在其中陶冶情操。李力、谷明(1998)认为,"旅游农业又称观光农业","是以农业资源为基础,把农园观光、农艺展示、农产品提供与农村空间出让等生产、经营赋予旅游的内涵,使旅游者参与到农业的生产形态中的新型旅游形式"[1]。范子文(1998)认为,"观光休闲农业是把农业和旅游业结合在一起,利用田园景观、农业生产经营活动、农村自然环境吸引游客前来观赏、品尝、习作、休闲、体验、科考、书画、摄影、购物、度假的一种新型农业生产经营形式"[2]。郭焕成(2000)认为这种农业的基础为农业活动,将具有一定观光、旅游价值的农业资源基于农业生产和产品连接起来,且融合各项农事活动与艺术加工等,在其中游客可充分地领略到大自然浓厚意趣和现代农业的魅力。段致辉研究发现,观光休闲农业从狭义上看,也就是满足游客相关观光需求的农业;而从广义上看,则是充分地利用农村空间、农业相关的资源,通过合理的旅游规划与设计,有效地组合了农产品加工、农事体验、农业建设等活动,在此过程中游客可以尽情地放松身心,同时意识到生态农业的魅力,其和"农村旅游"存在一定的差异性。李春生等(2001)研究分析,观光农业也就是基于现有的农业资源,考虑到游客的需求而在一定的规划、设计基础上,综合了农业展示、农业建设、农产品加工为一体的活动。国家旅游局 2002 年颁发的《全国工农业旅游示范点检查标准(试行)》将农业旅游定义为"以农业生产过程、农村风貌、农民劳动生活场景为主要吸引物的旅游活动"[3]。陶雨芳(2003)等相关的学者也对此进行了研究,其认为观光农业也就是在农事活动和农业生产基础上,有效地结合了农业与旅游业,充分地利用农村空间、农

---

[1] 李力、谷明:《旅游农业开发的模式与方向选择》,《财经问题研究》1998 年第 11 期。
[2] 范子文:《观光、休闲农业的主要形式》,《世界农业》1998 年第 1 期。
[3] 钟平:《休闲农业体系构建与实证研究》,博士学位论文,沈阳农业大学,2012 年,第 18 页。

村相关的特色资源，满足游客娱乐和休闲相关的需求。郑辽吉（2004）研究发现，休闲农业也就是在农业资源基础上，基于农事活动、田园景观、农业生产等，通过一定的模式来吸引游客旅游观光放松的一种活动。在此过程中游客也可进行相关的新型农业技术实践。姚治国等（2006）所做的研究结果表明，"休闲农业"也就是综合利用环境资源、田园景观等，大力发展农林牧渔生产，在此基础上提供相关民间休闲，并满足游客农事体验要求的一种农业经营活动。伍冠锁发现，这种农业也就是基于田园自然风光、民俗生活而形成的一种新型农业产业形态，其可以很好地满足城乡居民的休闲、娱乐等各方面的要求，同时也增加了农民收入。休闲农业有多方面的意义，可以为消费者体验农村生活提供一定的支持，同时也为民众欣赏田园风光起到帮助作用，有利于传承相关的文化传统，提高了农民的收入。赵航（2012）所做的研究发现，休闲农业的载体为农村资源和环境，通过旅游观光将农业资源和农村环境结合起来，促进人们体验相关的农村生产和生活。目前对于"农业旅游（Agri – tourism/Agro – tourism）"性质方面，主要存在如下观点：（1）农业旅游属于农业性质，为一种新型农业经营模式。此类学者主要如丁忠明（2000）、吴雁华（2002）等；不过对比来看，支持这种观点的学者比例不高；国外学者 Nilsson 也持有这种观点。（2）农业旅游属于旅游业，也就是将其看作一种文化生态旅游，可以满足游客相关的放松休闲娱乐多方面的要求。杜江、陈文君等认为这种观点较为准确，此外西方著名旅游研究专家如 Bowen 等对此也较为认同和支持。（3）农业旅游是一种复合型产业——是结合了农业和旅游业的一种新型产业，其同时表现出这两种产业的特点，不过和这两种产业也具有明显的差异。卢云亭、郭焕成等学者对此观点较为支持，而西方学者 Weaver 等也对此较为支持，我国的大部分学者也对此较为支持。

慎丽华（2007）明确强调，在西方国家那些以林木、畜牧、渔业资源旅游开发的项目被叫作"绿色旅游"（Green Tourism）。由于绿色旅游是以广阔的风景秀丽的乡村为背景支撑的，因此我们也习惯将其称为农业旅游（Countryside Tourism）。此种活动的开展为城乡之间开展交流活动搭建了诸多平台，让城市居民有机会体验农村生活，让农民有机会赚取更多的收入。在该学者看来，农村其实是囊括了农业以及田园空间两大概念的。前者主要关注的农家生活的开展问题，和农村经济的发展以及环境的改善等息息相关，土生土长的农民大多拥有此方面的需求；后者强调的是城市居民可以享受到的自然空间，这和农村资源的保护以及利用密切相关，通常久居都市的居民拥有此方面的需求。此外学者还指出，农村、山村等应该在开发独具特色旅游产品方面投入精力，如此农民的收入来源才会有效拓展。乡村旅游恰好满足了广大农民发家致富的需求，在日韩等国家，人民习惯于将其称为"人类和自然共同发展的田园绿色产业"。由此可以看出，狭义视角下的乡村旅游应该是一种以渔村、山村等天然资源为基础来发展农村经济的有效方式。

综上所述，有关乡村旅游的内涵问题学者们主要有如下看法：(1)认为旅游目的地是远离城市中心的各乡村；(2)认为旅游客体是潜藏于农村的各项经济文化资源；(3)认为旅游主体以城市居民为主；(4)认为此种旅游活动能够满足旅游者的诸多旅游需求，如休闲、探究等。学者们普遍认为，乡村旅游的显著特征就是"乡村性"。"乡村性"是乡村旅游所独有的，是区分乡村和非乡村旅游的核心指标（何景明，2003）。

对比分析以上对于乡村旅游定义和性质的观点，可知：(1)"乡村旅游"的代表性定义的基本要点，可归纳为：①旅游活动在非城区开展；②关键旅游资源为农村和农业生产性质的，也和农艺农产品相关；③游客主要通过这种旅游来放松身心，体验农事活动、开阔视野，增强农业相关的见识。观光农业的基本要点，主要包括如下的内容：①关键旅游资源（为农业产品、农业资源和相关的技术与工艺等）；②旅游目的主要为放松身心、陶冶情操、体验农事活动、感受农业生产中的乐趣，开阔视野。(2)"观光农业"与"乡村旅游"相关的基本要点没有明显的差异，因而"休闲农业"与"乡村旅游"（Rural tourism）在本质上是相同的，只是名称上有一定的差异。

根据以上的分析，可给出"乡村旅游"定义，也就是说，在农业生产基础上，合理地开发农业资源，并综合农产品加工、农事活动等，将这些有机地集合在一起的一种新型旅游产业。在其中游客可以放松身心，并尽情地观赏农业景色、学习了解相关农业生产活动，了解农业文化、体验农事活动的辛苦和乐趣，在此过程中还可以实现相应的健身和疗养的目的，其属于一种现代农业模式，是农业向旅游业延伸过程中形成的，其很好地顺应了目前的发展趋势，具有很广阔的发展前景。

此概念包含如下要点：（1）农业为广义的，其中包含了各方面的农业要素，涉及农、林、牧、渔等。（2）主要是通过农事活动、农业景观、农产品，其他相关的农村独特的民俗风情来吸引游客。不过没有人管理和繁育的野生生物资源不包含在内，和这种旅游活动关系不紧密的乡村景观旅游也不包括在内。（3）在这种旅游过程中，游客可以尽情地体验农业大自然情趣、开阔视野，享受与此相关的乐趣，增长此方面的见识。（4）相关的活动方式包括，农事活动、农业休闲、乡村景色观赏、品尝农家风味，与此同时还进行一些休闲和健身活动。（5）乡村旅游的性质，其同时具有这两方面的属性，是农业向旅游业的延伸过程中形成的，也可以看作旅游业的细分。（6）旅游活动的地点并不是确定的，主要产生于农村，当地社区及居民在这些活动中也深度参与，同时其他相关的村民也可以参与其中。

"乡村旅游"与其他邻近概念的关系是：（1）"乡村旅游"（Rural tourism）是一个与"农业旅游（Agri－tourism/Agro－tourism）""村庄/村镇旅游（Village Tourism）"在旅游活动内容和旅游活动目的地等方面均有很大交叉但又不完全相同的概念。"乡村旅游（Rural tourism）"侧重于旅游活动内容的乡村性质，是一个基于农业产业分类的旅游类型，其旅游活动的开展地一般是在农村但并不限于农村。（2）"观光农业""观赏农业"和"休闲农业"可以被看成"乡村旅游（Rural tourism）"的传统形式，而"体验农业""乡村生态旅游"可以被看成"乡村旅游（Rural tourism）"的高级形式。（3）"农家乐/农场旅游/庄园旅游/农庄旅游（Farm Tourism）"和"田园旅游"是以"Farm"或"田园"为空间范围的农业旅游或乡村旅游，因此其可以被看成"乡村旅游（Rural tourism）""村庄/村寨/村镇旅游（Village Tourism）"，基于空间规划的一种实现方式。

就本质属性来说，乡村旅游是农业向旅游业的延伸，也是旅游业细分内容向农业的扩展。乡村旅游具有农业和旅游业的复合性（综合性），是混合产业，具有"农旅合一"的特点，但并不是一种新的产业。乡村旅游可能划归农业，也可能划归旅游业，这要视其供给者的业务重心而定：如果农业生产是农业旅游供给者的业务重心，则这时的农业旅游应划归农业；如果旅游服务是农业旅游供给者的业务重心，则这时的乡村旅游应划归旅游业。按照主营业务来界定混合产业的产业性质，是通用的产业认定方法，按照供给者的主营业务来划分农业旅游的产业性质，也有利于国家制定相关产业发展政策、各级政府制定相关管理规则和农业旅游供给者制定发展战略。

"乡村旅游（Rural tourism）"具有以下一些基本特征：（1）"农游合一性"。乡村旅游既是现代农业多样化经营的一种形式，也是现代旅游业多样化的一种类型，因此，乡村旅游兼具农业和旅游业的特性。"农游合一性"还表现在：农业旅游的核心旅游资源是基于农业的、其他事物的旅游资源，如乡村风貌、民俗风情等，只是补充资源；而这种农业经营又有提供旅游产品和旅游服务的内容。（2）农业生产性。乡村旅游的核心旅游资源是一个农业生产系统，即在人的定向干预和调节下的生物再生产过程和体系。农业旅游不同于名胜古迹游、都市风光游、微缩景观游等，其与现实的农业生产活动紧密相连。（3）强参与性。乡村旅游真正的价值在于旅游者参与到春耕秋收、夏狩冬藏的农业生产过程中，才能切实进入另一种新的生活方式，经历一次审美的体验和身心的休整。强参与性是农业旅游的生命力所在，也是农业旅游区别于名胜风景旅游的一大特点。如果采用的是传统的"走马观花"式的观光旅游，留给旅客的将是表面的、肤浅的印象和感知，且游客极易产生疲惫感。（4）季节性和地域性差异性。乡村旅游是基于农业生产活动的旅游类型，由于农业生产具有明显的季节性和地域性差异性，使得农业旅游活动的季节性和地域性差异性特征也很突出。不同地方，其地貌、气候、物种、农业生产方式、农业生态系统模式各有不同,不同的旅游资源决定了农业旅游具有不同的类型;春、夏、秋、冬各有不同的欣赏物,客流量及游客构成也会随季节的变化而发生较大的变化。例如,在广东、海南可以开发"荔枝节""芒果节"等节事农业旅游,但在中原省份却无法开发这些旅游;在中原适合开发"梨花节"旅游,而在江南却没有市场。又如,在江南,涉及葡萄园的旅游就是靠每年夏秋之际为期两个月的葡萄节旅游,而在其他季节,旅游都处于"休眠"状态;油菜赏花旅游,其旅游期间就只有春季中不到两周的时间。(5)市场定式性。从游客来源地特征看,农业旅游的目标市场主要是城市居民。因为,第一,城市居民长期生活在快节奏、高压力的环境下,渴望农事活动的乐趣和优美秀丽、宁静悠闲的乡村生活,以及新鲜环保的农产品;第二,很多城市居民都来自农村,他们希望能够通过农业旅游教育自己的孩子保持勤劳淳朴的优良品质,并满足孩子对农业的好奇需求。

四 乡村生态旅游

由于部分研究者通用"乡村旅游""乡村生态旅游""生态农业旅游"来表述乡村生态旅游,本书在概述国内外关于乡村生态旅游的概念界定时,只要其概念内涵主要是乡村旅游,就不区别他们所使用的具体称谓。

Fennell(2001)、李长荣(2004)、郑铁(2007)认为,乡村生态旅游是以农村自然环境、农业资源、田园景观、农业生产内容和乡土文化为基础,通过合理规划和设计,为人们提供观光、旅游、休养、增长知识、了解和体验乡村民俗生活及农事活动等融为一体的一种旅游活动形式。胡志毅、张兆干(2002)认为,乡村生态旅游是生态旅游的一种,其实质是"乡村+生态旅游+休闲娱乐"的一种结合体,是传统农业与现代旅游业有机结合的一种人工设计系统。郑景明、罗菊春等(2002)也认为,"生态农业旅游这一模式,实际上是生态农业生产、生态旅游活动、生态环境三者合为一体进行开发的一种'生态型'旅游方式;它克服了传统农业旅游不足,找出一种'生态+农业+旅游'的农业旅游形式;它既能平衡农业经济、社会对农产品需求和人们的旅游需求,又能维持农业资源、环境的可持续发展，是一条农业旅游可持续发展的道路"。① 卢云亭（2006）、谢雨萍和任冠文（2009）进一步认为，生态农业旅游是对生态旅游、生态农业和农业旅游三者的优化，其核心内容包括三个方面：一是在农业生态环境中进行旅游；二是旅游活动的开展以保护自然为中心；三是要促进农业、农业旅游、生态环境可持续发展。蒋和平、何忠伟（2004）认为，生态农业旅游是以农业为依托，使农业与自然、人文景观以及现代旅游相结合的高效产业，是旅游者充分体验现代农业与生态农业相结合的新型产业。林水富（2004）提出，乡村生态旅游产品以农村自然生态环境、农业资源、田园风光、农业生产活动以及乡土文化为基础，可以使旅游者在领略田园风光和清新乡土气息中贴近农村、贴近自然。骆静珊（2005）认为，乡村生态旅游是一种将旅游发展与环境保护、生态建设、社区发展紧密结合的乡村旅游发展模式；它以加强生态环境的保护和建设为己任，以促进乡村社区发展为目标，将农业、农民和社区发展高度结合起来，使旅游业成为乡村重要的产业和社区经济内容。郭华（2008）认为，乡村生态旅游是指到农村生态环境中进行旅游，旅游活动具有参与性，并贯穿了生态意识，同时能够促进农业、乡村旅游、生态环境可持续发展。陈艳萍（2009）认为，乡村生态旅游是指以生态农业资源为基础，以生态农业景观作为旅游吸引物的一种旅游形式。李娟（2012）认为，乡村生态旅游是建立在农业资源基础之上的，充分注重展示农耕文化、乡村文化、普及农业科技知识，注重让游客充分参与，注重环境教育与环境保护的一种可持续的旅游活动。

上述定义都从某个或某些侧面表述了乡村生态旅游概念的内涵或外延，但也都存在一些不足，其中带有共性的缺陷是：（1）未能将"乡村生态旅游"从"乡村旅游"中清晰地区分出来，即没有突出乡村生态旅游的"生态"特征。（2）只是简单地从旅游资源的实务构成，或者旅游活动的内容组成来定义乡村生态旅游的概念内涵，未能

---

① 郑景明、罗菊春、曾德慧：《农地生态系统管理的研究进展》，《北京林业大学学报》2002 年第 24 期。

从旅游者的旅游目的、消费特征和核心旅游资源的本质等深层次的视角来定义"乡村生态旅游"的内涵和外延；而且，从逻辑先后顺序来看，上述定义的分析思路也是本末倒置的。

根据以上分析，乡村生态旅游可以界定为乡村旅游中的生态旅游，是利用农业的功能所开展的生态旅游。具体来说，乡村生态旅游是指人们为了解除所处恶劣生态环境的困扰、追求人类理想的生存环境、追求健康长寿和心情愉悦，而到具有良好生态环境条件的农业旅游区去度假休憩、保健疗养和娱乐，并达到享受农业生态效益、了解农业、认识自然、保护自然目的的旅游活动。

这一定义的要点是：(1) 乡村生态旅游的性质，从消费者和购买方来看属于旅游业中的生态旅游类型，从旅游资源供给方来看属于农业产业范畴；(2) 乡村生态旅游的核心旅游资源是农业生产过程中生态功能（生态效益），或者说是良好的农业生态环境，包括令人心旷神怡的农业视觉景观、小气候环境、大气质量、植被等自然因子；(3) 乡村生态旅游的主要旅游活动方式是度假休憩、保健疗养和娱乐，而不是野外观光、野外摄影等形式的大众旅游（农业观光），也不是狩猎、垂钓等形式的农业体验旅游；(4) 乡村生态旅游的主要旅游目的是为了解除所处恶劣生态环境的困扰、追求人类理想的生存环境、追求健康长寿和心情愉悦；(5) 乡村生态旅游中贯穿了可持续发展的思想，但乡村生态旅游并不等于可持续旅游、可持续农业，以及可持续农业旅游，因为可持续旅游不是一种具体的旅游方式、可持续农业不是一种具体的农业产业也不是旅游。

由于乡村生态旅游既是乡村旅游的一种类型，也是生态旅游的一种类型，是利用农业系统开展的生态旅游。本书将从大的乡村旅游范畴来开展研究，开展乡村生态旅游并不改变原农业系统的农业性质和基本的生产结构、生产方式，只是利用了农业系统的生态功能来满足乡村生态旅游者享受生态效益的旅游诉求。本书定义下的乡村旅游具有以下基本特征：(1) 生态旅游特征。生态旅游是生态旅游的一种类型，乡村旅游以农业系统的生态功能（生态效益）为关键旅游吸引物。旅游者进行乡村旅游的目的是享受农业生态效益，以达到解除所处恶劣生态环境的困扰、追求人类理想的生存环境、追求健康长寿和心情愉悦的目的。(2)农业性特征。乡村旅游是利用农业的生态功能而开展的旅游活动,是基于农业的旅游,是农业多样化经营的一种形式。开发乡村旅游可能会局部地改变原来的农业生产结构,但从整体来看,并不会改变原农业生产的整体结构、基本属性和主要生产方式。因为农业生产的整体结构取决于不同地域的自然条件,农业的主要生产方式取决于农业生产结构、地理条件和农业生产科技文化等,这些都不会因开展乡村旅游而发展变化;如果整个地区不再进行农业生产,而是专门用于开发旅游,则原农业生产的基本属性发生了变化,在这种前提下开展的旅游也就不属于农业旅游了,当然也就不是乡村旅游了。

综上所述,本章先概述了本书所依据的基本理论,包括共生理论、可持续发展理论、利益相关者理论、社会交换理论、产业融合理论、农业多功能性理论、农业生态系统理论、生态学原理、环境承载力理论、景观生态学、农业景观学理论、乡村旅游发展阶段评价指标体系理论、旅游地生命周期理论、竞争优势理论、旅游区划理论、增长极理论、产业聚集理论以及"点—轴辐射"理论。

然后,对"中国梦"、生态旅游、乡村旅游核心概念进行了界定。关于生态旅游的概念,本书支持"环境资源说"类的生态旅游概念,并将生态旅游定义为人们为了解除所处恶劣生态环境的困扰、追求人类理想的生存环境、追求健康长寿和心情愉悦,而到具有良好生态环境条件的旅游区去度假休憩、保健疗养和娱乐,并达到认识自然、了解自然、享受自然、保护自然目的的旅游活动。关于乡村旅游的概念,本书认为乡村旅游是农业与旅游的结合,是利用农业的生态功能所开展的旅游,具体来说是指人们为了解除所处恶劣生态环境的困扰、追求人类理想的生存环境、追求健康长寿和心情愉悦,而到具有良好生态环境条件的乡村旅游区去度假休憩、保健疗养和娱乐,并达到享受农业生态效益、了解农业、认识自然、保护自然目的的旅游活动。

第三章 吉林省乡村旅游现状

  吉林省的各方面资源很丰富，也是我国的产粮大省，相关统计结果表明，2015年吉林的人口超过了2700多万。吉林的地势总体上看表现为东南高、西北低的趋势，中西部为平原丘陵区，而东部为长白山区。吉林省内有很多条河流，如松花江、鸭绿江、绥芬河等。吉林的山主要分布在东部地区，主要的山有大黑山、张广才岭、老爷岭等，这些山的海拔一般可达到2000米。2015年统计结果表明，吉林实现农林牧渔业增加值1570.2亿元，和上年相比增加幅度达到了4.6%。其中农业的增加值增长幅度最大，为6.6%，相应的总额也超过了800亿元；牧业增加比例为1.2%，总额达到了546.1亿元。总体上看相应的服务业增加值45.6亿元，不过对应的增长率达到了5.0%。分析可知吉林在此方面具有一定的优势，具体表现为吉林的林业资源很发达，生态环境复杂多样，且环境保护得很好，没有受到多少污染，这些提供了良好的旅游资源，同时也为此方面的旅游开发提供了支持，因而吉林省发展乡村旅游有坚实的基础（见图3-1）。

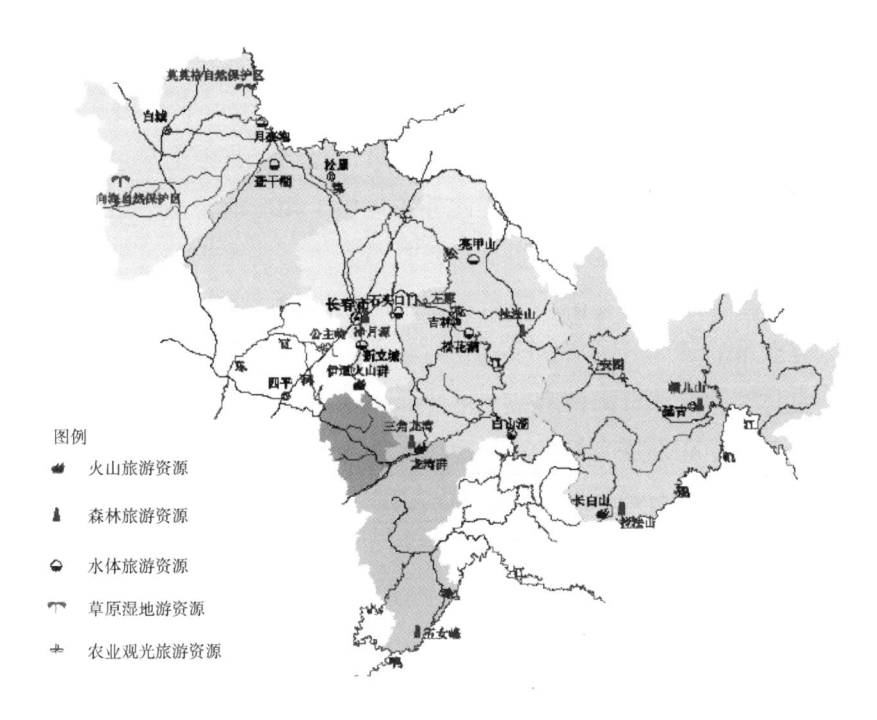

图 3-1　吉林省生态旅游资源与环境分布

第一节　吉林省乡村旅游资源概况

总体上看，我国乡村旅游资源可以划分为主要和辅助分类体系，其中前一种体系可以依据资源的用途、本体属性等来进行划分。这种划分的主要目的是为乡村旅游资源的开发起到一定的帮助作用，更好地满足开发要求。而后一种体系主要是根据经营主体、行业性质等相关的标准来进行划分，这样的划分结果可以为国家管理部门制定相应的行业发展政策提供可靠的参考，同时也为一些国家总体的管理活动提供管理依据。本书将吉林省乡村旅游资源按辅助分类体系中的行业性质分为渔业资源、农副业资源、种植业资源等几种类型。

一　种植业资源

种植业旅游主要是综合利用种植设备与空间、自然生态和生态空间等，在此基础上进行总体上的规划设计，更好地体现出种植旅游功能，满足旅游者此方面的要求，并据此发展起来的一种新型旅游产品。这种旅游的形式也是国外乡村旅游最常见的，其中主要包括乡村度假、种植观光、瓜果收获等，此外还提供了相应的采摘、销售、观赏等相关的服务，游客可以根据需要参与其中。在此旅游过程中游客可进入果园、菜园、花圃等进行不同形式的采摘、欣赏，从而释放身心，且获取农趣，这种旅游模式相对容易实施。

吉林省的农业资源很丰富，平原面积很大，分布着多个全国商品粮基地，因而在发展乡村旅游方面有广阔的前景，而目前此方面的需求很大，因而很有必要对吉林省的这些优势资源进行开发。目前吉林全省农作物总播种面积超过了400万平方千米，其中分布了很多的农田、果园、菜园等。在旅游过程中游客可以根据需要进行摘果、采菜、赏花相关的操作。吉林省在此方面也加大了投资力度，建设了"左家特产观光生态园""安图国营福满林场"等，在农业旅游方面有很大的影响力。①

左家特产观光生态园里的名贵中草药目前已经吸引了很多忠实的用户，其中开发的西洋参酒等在东北三省有很高的声誉。在此生态园中，可以观赏各方面的景色，品特味、购特物，也可以动手进行一些特殊的操作，因而这些项目集中了观赏、示范、教育相关的功能，这样游客就可以在游玩的过程中饱览特产风光，且放松了身心。公主岭市国家农业科技园中分布了各种农作物，其核心区面积超过了20平方千米，其中分布了45个机关单位，企业数量也超过了300家，根据相关的资料可知，此处的交通通信便捷，相关的农业科技水平也较高，在东北粮食主产区有很高的声誉。

二 林业资源

根据统计资料表明，吉林省的野生植物种类超过了3800种，其

---

① 百度百科：《全国农业旅游示范点》，http：//baike.baidu.com/link?url＝7NpQPhp-pcqEjdhg78gscVwPn3VE － cXcZXXwE5lHObIJR0YBduRVgNeEXe2HtZi － 49dysLrPe8D3WQ2ss0L26La。

中最多的为真菌类，达到 900 多种；其次为苔藓类，达到 300 多种；此外有地衣和蕨类植物；相应的被子植物也超过了 2200 多种，其中还有一些珍惜和名贵的植物。吉林省的野生动物 445 种，其中大部分为鸟类，超过了 330 种，两栖类 14 种，兽类也达到了 80 种。统计结果表明吉林省为了更好地保护各类野生资源，而建立了不同类型的自然保护区 42 个，对 30 多种珍贵动植物进行重点保护。建有 57 个省级以上森林公园，总面积超过了 220 万公顷。长白山是吉林最大的山脉，其森林覆盖率达到了很高的水平，其中有大片的原始森林，里面有很多区域人迹罕至，动植物资源异常丰富，也是我国著名的林区之一。长白山中的树种主要包括红松、水曲柳、白桦树等，其中珍贵的品种为"长白松"，这种树的树干挺拔、树皮鲜艳，有很高的观赏价值。长白山也是我国的著名山脉，从 20 世纪 90 年代就进行了相关的生态旅游开发，在此方面也积累了大量的经验。长白山还建设了长春净月潭国家森林公园，这也是重要的乡村旅游资源。

东北地区的火山也较多，其中最著名的为长白山火山，其从 17 世纪以来已经喷发过 3 次，其中的主峰白头山的天池就是火山喷发形成的，此湖的面积达 9.8 平方千米，碧波荡漾，具有很高的旅游价值。而相应的龙湾群国家森林公园中也分布有火山地貌，具有一定的旅游观光价值。此公园还被看作"中国最大的火山口湖群"，其中的火山口数量很多，景色优美，没有受到人为活动的影响，空气很清新，也是旅游者的最佳去处。伊通火山群主要包括 16 座火山锥体，在其中火山活动时的岩浆运移、喷发和就位相关的活动都被有效地记录下来，也是国内外罕见的典型地区，每年吸引了大量的旅游者前来观光。其中的基性玄武岩成因机制具有一定的独特性，很多学者对此进行了研究，且最终确定为"伊通型"成因机制，因而具有一定的地质考核价值。

三 畜牧养殖业资源

吉林省的平原面积较大，草地资源丰富，占全省总面积的比例接近 1/3。吉林的草地大部分分布在东部山区丘陵地区，且产量也达到了很高的水平，而西部地区的草原产草量高、草质好。吉林的白城市分布在科尔沁草原上，附近有大量的草原资源，草原中分布有很多的泡子，其中的动植物资源很丰富。在其中可以听到悠扬的马头琴声，观看场面激烈的赛马、摔跤活动，在游玩休息过程中也可以享受香气袭人的烤全羊、喝奶茶，给旅游者留下很深刻的印象。左家绿地的面积达到了226.3平方千米，其中森林面积占比超过了一半，有很丰富的特产农业旅游资源。镇内分布了一些专业的农业资源研究机构，和相关的农业旅游开发学校。这些研究所在紫貂、梅花鹿、豹猫、猫熊、野鸭等的驯化领域取得了很重要的成果。

吉林省湿地资源也很丰富，相关的统计结果表明吉林的湿地面积为193.7万公顷，其中大部分为天然湿地，占全省面积的比例也达到了10.3%。湿地类型主要有沼泽、河流、湖泊，此外还有面积广大的鱼塘、水库和相关的人工湿地等。其中人工湿地的占比更高，内部有大量鱼类和鸟类动物。吉林省湿地类型多，不同的湿地类型有明显的差异，总体上进行分析可知，其中西部地区主要为平原型的湖泊湿地，也有一些为盐碱湿地，而东部地区则主要为低山及丘陵型的森林湿地。其中一些区域还分布着深水湖泊和草丛沼泽，相应的植物种类很多，具有较高的研究和应用价值。丰富的湿地资源为吉林的生态旅游提供了可靠的基础，通榆向海自然保护区的面积很大，其中分布了大量的湿地和沼泽，其中的湖泊像珠宝似的大量地分布，苇海碧波荡漾，一眼望去，苍茫茫的一片。其中的动植物也很多，有珍禽293种，60多只珍禽丹顶鹤在此繁衍，此处的环境很少受到人类活动的影响，基本上保持天然形态，在野生动物观赏方面具有很大的吸引力。

四 渔业资源

吉林省的河流众多，由于地势起伏不大，因而湖泊星罗棋布，相关统计结果表明吉林省内有河流200多条，分属五大水系，吉林省的湖泊和水库也很多，主要有松花湖、白山湖、月亮泡等，此外还有80多个水库。吉林省和水库有关的风景区有9个，其中面积大、影响深远的有石头口门水库水利风景区、查干湖水利风景区等，在这些库区也可以游泳、垂钓，进行各方面的游乐互动。

鸭绿江是中朝界河。吉林省的最长河流为松花江，在其流经区域上形成了松花湖，目前已经成为重点风景名胜区。湖面面积也达到了550平方千米，湖区狭长，其中有很多的湖汊，湖面碧波荡漾，景色秀丽，还可以观察到林秀、雪佳相关的景观。在其上游还可以看到红石湖、白山湖等人工湖。其中查干湖的面积达到260平方千米，是吉林省最大的淡水湖，其临近前郭尔罗斯大草原，水域面积很宽阔，景色宜人，尤其是查干湖冬捕已经被收录吉林省省级非物质文化遗产名录。延吉市、白山市、通化市的这种区域位置明显。由于延吉市、白山市、通化市的这种位置和本身的经济、资源、交通等条件使酒店在延吉市、白山市、通化市出现小聚点的雏形。

五　农副业资源

吉林省内分布有很多少数民族，其中的延边地区有很多朝鲜族民众，松原地区的蒙古族人也很多，四平有大量的满族人，他们都保留了一定的民俗习惯。延吉市经龙井市去长白山天池很方便，此外延边州的朝鲜民俗风情也很吸引人，在其中可以看到各类型的朝鲜族民俗舞蹈。叶赫那拉城是满族文化的重要标志城，在其中可以观赏到满族的民俗风情，各种奇装异服让人眼花缭乱。吉林省西部的蒙古族特色也很明显，其中的白城镇赉县有大量的蒙古族人口。每年7月，大量的中外游客都前来旅游观光，可以在此观赏那达慕盛会、赛马等相关的活动，也可以参与摔跤、射箭之类简单的活动。延吉龙山朝鲜民俗村可以让人感受到少数民族的文化特色。

第二节　吉林省乡村旅游客源现状

本研究小组于2018年"五一"黄金周，分别在吉林省乡村旅游主要地点做了问卷调查。这些主要景点分别为：长春龙湖生态示范园、长春乐山晓观园山庄、白城市莫莫格民俗村、松原市乾野清渔业休闲度假山庄、吉林市神农山庄、四平市公主岭国家农业科技园、辽源市生态农业旅游观光园、通化市鸡冠山、白山市长白原果园朝鲜族民俗村和延边朝鲜族自治州福满生态沟（景点详细情况介绍见附录

2)。本书在进行调查问卷研究时,发放了1000份调查问卷,全部收回,其中有效份数为998份,对这些问卷结果进行了统计分析。吴书锋(2009)所做的研究结果表明,乡村旅游客源市场主要受到如下几方面因素的影响:自然环境、游客文化、人口情况等。本书在进行问卷调查研究时,选择了包含以上因素的问题进行统计处理,然后根据所得结果讨论了吉林省乡村旅游客源状况,以下对这些因素进行分析。

一 客源经济因素分析

相关调查结果表明,在这些调查对象中,家庭年收入在3万—6万元的占比大约为12.2%;在6万—9万元的占比为34.3%;高于9万元的旅游者占28.7%。对所得结果进行了统计分析,结果发现经济因素是生态农业旅游的最重要因素,其原因如下:生态旅游所需要的时间长,这样对应的费用也就较高;此外这种旅游的消费项目存在很大的消费不确定性,而大部分家庭的开销却是确定的。

如图3-2所示,在此次调查中(调查问卷中问题4的统计结果),月收入在6001—10000元的乡村旅游消费人群最多,其次为月收入在2001—6000元的消费人群;最低的为月收入10000元以上的消费人群。由此可以看出乡村旅游消费人群与旅游者的收入有着直接关系。

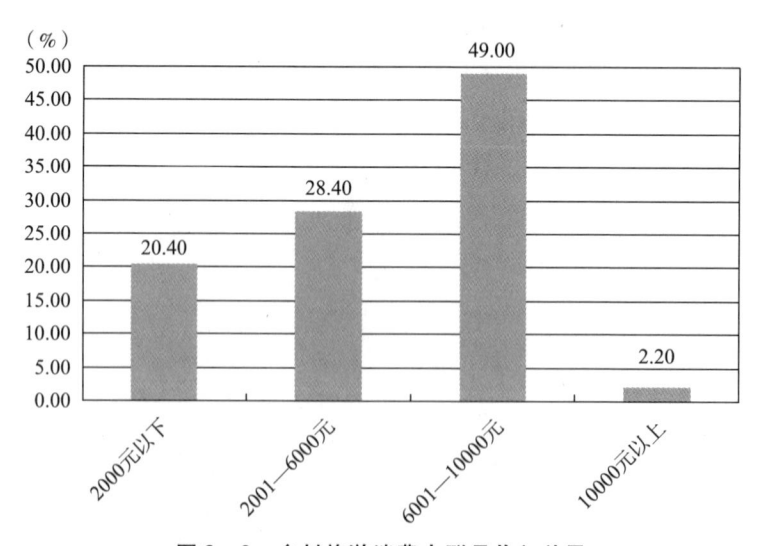

图3-2 乡村旅游消费人群月收入差异

二 游客文化程度分析

游客文化素质因素引起的客源市场差异主要表现在游客对吉林省乡村旅游产品的重视程度上。一般来说，游客的文化素质越高，对农业旅游的认可度也就越高。调查显示，本科学历的游客占 54.7%，硕士学历的游客占 20.9%。这充分说明了高学历的游客是吉林省乡村旅游的主要消费人群。

三 自然环境因素分析

从问卷调查的问题 11 的结果统计数字中可以看出，游客参与生态农业旅游最满意的是吉林省的自然环境，这个比例已经达到了 67%。产生这样的结果的主要因素包括：其一，人们对环境问题的重视；其二，自然环境的异质性；其三，游客有着认识和享受自然环境的本性。

四 游客人口学因素分析

（一）性别差异

性别差异的主要原因包括：其一，体力恢复速度不同引起的乡村旅游性别差异，一般来说男性比女性体力恢复速度要快；其二，男女在感官感受上存在着较大的差别引起了乡村旅游性别差异；其三，男女对旅游产品的需求不同引起的乡村旅游性别差异。如图 3-3 所示，吉林省乡村旅游游客男性为 59%，女性为 41%，男性多于女性。

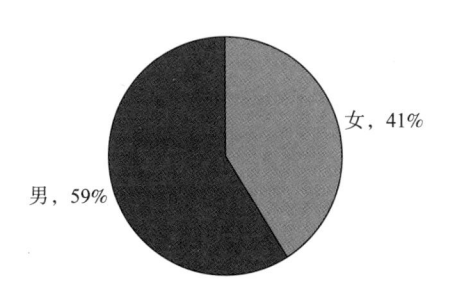

图 3-3 性别差异对比

（二）职业差异

从问卷调查问题 4 和问题 5 的数据统计结果中，可以看出吉林省乡村旅游的客源差异还体现在游客的职业差异上。从表3-1中不难发现，自由职业者占据乡村旅游人数的一半以上。

表3-1　　　　　　　吉林省乡村旅游客流职业结构

	近途（%）	中途（%）	远途（%）
公务员	11.2	14.9	16.5
工人	1.6	2.3	1.9
离退休人员	10	8.3	10.5
军人	2	4.1	3.7
学生	10.6	14.4	10.9
自由职业者	55.6	41.3	48.8
其他	9	14.7	7.7

资料来源：实地调研。

（三）年龄差异

如图3-4所示，在此次调查中（调查问卷中问题4的统计结果），

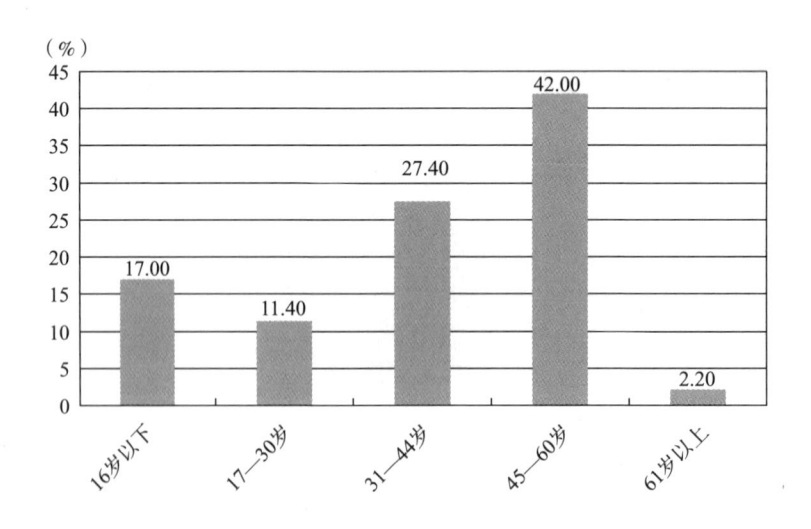

图3-4　年龄差异对比

年龄在45—60岁的乡村旅游消费人群最多，其次为年龄在31—44岁的消费人群；最低的为61岁以上的消费人群，由此可以看出乡村旅游的消费人群主要为中年人，由于调研是在旅游黄金周进行的，因此老年游客是最少的人群。

（四）客源差异

同时调查问卷的统计数据还显示出客流的不同来源，本书按客流来源分为三类：近途客流（吉林省内）占84.3%；中途客流（邻近省份的大中城市）占9.1%；远途客流（北京、上海、广东等国内远程地区及港、澳、台辐射区）占5.7%；国外游客占0.9%。从图3-5的客源差异数据对比中可以看出，吉林省乡村旅游的主要客源是近途客源，中途、远途以及国外的客源还有待开发。

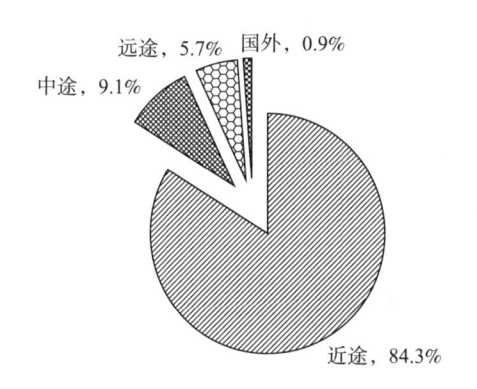

图3-5 客源差异对比

第三节 吉林省乡村旅游发展分析

为了深入了解吉林省乡村旅游发展现状，笔者根据乡村旅游可持续发展评价指数体系对"问卷设计"的问题依次进行了回答结果统计和测算，最后得到吉林省乡村旅游可持续发展各大类评价指标的权重、位次、标准分和实际分，如表3-2所示。

表3-2　　　　吉林省乡村旅游可持续发展评价五大类指标

	G1	G2	G3	G4	G5	合计
权重	0.525	0.037	0.316	0.039	0.138	1
位次	2	5	3	4	1	—
标准分	39.51	15.86	33.47	3.96	9.79	100
实际分	9.66	8.29	3.24	7.33	2.86	31.43

资料来源：实践调研。

根据乡村旅游可持续发展评价指标体系理论，如表3-3所示，由不同的分值区间可知道被评价地所处的可持续发展的阶段，吉林省农业旅游可持续发展的评判的总得分为31.43（20＜31.43＜50）。因此，吉林省乡村旅游属于可持续发展中级准备阶段。为了全面了解吉林省乡村旅游发展状况，本研究对吉林省乡村旅游发展进行了SWOT分析。

表3-3　　　　　　　　　　分值说明

总分值取值区间	含义
[0, 20]	可持续发展的初级阶段
(20, 50]	可持续发展的中级准备阶段
(50, 80]	可持续发展的中高级阶段
(80, 100]	可持续发展的高级阶段

资料来源：参见邹宽生《江西省自然保护区的发展现状及对策》，《森林工程》2011年第5期。

一　优势（Strengths）

（一）资源环境优势

旅游业相对其他产业有明显的特征，在投资回报方面有明显的优势。根据相关的资料分析结果表明，吉林省乡村旅游资源很丰富，具有良好的旅游环境，并表现出品位高、承载力大等方面的特征。

1. 乡村旅游资源丰富、多样

吉林省的地形复杂，有多种类型的地貌，其中平原和丘陵占据了大部分，此外还有大片的森林、草原、内陆湿地，此外水域面积也很大，因而具有丰富的乡村旅游资源。根据此方面的气象资料可知，吉林的东部气候湿润，建设了很多森林公园，主要用于对森林资源进行保护。而西部地区的气候很干旱，不过建设了大片的草原生态保护区，也具有较高的旅游开发价值。省内水域面积很大，其中分布了很多沼泽、湖泊、水库，在其中可以游览湖光山色，并在其中感受到大自然的神奇风光。此外也可以在其中进行探险、猎奇、游泳相关的活动，也可以进行相关的科研探索，为这些活动提供了良好的条件。

2. 乡村旅游资源品位较高

吉林省的珍贵动植物资源也很多，其中分布了很多国家级自然保护区、森林公园和相应的风景名胜区。其中著名的风景名胜区有龙方川、长春净月潭风景名胜区，每年吸引了大量的游人。

长白山自然保护区是吉林的重点旅游保护区，20 世纪 80 年代开始被列入世界自然保留地。此区的面积大，具有较高的开采和利用价值，区内的森林资源得到了良好的保护，表现出生物多样性丰富特征，其中生活着大量的野生动植物。长白山区的海拔较高，在不同的海拔区域分布着各类型的树木，主要有针阔叶混交林带、针叶林带、高山苔原，在其中可看到不同温度带的生物景观，因而也具有较高的生物研究价值。在北坡 60 公里的旅游路段内，在 1000 多米的高差范围内，可以观察到不同类型的景观带，对增长见识、开阔视野有很大的帮助作用。长白山也是面积巨大的自然博物馆，其中保存了大面积完整的野生植物，统计结果表明其中植物 2424 种，高等级的也超过了 1000 余种，同时还有 100 多种世界珍奇植物，以及相关的国家濒危植物。统计发现长白山的野生脊椎动物也超过了 500 种，其中有 150 多种珍稀的特产动物。这些动植物具有较高的科研价值，同时也为观赏旅游提供了良好的条件。这些保护区的气候怡人，夏季温和凉爽，在避暑休闲方面有独特的魅力，可以很好地满足了游人的娱乐要求；冬季积雪量大，可以根据相关的地形情况来适当地开展冰雪旅游活动。向海自然保护区中有大面积的湿地，在 20 世纪 80 年代已经被列入国家级自然保护区，也是我国著名的湿地资源保护区，其在保护丹顶鹤等珍稀水禽方面有重要的价值，同时也保护了蒙古黄榆等相关的植物资源。此保护区的野生生物资源丰富，在濒危水禽保护方面有很高的价值，此外还具有一定的科研价值。莫莫格自然保护区主要是对一些珍稀水禽进行保护，目前已经取得了很好的效果。伊通火山群自然保护区中有大量的火山喷发景观，主要用于保护当地的地质遗迹，也具有较高的旅游观光价值。

3. 农业生态环境良好

在乡村旅游开发过程中，农业生态环境提供了重要的支持作用，吉林省地处温带，气候良好，四季分明，没有极端的气候，很适合人类居住。吉林省经济发展较落后，土地面积很大，资源丰富，不存在人地矛盾问题，有很广阔的发展前景，同时吉林的生态环境承载力较高；吉林的生态保护也取得了很好的效果。吉林的东部有长白山，西部有面积广阔的科尔沁草原，地形复杂多样，这些为野生动植物保护提供了良好的支持，在保护这些动植物资源方面有重要价值。吉林省总体农业生态环境表现出复杂多样的特征，总体上看，吉林省地势东南高，沿着西北方向不断地降低，在其中分布了不同类型的生态旅游资源。东部地区为大面积的长白山原始森林、东中部地势相对较低，其中广袤的松辽平原还分布着大面积的沼泽湖泊，西部草原湿地也很大，这些生态环境表现出很高的休闲相关的价值。

（二）区位优势

吉林省处于东三省的中部，全境东西长650千米，南北平均宽度达到300千米，人口密度相对较低，人均土地占有量很大。吉林省和辽宁省、内蒙古、黑龙江都相接，同时还和朝鲜、俄罗斯有一部分接壤，和朝鲜以鸭绿江为界，边境线长度超过了1400千米，其中中俄边境线大约为200多千米。东部珲春市距俄罗斯的海港城市很近，在国际贸易方面也有明显的优势。

吉林省位于辽、黑两省中间，在贯通东三省方面有重要的作用，哈大铁路线纵贯吉林省中部，北与哈尔滨接滨洲线路，并连接到西伯利亚铁路上，南部方向上则通过京沈、沈丹线和辽宁的重要港口城市连接。这样在交通运输方面，就可以方便地强化吉林省与环渤海经济圈的联系，同时对开拓吉林的对外贸易也有重要的作用。长图、长白铁路横贯东西，这样可以和日本以及北美进行经贸合作，而西边方向则可以和蒙古开展边境贸易。京哈线上分布了吉林的13个市县，在形成吉林全省铁路网方面有重要的意义。和相关的辅线路如沈吉线、平齐线、拉滨线等连接起来，形成很发达的交通网络。吉林省在我国连接东北亚和欧洲方面也有重要的意义，可以在吉林建立大陆桥的重要中间站。可通过吉林的图们江出发，构筑一条新的欧亚大陆桥，而吉林处于其中的关节上。

由于吉林省位于东北亚的中部，同时又是东北地区的经济腹地，特别是省会长春，在东北区旅游线路中是必经之地，因此具有特殊重要的区位优势。

从以上论述可看出，吉林具有优越的地理位置，且交通条件很便利，在生态旅游开发方面有重要的意义，因而很有必要对此进行研究。吉林也将辽宁和黑龙江省连接起来，在东北区旅游线路方面也有重要的连接作用，在此方面也具有较高的区位优势。

(三) 政策优势

吉林省目前也加大了旅游业的资源投入力度，制定了旅游业中长期发展战略，将旅游业作为支柱产业进行重点发展。吉林的省委也对此进行了相关的部署工作，并颁发了《关于加快建设旅游支柱产业的意见》，制定了相关促进旅游业发展的有利政策，提供了旅游用地、财政和资金方面的支持，这对促进我省旅游业的长远可持续发展有重要的意义，并已经成为此方面的政策保障。目前吉林省旅游业正处于高速发展阶段，在不断的发展和完善下，吉林已经成功建设了一整套相对完善的基础设施，且相应地专门服务外国宾客的旅游宾馆已经建立起来，与此相关的旅游从业人员也超过了几万人。吉林的餐饮业发达，汇集了各民族的风味特色小吃，各大特色菜系均有专业的门店。同时吉林的休闲、娱乐行业也很发达。旅游产业目前已经进入快速发展阶段，在促进第三产业发展方面表现出很高的价值。此方面的统计结果表明，2013年吉林省接待海内外游客超过了1.2亿人次，相应的旅游总收入也超过了1800亿元，总体上看表现出持续快速发展的态势,增速达到了12%,相当于全省 GDP 的 13.38%。①

二 劣势(Weaknesses)

(一)经济实力弱,资金投入少

吉林的经济发展速度和东南沿海地区相比较为落后,相关金融业也不发达,这对经济发展产生了一定的制约作用,总体上看吉林的经济发展水平和全国平均水平相比较低。对比分析也可以看出,吉林的经济基础也低于全国平均水平,经济总量不足,这对旅游业的投入力度产生了一定的制约。旅游资金投入较少,这也影响了旅游收入,统计结果表明,2014年吉林的旅游业投资规模达到了302.3亿元,相应的收入为1846.79亿元,占全国的比例为5.68%,因而还有很广阔的发展空间。

(二)相对远离国内外经济发达地区

分析全国的旅游客源地可知,珠江三角洲和长三角经济区是我国最重要的旅游客源地,这些地区的经济发达,居民的平均收入水平也明显地高于全国平均水平。不过这些地区和吉林省相距较远,因而带动能力很有限;从国外客源市场看,欧美国家的人出游更多,这些地区经济发达,人们出游能力较强,此外在亲临自然、放松身心方面的生态旅游需求较高,不过其距离吉林都很远,属于相关性很低的客源市场。

(三)交通瓶颈

根据此方面的研究资料可知,旅游者出游的决策和感知距离存在密切的关系,而此距离受到交通可达性的影响。因而交通发达性会直接影响到游客决策。根据研究资料可以看出,目前吉林省交通设施水平受经济水平的影响很明显,各地区城市与省会城市之间有发达的交通网络,而各地区的交通关联性不强,相应的设施水平也不高。此外从统计资料也可以看出,各主要景区内部的交通设施也不是很发达,也没有高效的交通体系连接起机动旅行与步行。这对游客的游览、景区管理等都产生了一定的不利影响,同时也不利于满足相关的环境保

---

① 中商情报网,http://www.askci.com/travel/2015/02/07/15515k450.shtml。

护方面的要求。此外从阜南县还可以看出，吉林省的乡村旅游资源大部分处于一些交通偏远地区，这样很容易导致旅程长、景区集聚程度较低的问题，也影响了游客的兴趣。此外交通条件较差，相应的服务能力不强，这些都不同程度地产生了负面的影响。因而在未来的发展过程中应该大力改善交通条件，缩短游客的感知距离，消除交通因素导致的影响，更好地促进吉林旅游业的发展。

（四）乡村旅游专业人才缺乏

乡村旅游在我国的起步晚，而吉林省也对此缺乏重视，没有进行专门的规划，因而目前此方面的专业人才严重短缺，旅游管理、营销方面的人才也很匮乏，而很少有专业的乡村旅游经营管理人才。目前的从业者大部分素质较低，没有很强的生态保护意识。很多森林保护区的旅游从业者都是原先林场的工作人员，他们年龄偏大、视野狭窄，也没有进行过系统的专门技术培训，因而服务能力和水平欠缺很明显。

三　机遇（Opportunities）

（一）国内外生态旅游的发展所带来的机遇

在经济发展过程中，民众的消费意向也出现了明显的变化，在空闲时间不断增加、环境意识提高等综合影响下，生态旅游目前开始进入并迅速发展阶段。相关统计结果表明，目前全球的生态旅游收入年增长率达25%，显著超过其他相关旅游项目。而联合国环境规划署也在2002年发布了生态旅游相关的公告，此后在世界范围内掀起了一项生态旅游的运动。20世纪90年代中期，在西双版纳召开了一次全国性生态旅游专题会议，这对我国此方面的发展也起到很大促进作用。这次会议也带来两方面机遇：一是我国承办了1999年昆明世界园艺博览会；二是政府管理部门制定了旅游业长期发展规划，这为中国生态旅游指明了未来的发展方向，也带动了我国生态旅游业的整体发展。目前中国的生态旅游正处于迅速发展阶段，很多地方政府也开始大力发展旅游产业，并打造相关的优势旅游品牌产品，有的则根据各自的特征，推出了很多特色性很强的生态旅游产品，相应的年旅游收入也达到了很高水平。这些为吉林省发展乡村旅游也起到很强的引领作用，并提供了良好的发展氛围。

（二）生态经济示范省建设所带来的机遇

吉林省于20世纪90年代末期被列为全国生态省建设试点，这对吉林省重点发展生态旅游有重要的意义。生态旅游是一种新型的旅游项目，其重点在于通过相应的物质和能量的流动，而在生命系统与环境系统之间建立起相应的具有一定相互联系和影响的统一整体。在这种系统的发展过程中还应该合理地维护人类生存与发展的可持续性。吉林省目前加大了生态旅游的投入力度，且制定了长期发展规划，在经济和社会发展过程中，也同时做好相应的生态保护工作，恢复自然保护区生态系统是目前此方面的工作重点。在此方面的发展时，还应该对水土流失、相关的城市污染问题等进行重点处理。在各生态经济区内，政府部门也制定了相关生态保护的政策，这在保护生态环境的同时，也为相关生态旅游提供了可靠的支持。吉林省的生态资源保护良好，境内的森林、草原、土地等资源很多，具有较高的发展潜力，在生态资源保护方面表现出很高的价值，在生态旅游成为主流旅游的当前时代，吉林省运用这些方面的丰富资源，因而在发展乡村旅游方面也有很明显的优势和机会。

（三）东北老工业基地改造与振兴带来的机遇

从20世纪80年代开始，我国开始实施沿海经济特区发展规划，深圳在此发展过程中集中了全国的优势资源而高速发展，20多年后，已经成为国际著名的现代化大都市，在促进珠三角经济发展方面表现出很高的经济地位；20世纪90年代开始，我国实施开发浦东新区战略，上海市政府投入了大量的资源进行浦东新区的建设，经过不断的发展后，目前浦东成为连接中国与世界的重要节点，相应的贸易量也达到很高水平。进入21世纪初，我国制定了西部大开发战略，在其后的发展过程中，西部地区抓住机遇，迅速地提高了自身的经济发展水平；21世纪初，我国政府也适时地提出了振兴东北地区战略，且为东北地区的发展制定了很多有利政策，这也为吉林的发展提供了良好的机遇。这对吉林的长远发展有决定性影响，也是一个千载难逢、不可再求的发展良机。吉林具有悠久的历史，其重工业基础很雄厚，相关的生态资源也很丰富，在发展乡村旅游方面有独特的优势，可以有效地结合客源流、信息流、技术流等来促进乡村旅游的发展。

（四）"假日经济"的发展所带来的机遇

在经济迅速发展的形势下，我国民众的休闲娱乐要求也在不断增加，政府也适当地增加了假期，2015年我国一年中假期已经增加到115天，同时在春节、"五一"和国庆黄金周的带动下，我国的"旅游经济"已经进入高速发展阶段。目前我国民众的消费观念也发生了很大变化，原来的物质需求已经在很大程度上得到满足，而精神需求如娱乐休闲等方面的要求不断提升，这也有效地促进了旅游消费。在城市经济发展过程中，空气污染问题也日益明显地表现出来，人们越来越希望回归自然，呼吸新鲜空气，在环保理念的影响下，民众回归自然、亲近泥土的意愿开始变得日益强烈。在此情况下生态旅游开始受到广泛关注，其可以很好地满足人们此方面要求，为吉林此方面的发展打下了良好的基础。

（五）国家主体功能区划所带来的机遇

根据我国未来环境保护方面的规划，在未来的生态旅游开发方面，我国划分出四类主体功能区，也就是优化开发、重点开发、限制开发和禁止开发等，针对不同的功能区制定出相应的发展战略和模式，有针对性地进行开发。对其中的重点开发地区，考虑到其基础设施和创业环境等特征，主要是为其制定相关的引导性政策。在此过程中，相应的主体功能区划的工作也不断地推进，这也为实施规划纲要提供了可靠的支持。在未来发展中，为了更好地满足长远发展相关的要求，应该建立起与此相关的区域发展格局，这对改善生态环境状况有重要的意义，同时也在一定程度上促进了吉林省经济社会发展。根据以上的划分可知，吉林属于重点开发区域，在未来的生态旅游发展方面，会获得信贷优惠、土地使用、投资补贴、基建方面的支持和帮助。

四 威胁（Threats）

（一）区域产品趋同

对比分析可知东三省的自然条件有很高的类似性，相应的社会经济结构也基本上一致，其中的优势资源都为冰雪活动、边境旅游，差异性不明显。此外吉林省在此方面容易受到"南北夹击"的挑战，这也是其在此方面的主要威胁之一。吉林省欲在旅游客源市场中获得竞争优势地位，就需要根据自身的特征，开发出一些特色性强的乡村旅游资源，并提升旅游服务的品质，重点打造高品质的乡村旅游服务。不过在此方面的发展过程中，如何有效地避免与黑龙江和辽宁省的竞争问题，体现出自身的独创性，突出生态特色，这成为其在此方面发展中需要面临的重大挑战。吉林省在此应该参考国外此方面的经验，创建国际品牌，重点打造一些吸引力强的乡村旅游产品，从而为开发国际客源提供强有力的支持。

（二）旅游需求日益多样化

经历了一轮旅游热潮的中国旅游者，在经历了大众旅游"挤、乱、差"等旅游感受后，对旅游目的地的选择日益多元化，旅游形式不再停留在观光产品等传统形式，而是随着经济水平和文化水平的提高，旅游者更为注重有实质性内容的旅游，他们更倾向于参与性强、教育功能强和文化含量高的旅游产品，更注重旅游环境质量。这就表现出旅游需求日益差异化，要求提供的旅游产品必须多样化，才能满足旅游者多样化的旅游需求。要满足旅游者多样化的需求，就要不断地创新，开发更多的旅游项目和组织更丰富的旅游线路，这给吉林省乡村旅游的开发带来挑战。

（三）生态环境破坏的威胁

在旅游业发展过程中，生态环境很容易受到一定的影响，如果没有进行此方面的详细调查和规划，未做好科学的规划和监督。则在旅游互动中，游客大量地进入，可能对旅游生态环境产生严重的影响。生态旅游对环境有多方面的要求，吉林省乡村旅游在此方面的开发过程，也同样面临着以上这些问题。吉林省的生态环境还没有受到明显的影响，保留了大量原始、自然的生态旅游资源，不过这些资源也较为脆弱，在开发过程中很容易被破坏。吉林的旅游项目大部分处于大众的观光旅游的层次上，这样很容易产生游客拥挤大量涌入的情况，并可能产生严重的污染和破坏。这些问题对景区形象会产生影响，同时也在一定程度上降低了旅游价值,并产生各方面的负面影响。因而在以后的发展过程中如何降低这些因素的影响,防止生态环境恶化,则是应该重点考虑的问题。

根据以上论述可知,吉林省乡村旅游发展方面,既有优势也存在明显的不足,且机遇和挑战并存。因而应该重点发挥乡村旅游资源和生态环境良好的优势作用,并抓住此方面的良好机遇,有效地克服交通不便、人才缺失、经济实力弱等方面的劣势,努力适应这些挑战,在此基础上做好创新工作,从而促进乡村旅游的迅速发展。

第四章 吉林省乡村旅游存在问题及原因分析

本书通过对吉林省乡村旅游现状的实践调研，发现了吉林省乡村旅游发展中存在诸多问题，本章将论述吉林省乡村旅游发展中存在的主要问题，并分析导致这些问题的主要原因。

第一节 对乡村旅游认识不足

目前，乡村旅游的定义还不是很明确，吉林省的旅游管理部门对乡村旅游的内涵认识水平还不高，且主要从自身的角度去理解城市游客的需求，因而在乡村旅游建设过程中，单纯地加大硬件设施改善力度，扩建多层住宿楼房，进行全方位的水泥硬化和房屋装修，同时还对原有的菜园和小路进行改造，添置卡拉OK和电子游戏机等。实际结果表明，这些并没有给城市游客带来良好的印象，同时破坏了自然生态系统，原来的淳朴乡土气息也失去了，也无法观赏和体验乡土自然的生态景观，也对乡村旅游的发展产生了一定的不利影响。

乡村旅游可以总体上划分为三层：（1）回归大自然，寻求舒适放松的农业环境；（2）在旅游的同时不会对当地的乡村旅游区环境产生影响，做好相关的环境保护工作；（3）进行旅游开发的同时，做好自然景观的保护工作，在此方面的开发过程中应该依据环境保护和可持续发展原则。生态旅游和生态环境保护在本质上是合一的，相关调查研究结果表明，目前吉林省乡村旅游还处于初级层次，主要是进行农业旅游开发，很多地方单纯地开发乡村旅游项目，没有考虑到环境保护问题，而对乡村旅游的真正意义也漠不关心。一些乡村旅游经营者认为，对于此种旅游而言，单纯地让旅游者走进大自然、欣赏此方面的美景，就是最主要的。在此情况下乡村旅游成为部分旅游企业的名片，单纯地通过其去获取利益，没有意识到环境保护的重要性。

第二节 农村生态景观的破坏

在吉林省，由于当地居民和游客的平均文化水平较低，环保意识和法律意识薄弱，农业生态景观被肆意破坏。例如，在吉林省乡村旅游的景点都能见到游客践踏草坪的不文明行为；在吉林省乡村旅游的各大景点都能见到随手乱扔纸屑的不文明行为；在吉林省乡村生态旅游的景区经常见到摘花等不文明行为。此外，吉林省一些乡村生态旅游的运营商，在经济利益的驱动下，不顾乡村生态旅游景区的客流承载能力，运营商盲目扩大游客接待规模以及运营商盲目拓展乡村生态旅游的业务范围导致改变了原来的外观的乡村生态旅游资源生态，造成对乡村生态旅游资源破坏严重。旅游主管部门不顾环境承载能力和极限，没有限制的游客，远远超过环境容量。

第三节 盲目建设，缺乏整体规划

吉林省乡村生态旅游资源的迅速发展也造成了对乡村旅游资源规划不足的弊端，具体体现在：其一，吉林省乡村旅游的发展过程中面临着交通体系不健全的问题。交通体系的不完善阻碍了吉林省乡村旅游业的合理规划、健康发展；其二，吉林省农业生态的发展过程中面临着在吉林省各个乡村旅游景点之间缺乏快速、有效的交通体系；其三，吉林省乡村旅游的发展过程中面临着各城市乡村旅游景点各自为政的问题，这势必阻碍吉林省乡村旅游的健康发展；其四，吉林省乡村旅游的发展过程中面临着乡村旅游景点大多局限于休闲度假、垂钓、农家乐等低端产品。

具体表现在以下几个方面。

其一，火车站、汽车站等交通枢纽的布局不合理。火车站离县城太远，游客往往只能出了火车站打车进入县城食宿，不仅徒增游客的旅游成本，而且沿途也没有可欣赏的风景；汽车站位于县城中心往往因堵车影响旅客行程。

其二，乡村旅游景区内部食宿承载能力有限。统计数字显示，设区内部多以农家乐接待形式为主。农家乐的食宿方面的主要问题有厕所、床铺、茶具、家具、装修等，住宿条件较差，餐饮服务人员缺乏卫生专业知识，以农家乐形式为生的生态农业旅游场所消防设施不完善、安全隐患较大。

其三，乡村旅游景区的厕所、垃圾桶等配套设施太少，随地大小便、乱扔垃圾现象明显。

为了不断吸引游人观光旅游，吉林省一些乡村旅游景区还存在开发过度情况，大量旅游服务设施的建设和人文景观的修建，导致生态环境破坏严重。据中国人与生物圈国家委员会的调查显示：我国有超过1/5的自然保护区存在因发展生态旅游而过度开发的现象，并且自然生态环境遭到了不同程度的破坏，部分自然保护区出现旅游资源退化情况，并且仅有少量旅游区意识到了问题的严重性，并进行了严格的旅游人数控制。[①]

第四节　市场定位不明确，产品结构单一

吉林省农业生态市场营销还处于初始阶段，没有明确的适销对路的旅游产品。不同的游客有不同的偏好，通过调查研究笔者不难发现以下规律：其一，旅游者的旅游动机往往与他的文化素质、职业、收入有关；其二，乡村旅游最主要的群体是家庭旅游群体；其三，单纯

---

① 韩林平：《农业生态旅游经济的可持续发展研究》，《农业经济》2013年第2期。

地以市郊农家乐为主的乡村旅游不能完全满足客源市场的需求。因此，吉林省在大力推动生态农业旅游的过程中，要充分考虑到市场需求，对乡村旅游市场进行细分，根据吉林省的特色，来开发目标市场。

吉林省资源开发存在资源开发深度和内涵不够的问题，具体表现在如下几个方面：其一，发展乡村旅游的目标过小。吉林省目前发展乡村旅游单单依靠现有的农业旅游资源还不完整，要将所有能够利用的资源有机地结合在乡村旅游的框架下，才能更好地创造出具有吉林特色的乡村旅游；其二，吉林省乡村旅游还面临着因为一味地迎合游客的心理，自身区域特色文化被同化甚至异化的现象；其三，特色手工艺品和农产品缺乏商业开发和商业宣传。由于内容的雷同，游客游览后，常会大失所望，重游率极低。旅游纪念品的地方特色也不明显，未形成产业化生产，具有地方特色的纪念品种类不多、开发的广度和深度不够，且生产主要停留在家庭作坊水平，经济效益不明显。

第五节　旅游活动参与程度低

乡村旅游作为一种新型的旅游方式，发展空间巨大，但目前吉林省乡村旅游活动主要以观花采果为主，没有充分有效地利用农事活动使旅游项目贴近农家生活，大多数游客只能玩牌、聊天，游客的参与和互动活动不多，没有结合生态农业的特点，推出具有知识性和趣味性的旅游项目，难以使游客产生深刻的体验，不能满足游客多层次、多样化和高品位的旅游需求，尤其是少年儿童求知、求真、求趣的需求。

第六节　主要的法律问题

一　乡村旅游认证制度缺失

生态旅游认证主要对旅游企业的生态保护意识、当地居民的获利性、当地自然资源的保护等进行评价，并据此来确保生态旅游的可持续发展。目前与此相关的认证制度已经有很多，主要如英国蓝旗可持续旅游认证、绿色环球21等。其中绿色环球21是目前著名的全球性生态旅游认证体系，其覆盖了旅游全行业，在此方面有广泛而深远的影响。此生态认证制度的建立时间较早，其中包含了旅游景区、生态旅游相关的建设标准，以及与此相关的指标体系，可以据此来进行生态旅游相关的评价。

吉林省乡村旅游认证制度缺失主要表现为：第一，缺乏广泛的市场。根据此方面的调查结果表明，吉林省乡村旅游从业者没有意识到乡村旅游认证的重要性，在此方面没有积极地参与进去。与此同时，乡村旅游认证也不被广大的游客和旅游企业熟知，缺乏广泛的认同，这对此种认证的进一步实施也产生了一定的不利影响。第二，缺乏政府支持。在此方面的认证中，也应该同时要求政府部门认可乡村旅游主体认证体系。而在我国当前的环境发展形势下，如缺乏政府的明确支持和引导，则这种认证也就变得没有意义，在乡村旅游认证缺失情况下，政府部门的支持更显示出重要性。第三，缺乏旅游者认同。根据国外此方面的经验可知，这种认证对保护消费者的知情权有着重要的意义，可以在此基础上，游客放心地体验旅游和消费，对保证这种旅游的质量也有重要的意义。不过在实际的旅游过程中，大部分的旅游者只注重旅游观赏，很少对旅游地是否取得乡村旅游认证表示关注。此外旅游者和从业人员也一般不会对污染设备、环境治理和相关的质量产生关注。

二　环境监管机制不健全

调查结果表明，吉林省一些乡村旅游区环境还没有被纳入管理范围内，旅游活动也没有受到约束，各种废弃物随意处置，也没有设置专业的人员进行管理和维护，因而总体上表现出一定的无序状态。吉林省乡村旅游环境监管机制方面的问题具体表现如下。第一，监管主体缺位。由于政府管理部门也缺乏此方面的认识，因而存在明显的无机构监管的问题。与此同时我国很多地方都没有建立相应的环境管理机构，相应的质量监测工作也没有做好。吉林省农村生态旅游区监管主体缺位，也明显地缺乏此方面的监督力量，因而在以后的发展过程中，怎样做好相关环保的管理工作，建立与此相关的环保管理机构，也是目前此方面的发展重点。第二，监管机构职能不清，没有合理地划分不同部门的职责。吉林省相关法律法规也没有对此方面的责任和监管主体进行确定，这样很可能出现一定的监管重叠问题，并对监管政策的落实产生了一定的不利影响。环保局、农业局、林业局等都具有一定的监管职能，不过怎样去实施还没有明确的规定。第三，监督效率低下。很多地区的政府管理部门对环境保护和生态建设一般缺乏足够的重视，且有的地方保护主义思想很明显，在政绩理念的引导下，单纯地追求经济增长的指标，而都会环境保护漠不关心。相关调查结果表明，旅游餐饮业中配置污染处理设备的也不多，政府管理部门在管理过程中应该加强此方面的监督力度，更好地做好监督落实工作，提高行政效率。

吉林省乡村旅游具体的法律法规制度不完善是导致以上诸多问题的直接原因。只有在明确的法律和法规的规范中，吉林省乡村旅游的发展才有稳定性、持续性。但是，吉林省到现在为止还没有形成一部完整的、成体系的有关保护乡村旅游资源的法律，相关的法规更加欠缺。

三 乡村旅游保障机制不到位

总体上看，吉林省乡村旅游资源总量有限，在没有合理保护的情况下，很可能导致产生严重的后果，在一些情况下可能导致整个生态系统失衡。很多地区单纯地将生态旅游作为经济产业来对待，过度开发生态资源，而不注重生态环境的保护问题，这样很容易对生态环境产生不利的影响。有的地区在此方面的开发过程中也偏离旅游发展的宗旨，在景区大量地建设相应的娱乐设施、疗养场所，而缺乏统一的布局和规划，这样很容易引发无序开发和市场混乱相关的问题。乡村旅游没有统一的管理和监管机制是这些问题出现的主要原因。

在以后的发展过程中应该完善配套制度，优化外部运行环境，为吉林省的乡村旅游长远发展打下良好的基础。与此同时还应该实行统一布局和规划，强化行政性监管制度的建设工作。在科学的规划和布局下，有效地调动一切有利因素，对相关的生态旅游运行环境进行合理的布局。乡村旅游表现出很强的动态变化特征，在其规划设计、运营的各环节都存在一定的变动性。而乡村旅游中的农民环境权益无法单纯地通过法律规章制度进行保障，还应该建立起相应的法规。目前，吉林省在此方面还没有建立起相应的协调机制，政府也对此没有发挥出主体管理作用，环境信息不及时公布、更新，相应的配套保障措施也缺乏。吉林省乡村旅游企业在环境保护方面也缺乏自觉性意识，乡村旅游发展利益协调方面也没有统一的、可行性强的机制，与此相关的配套保障机制也没有建立起来。而国外在此方面积累了大量的经验，他们已经和应用财政、技术、税收等各方面的手段建立了相应的配套制度。因而吉林省在乡村旅游的发展过程中，应该加快建立与此相关的乡村旅游制度体系，为生态环境保护提供可靠的保障。在乡村旅游的发展过程中，相关的法律制度应该适应国家经济的发展水平，且根据社会的消费情况和生产力发展水平而适当地进行调整。吉林省应该遵循发展规律，建立起乡村旅游相关的配套制度，并对农民环境权益进行有效的保障。在此发展过程中做好相应的环境保护工作，为保障农民的环境权提供可靠的支持。

第五章 解决吉林省乡村旅游发展问题的对策

随着中国经济发展和城市化进程的加快，乡村旅游成为潜力巨大的新兴产业，乡村旅游的发展拓展了农业的功能，为生态文明建设和农村环境治理提供了新的思路和机遇。"中国梦"为乡村旅游提出了更高的要求，乡村旅游是实现"中国梦"的有效载体，中国美丽乡村建设是实现"中国梦"的重要途径。

第一节 "中国梦"对吉林省乡村旅游发展的影响

党的十八大以来，党中央在我国长远经济和社会总布局的基础上，适时地提出了"中国梦"战略构想。同时对生态文明建设也提出了相应的规划目标。这对解决生态文明建设领域的很多问题也有重大的帮助作用，为生态文明建设提供了支持。

"中国梦"强调集体主义，重视在发展过程中国家的重要性。"和谐"思想是其理论基础，从现代生态文明角度进行分析可知，"中国梦"包含如下含义：第一，人与自然和谐共处，协同发展；第二，经济和社会和谐；第三，个体的身心和谐。根据"中国梦"的此方面要求，人与自然和社会应该和谐共处，建立起良性循环发展的道路，在此基础上建立起相应的可持续、和睦相处的新型发展模式。并不断地提升社会生产力，提高科学技术水平，打造资源节约型、环境友好型的社会。

生态文明也是"中国梦"的重要组成部分，对其实现也有重要的意义，在分析"中国梦"的价值时，应该对如下事实有明确的认识。

首先,"中国梦"和我国的民族历史文化密切相关。在分析时应该注意到如下三方面的事实:一是五千年的中华文明为"中国梦"提供了强大的根基;二是马克思主义思想为其注入了思想之魂;三是其他国家在此方面的发展经历为"中国梦"提供了独特的经验。其次,"中国梦"在实现期间,会产生大量的物质和精神财富,这些会对世界做出巨大贡献。根据统计结果可知,我国的国土面积仅占世界的7.2%,人口却占全世界总人口的20%。分析生态文明相关的经验可知,其他国家的大国之梦可以为"中国梦"的实现提供营养。"中国梦"的内涵很丰富,其中关于社会主义生态文明的部分融合了我国古代天人合一、人与自然和谐相处的理念,将这些和西方工业文明结合起来,就可以为人类社会实现可持续发展提供强大的支持和参考,也有利于为实现全球休养生息的目标提供支持。

"国有所思,方有所梦",在目前全球都面临严重的生态环境危机的形势下,"中国梦"必须对世界时代主题进行回答,这也是我国应该承担的历史使命,即将生态文明和大国梦结合起来,这样大国梦才有实现的必要与希望,同时生态文明建设也为大国梦的实现提供支持。

2015年中央一号文件"农业强,农民富,农村美"的提出推进了农村第一、第二、第三产业融合发展。增加农民收入,重要的措施之一就是对农产品进行深加工,提高农业附加值。在市场需求的引导下,大力发展特色种养业。通过根据农村的特色资源优势来发展农村加工业、服务业,壮大县域经济,大力开展产业脱贫项目,带动农民就业致富。在农村经济发展过程中,还应该充分地挖掘乡村生态休闲、乡村民俗、旅游观光等方面的优势。扶持建设一批具有很强特色性的村落建立起专业的观光村,在此基础上打造形式多样、特色性很强的休闲产品,提升产品的附加值,与此同时还应该加大相关旅游休闲基础设施领域的投入,且不断地提升此类产品的水平,进行质量监督,做好售后服务工作。制定出与此相关的财政、金融等方面的政策来促进这些产业的发展,落实税收优惠政策。在此基础上不断地提高农村民众的收入水平。

第二节 "中国梦"背景下的吉林省乡村旅游发展对策

一 明确乡村旅游概念

"中国梦"一经提出,便引起全国人民的关注,希望能通过不断努力,实现中华民族伟大复兴,吉林省乡村旅游发展在"中国梦"的影响下实施的一系列措施,针对吉林省乡村旅游存在的认识误区,应该首先明确什么是乡村旅游,即在农业的基础上进行生态旅游活动,加强这方面的宣传力度,使大家得以真正理解其含义,避免错误开发,给乡村旅游者看到他们真正想看到的,就是那种真正意义上的生态旅游,而不是违背初衷。

二 科学规划,合理开发

由于吉林省乡村旅游资源多位于生态敏感地区,因而在进行此方面的开发时应该做好相应的规划工作,进行科学合理的布局。科学规划可以为乡村旅游的长远可持续发展起到很大的促进作用,对农村发展也有重要的意义。在此方面应该良好地集合农村的资源、经济、社会相关的因素,尽可能地联合各管理部门和企业与当地居民,进行通力协作。各级主管部门则应该充分地发挥出组织和领导作用,把乡村旅游的规划纳入当地的总体发展规划中,做好统一部署工作。与此同时还应该做好相应的项目审查、规划等方面的工作,避免出现混乱无序、各行其是、一盘散沙的局面。

与此同时,为有效地提高乡村旅游的环境质量的水平,在此方面的建设过程中,应该依据有序分层开发的原则进行,在生态旅游开发过程中尽可能地减少对生态环境的影响,避免出现严重影响生态环境的行为,确保相关的生态平衡不会受到严重的影响。一切乡村旅游开发建设工作应该进行科学合理的规划,且考虑到当地的生态和环境保护目标和周围环境的协调,不可以对生态环境产生明显的破坏。在开发一些生态脆弱、没有被利用开发的乡村旅游资源时,应该做好相应的统一协调规划工作，进行详细科学的论证，且确保其开发价值可以持续地显现出来。此外还应该从生态角度对开发的规模、数量、色彩等进行严格的控制，就地取材，尽量地减少对原生态的影响。

三　完善城市周边农村的交通体系

"中国梦"提出我党在生态文明建设方面的新理念，体现了经济、环境、美学价值的统一和共赢，而"美丽中国"对作为生态文明建设驱动力的环境保护来说同样具有重要的指导意义。在"美丽中国"新理念的指导下，必须理顺生态农业旅游产业发展同政府管理、产业结构、环境保护、生态文明、人才培养之间的关系。

在"中国梦"的指引下，吉林省乡村旅游要改善航空交通支持体系。[1]

在吉林省乡村旅游的宣传方面需要做好如下方面的工作。首先，分析吉林乡村游的特征，在此基础上有针对性地加大宣传力度；其次，吉林省政府应增加长春到中国香港、中国澳门、中国台湾、日本、韩国、新加坡和泰国等东南亚地区、东亚、南亚等旅游城市地区航线；最后，吉林省政府应加强旅游交流。此外，在一定的改造基础上提升龙嘉机场的航班能力。在吉林省乡村旅游开发中还应该做好相应的基础设施投入。在吉林省乡村旅游的基础设施投入方面，[2] 第一，吉林省应该对原有的龙嘉机场进行扩建，提升机场在促进交通发展方面的带动作用。第二，吉林省政府应该进一步改善吉林省通往各大乡村旅游景区的公路、铁路和航空相关的线路，并据此来提升交通服务水平；[3] 同时，适当地增加省际列车和动车组，这样可以更好地满足周末旅游相关的要求，并有利于为旅客节约时间。[4] 第三，建设吉林省与北京的高速铁路，并据此来有效地缩短城市交通时间。第四，要进一步改善公路交通，加快相关高速公路的假设，且制订出和其他邻

---

[1] 刘小航、唐卉:《海南旅游资源持续利用探讨》,《热带地理》2012 年第 2 期。
[2] 张纪南:《生态"特区"与海南旅游发展》,《海南大学学报》2010 年第 2 期。
[3] 万绪才、朱应皋、丁敏:《国外生态农业旅游研究进展》,《旅游学刊》2012 年第 2 期。
[4] 侯满平:《我国生态农业旅游可持续发展的探讨》,《生态经济》2006 年第 10 期。

近省份的高速公路联网计划，进行硬件设施建设，提升客货运输站场的水平。与此同时还应该加强外环线建设的力度，有效地和附近的各个景点进行连接，从而为出入景区提供便利，在地铁交通方面主要是延伸原来的线路，建设相关直通车来"一站式"到达各个景点，此外还应该合理地规划未建轨道交通线，做好此方面的布局工作，有效地进行景点的连通。[1][2]

四　加强品牌建设，扩大产品的知名度

旅游品牌也就是旅游服务质量高，有良好的信誉，且信用可靠。旅游景区属于服务业，其在发展过程中应该树立起自身品牌形象，这样才可很好地适应"知名度经济"相关的发展趋势。旅游区在此方面总结的经验可以通过如下公式进行表示：景区效益＝品牌＋制度＋理财，分析可以看出，其中品牌位列首位。[3] 品牌和旅游产品的品位、实力等存在密切的关系，其有利于提升游客的信心。而树立自己独特的品牌也有利于提升乡村旅游的竞争力，也是其保持长久生命力的重要法宝。

根据此方面的调查结果表明，吉林省乡村旅游资源的吸引力还不强，其印象因素很多，关键问题是缺少旅游品牌，没有进行大面积的宣传推广，吉林省在此方面应该参考发达省份的经验，加强乡村旅游品牌建设，做好知名品牌的建设和规划工作，根据相关情况和跨境旅游结合起来。建立起专业的宣传队伍，做好相应的营销工作，且根据相应的客源不同，制定出差异化的宣传推广策略、编制导游图、通过多种形式来进行旅游产品的宣传，尽可能地扩大相关产品在旅游者中的影响，不断地提升自身品牌的竞争力。通过对乡村旅游的宣传，将一些特色性强的线路"炒热"，进行全国范围内的宣传和推广。

五　提高游客参与活动

乡村旅游项目在开发过程中还应该做好相应的全面综合性的旅游

---

[1] 阮作庆、刘浩、徐颂军：《珠江三角洲生态农业旅游可持续发展探讨》，《生态科学》2011年第2期。

[2] 王吟其：《甘肃省生态农业旅游发展问题研究》，《甘肃农业》2006年第11期。

[3] 崔凤军：《风景旅游区保护与管理》，中国旅游出版社2001年版，第120页。

活动项目设计，综合应用各方面的生态知识来合理地配置农业资源，在此基础上综合应用农业知识、生态观念，将这些和民俗文化有机地结合起来，并在乡村旅游中尽可能地体现出来，从而有效地提升这些旅游活动的观赏性、生态性、生产性、娱乐趣味性，在此基础上更好地满足游客各方面的要求。也可以同步地促进农业和旅游业协同发展，联合果园、菜园、花圃等进行开发，这样游客在旅游过程中可以同时进行摘果、拔菜、赏花等各方面的休闲。开展田园景观观赏、野味品尝、动手劳作、农作体验等活动，在此过程中游客可以同时进行观光、采果等，也可以根据自身的要求进行农家度假和休闲，这样可以同时起到一定的生产教育作用。农园中的动植物和相关的设施还具有较高的教育内涵，可以对不同类型的特色作物和传统农具进行展示，开拓知识和视野；也可以在其中开设相关的森林浴场、健康步道，这样游客可以在其中进行露营、烧烤、赏鸟等相关的活动。根据场所性质和游客类型而建设相应的教学活动林场、休闲区、游戏场等，对一些游乐场进行适当的改造，为城市儿童体验农村生活提供支持。在漫长的生产和生活过程中形成独特民俗风情，游客在体验过程中可以领略传统文化的魅力，为人们回归自然提供了良好的场所。

六　建立高水平的管理人员和从业人员队伍

"中国梦"提出了知识强国，现代社会中人才的重要性不断地体现出来，旅游区的竞争也和人才的竞争存在密切的关系。优秀的旅游业经营管理人才在旅游业发展过程中起着重要的促进作用。为保证旅游区的可持续利用，就应该加大此方面人才的开发力度，且培养出更好地满足此方面发展要求的高素质专业人才。目前吉林在此方面的发展过程中面临的最大问题就是专业人才的缺乏，吉林省乡村旅游区从业人员大都是本地的农民，其对旅游相关的专业理论知识很欠缺，这就需要配置相关旅游专业教师和先进设施，在不断的培训和提升基础上获得相应的专业旅游管理人才。也可以通过相关旅游院校等专业的机构来进行此类人才的培养，建立起一些旅游业人才实习基地，为旅游业培养出可以很好地满足此方面发展要求的高素质人员队伍，为促进乡村旅游业的长远和规范发展提供可靠的支持。

七 加强政府职能，完善相关法律法规

乡村旅游管理不同于传统的大众旅游管理，二者的管理目标是不同的，且管理模式存在一定的差异，这就要求应用个性化的管理手段。在此方面的管理过程中可以综合应用各方面的管理手段，如政策工具、法律手段以及经济手段等。由于这些管理手段是通过不同的模式被慢慢地应用的，这样其对应的管理效果也存在一定的延迟性。乡村旅游管理过程中，应该合理地应用不同类型的手段，且提高这些手段在不同主体之间的应用价值，使其效果尽可能地体现出来。因而在此方面的发展过程中，应该不断地完善乡村旅游管理机制，对相关从业者的行为进行约束，并对消费者进行合理引导，适当地吸收他们参与规划开发决策，从而制定出更科学合理的监管制度。综合应用政策引导、行政干预、法律与生态等各方面的力量，处理好各方面的关系。在制定与此相关的管理政策时，应该考虑到可持续发展相关的要求，合理地协调环境和经济增长之间的矛盾。而在与此相关的管理立法时，应该根据情况适当地建立"可持续发展影响评价"制度，对相关方的行为进行制约。与此同时，还应该对可持续发展的影响进行适当的评估，对其实施过程中的影响进行适当的评估，制定出相关的应对措施。

（一）建立乡村旅游认证制度

相关旅游企业在获得认证之后，应该对环境保护措施进行公开，这种认证应该满足透明性和公开性的要求，游客和社会民众可以对此进行监督。据此可以看出实施此方面的认证对促进可持续发展有重要的意义，在建立生态旅游认证制度时，应该做好如下几方面的工作。

首先，营造良好的生态旅游认证环境。考虑到旅游业的长久持续性利益，政府管理部门应该加大对生态旅游的规范力度，且对生态旅游的益处和理念进行广泛的宣传，鼓励与此相关的企业做好生态旅游认证，加大生态旅游认证的宣传和推广，使企业和旅游者对此都有广泛的认同。而从经营者的角度分析可知，旅游企业在建立与此相关的标准和规范之后，就会以此来规范自身的各方面行为，同时也在一定程度上提升了企业的整体效率。也可以为没有获得生态旅游认证的企

业提供相应的引领作用。

其次，相关管理部门也应该积极地推广生态旅游认证。为了实现这种旅游持续健康的发展目的，就应该建立起与此相关的规范和标准。进行此方面的规范有重要的意义，会直接地影响到旅游目的地的持续发展，且有利于保护当地的生态环境。为规范生态旅游企业的行为，对此类活动进行规范，就应该由政府部门做好宏观上的组织规范，且对大众旅游与生态旅游进行合理的区分。可以在一定的认证基础上帮助其他旅游企业做好同样的工作，使旅游企业积极主动地做好此方面的工作。

最后，有利于激发旅游者对认证企业的认可。这样他们在选择旅游景点和与此相关的项目时，就会加大环境因素参与程度。这种认证在保障了消费者的知悉真情权方面也有重要的意义，与此同时，还有效地消除了游客对旅游产品的担忧，这样游客在消费时也会更放心，有利于提升相应生态旅游体验水平。而生态旅游认证机构和获得了这种认证的企业都应该加大相应的宣传力度，做好宣传推广工作，使其余的从业者认识到这种认证的必然性、必要性。与此同时，还应该对这种认证的内容和流程等进行公示，从而提升其透明度。

（二）环境监管制度

总体上看，我国的乡村旅游环境监管方面还存在很多问题，存在各方面的安全隐患。为此在相关发展过程中就应该根据各地的实际情况优化监管资源，完善已有的监督制度。加大对乡村旅游环境安全监管相关的人力和物力的投入。

首先，应该适当地加大基层环境监管机构的投入力度，考虑到不同地区的相关情况，适当地增加基层环保局的投入，提升相关检测设备的性能和水平。环保部门定期通过不同的形式派环保专员进入基层进行此方面的环境监管。可根据实际情况设置相应的环保站，根据相关情况适当地设置环保专员，配合他们做好此方面的工作，建立起科学规范的环保管理体制。

其次，国外的乡村旅游一般都受到法律制度的制约，相应的人力资源布局也较为合理，在环境风险治理过程中，一般从源头做起，公众可以从中享受到相关的知情权。与此同时，还应该加强不同部门的信息交流，明确各部门的性质，进行合理的分工，让每个部门只承担一些专业的监督职能，避免出现多头共管的局面。理顺农村环境监管部门的职能，各部门都充分地发挥自身在农村环境监管方面的作用。环境监管部门在此方面应该做好自身的职能工作，依据相关法律规范处事，严格执行环境审批，加大与此相关的监管工作力度，同时尽可能地缩短监测周期、加大环境执法工作的力度，做好此方面的保护和规范工作；对违法排污企业进行严厉的处罚，如果企业未对污染物做处理便排放，相关部门应依法对其进行处罚。

最后，做好环境监督工作。相关部门应该严格履行国家制定的各项环保政策，做到"有法必依"，不轻易越过法律的红线。环境执法部门要不定期检查企业的排污情况，对企业设施运行情况进行严格监督，一旦发现企业没有严格按照国家规定做好废弃物处理工作，污染设施停运，相关部门可按照法律规定对企业做出相应的处罚，比如要求企业整改、配备治污设备并随时运行等。

八　建立和完善乡村旅游运行保障机制

生态系统内部包含的各项元素是相互联系的，因而对于一个国家来说，做好生态环境保护工作需要各个部门的全力配合、通力合作，只有这样才能充分调动各方力量，全面清除污染环境的行为。在此方面的工作过程中，相关的部门应该建立起良好的协同关系，并据此来有效地处理相关的利益冲突问题，且进行对应的调节。共生在实现人与自然和谐发展方面有着重要的意义。而生态旅游中的利益相关者需要在互动基础上有效地消除相关的矛盾和冲突。在实际的运行过程中完善和改进相关的主体互动机制，需要在动态中，且在此基础上形成相应的配合机制。同时应该让各部门承担符合其职能特征的监管工作，避免监管交叉和多头共管的问题。乡村旅游的利益相关者主要包括村民、政府、生态旅游从业者、环保局，考虑到本书的研究情况，主要选择如下的利益相关者进行互动机制的研究，同时明确这些利益相关者的关系，对其权责进行合理划分。

第一，地方政府应该发挥其在此方面的引导作用，在乡村旅游的环境保护方面，政府的管理和引导作用最为重要，发挥政府的主导职能，建立起有序的竞争秩序，使旅游业资源得到合理的配置。在此过程中政府应该合理地引导市场、做好相关参与主体的规范工作，乡村旅游在发展过程中，应该在经济发展的同时做好环境保护工作。且在一定的利益协调基础上，实现双赢的目的。在此发展过程中单纯地依靠旅游企业、旅游社区都无法满足此方面的要求，而政府应该加大乡村旅游基础设施建设工作，与此同时提供一定的指导和规范作用，积极开展与此相关的环境保护工作，强化企业的协作和沟通，在此基础上充分地发挥政府部门的职能。与此同时政府、环保等相关的部门也应当组织并设立相应的专业技术咨询服务体系，为相关的参与主体提供再生利用的废物供求相关的信息。此外还需要强化清洁生产相关的监督和管理工作，根据此方面清洁生产的要求和企业的污染物排放状况，将相应的污染物信息定期地通过各种媒体进行公布，对一些污染物排放量超标的企业进行公开，这可以为公众监督企业的环保情况提供可靠的支持。

第二，乡村旅游企业应该强化自律精神，做好相关的职能工作。乡村旅游企业在此过程中应该发挥两方面的作用，一方面需要带动村民致富，同时也强化自律。旅游开发要走绿色开发的道路，为避免旅游活动对保护对象造成破坏，要在一定分区基础上实现人与自然和谐相处的目的。尽量减少对当地土地、空气、水源产生影响。与此同时还应该避免对土壤、地下水等产生污染，且避免出现大量废弃物直接排放的问题。在环境设施领域，应该设置相关的专业处理站、化粪池、垃圾回收中心。而对企业社会责任，主要是根据此方面的保护要求，建立起相应的环境管理体系，且在具体的实施过程中不断地改进和完善，与此同时还应该根据实施效果进行适当的反馈，并在此基础上综合分析，制订环境推进计划。对此方面的环境负荷数据进行定期的检测，根据情况开展与此相关的评估工作，不断地提升原有的管理体系。此外还需要加大环境设施人员的教育投入，减少与此相关的能源消耗，完善原有的环境管理体系。在详细调查了解基础上制定出相应的公司环境管理标准。

第三，提升非政府环保组织的辅助性职能。这种组织表现出一定的公益性，其在环境保护方面也有积极的意义，他们关注的是人与自然的和谐共处，且对环境保护有独特的认识，既不受政府权力的影响，又不受任何单位或个人的影响。加强吉林省非政府环保组织建设，在解决环境问题过程中可以有效地合作，协调好相关主体在此方面的职责。而环境非政府组织在收集和整理这些信息方面的优势很显著，在遇到与环境有关的问题时，他们可以对此进行专业的解答，为妥善地处理这方面的问题提供支持和依据，为以后的发展铺平道路。

九 加强乡村旅游信息化建设

"中国梦"提出了科技强国，坚持乡村旅游信息化建设，才能有效地改造传统农业旅游，加快推进吉林省乡村旅游开发区乡村旅游管理和乡村旅游信息化进程，有效整合其丰富的旅游资源，积极进行乡村旅游景区间的信息共享和协作发展，在全省实现乡村旅游的信息化，形成新优势，促进新发展，对吉林省乡村旅游的发展壮大具有重要意义。

吉林省应推进乡村旅游目的地信息化管理建设，利用互联网、物联网和手机等新兴媒体拓展信息终端，加快信息服务体系建设。建设乡村旅游网、管理系统业务网、电子商务网等，并与国内及周边地区著名的景区景点、农业示范点、旅行社等网站进行连接，构建乡村旅游信息平台。通过网站及时更新吉林省乡村旅游信息，详细介绍乡村旅游景区景点分布情况、最新动态、交通方式等。吉林省乡村旅游网站的建设，一方面为农业经营户提供展示平台，通过网络进行市场调研、网络营销与互惠连接；另一方面为游客提供信息咨询、网上预订、网上支付等服务，可以降低企业的经营成本和游客搜寻信息成本，协调游客与乡村旅游经营者及农户间信息不对称问题，提高信息的可得性和交易的便捷性；同时，政府可以通过网站向公众介绍乡村旅游政策法规、办事流程，发布政务新闻与政府公报，为乡村旅游景区景点推介、线路推荐、公交路线和自驾方案、住宿餐饮服务等方面做可信性资质证明，为当地乡村旅游发展提供服务和指导。通过构建乡村旅游发展的信息平台，实现行业管理网络化、企业经营网络化和信息服务网络化，搭建政府与企业、企业与市场间沟通和联系的桥梁。

第六章　吉林省乡村旅游创新发展路径

第一节　分时度假研究综述

一　分时度假的内涵

(一) 分时度假的界定

分时度假是一个新出现的休闲业名词，目前国际上还没有关于分时度假的统一定义，相关的定义主要如下。

兰德尔等学者对分时度假进行了深入研究，并认为分时度假也就是在一定的时间期限内购买者所得的度假权。传统观点的主要认识为，用户购买了分时度假的一段时间，其消耗的时间可能会更多。此模式下，用户会收到一份属于其专有的部分产权的客户财产契约。在其后的发展过程中，很多其他类型的购买方式开始不断地出现，其中常见的如使用权的安排。此模式下用户主要获得某个房间的一段住宿时间和相关设施的临时使用权。而有同样需求的用户可以对此进行互相交换，也就是向分时度假交换公司支付费用之后，在一定范围内选择满足一定类似性要求的度假场所进行消费，这样就可以实现一定的交换目的。

兰德尔（2002）对此进行了调查访问研究，其认为分时度假也就是用户在某个度假地购买住宿设施的一段时间内，拥有相关设施的使用权。根据法律分析可以看出，在此过程中涉及一个问题也就是分时度假产品转让的是使用权还是所有权。而根据用户的观点，可以将其看作一种度假与住宿产品的结合，用户在一定的期限内可以在此住宿单元内居住，可以获得相关的服务。从产品的角度进行分析可知，这种产品可通过一种产品时间段的形式来进行显示，相关情况具体见图 6-1。据此可以看出这种产品介于酒店产品和房地产产品，表现出一定的过渡性特征。

短期		长期
酒店产品	分时度假产品	第二住宅（房产）

图 6-1 产品时间段

随着产业的发展，这种产品包含的内容也出现了明显的变化，这种产品可以通过不同的方式进行定义，比如依据相关的地点、项目和单元设计，或者依据用途和结构等进行划分，这样就可以将其划分为不同类型的产品。其也可能是由酒店、公寓改建而成，也可以是一些专业性的建筑。此类产品的出现位置可能在海滨、山区或市中心。消费者可以购买同一单元房产一定期限内的使用权，也可以根据要求在相应的度假交换系统中进行合理的选择。建筑的类型不同，单元房产的结构也不同，任何合法房产都可以当作这类产品进行销售。

这类产品都可以利用度假住宿设施，而消费者可以通过购买这些产品来临时性地拥有单元房，且在一定的权限范围内使用其中的设施，度假地提供与此相关的管理类服务。

"分时度假"与"时段所有权"有很高的类似性，在一些情况下可以替代，也可以和"度假产权"替换。后者一般用于度假俱乐部会员制，相关的会员可以通过一定的模式来购买一系列的度假权利，其和分时度假产品存在一定的差异，并非一定期限内的使用权。

罗伯特等学者也从不同的角度对此进行了研究，其认为分时度假也就是对度假村的客房使用权分解处理，划分为一定的期限，接着进行出售，会员可以在每年的一定期限内获取此客房的使用权。在一定的交换基础上，会员可以和其他的客户对客房使用权进行交换，这样可以更好地到不同的地区进行旅游度假。

目前关于分时度假的定义已经有很多，其中应用频率最高的为《分时度假房产法案》中规定的定义。

《分时度假房产法案》中对分时度假项目的定义是："所有以会员制、协议、租契、销售或出租合同、使用许可证、使用权合同或其他方式做出的交易设计和项目安排，交易中购买者获得了对于住宿和其他设施在某些特定年度中低于1年的使用权，并且这一协约有效期在3年以上。"[1]

《欧盟分时度假指令》中对分时度假的定义是："所有的有效期在3年以上、规定消费者在按某一价格付款之后，将直接或间接获得在1年的某些特定时段（这一期限要在1周之上）使用某项房产的权利的合同，住宅设施必须是已经建成使用、即将交付使用或即将建成的项目。"[2]

通过分时度假的形式，可以合理地分散购买和管理整个度假住宿相关的划分，也就是通过一定数量的用户进行分担。在此情况下各用户只需要花费少量的钱就可以实现各地旅游度假的目的，并有权在某段特定的时间内对相关客房和内部的设施进行使用。

目前分时度假的定义还不是很明确，不过其核心要素主要包括如下部分。

一是与此相关产品的购买，消费者可以通过这种交易行为获得房产的一周或者几周的使用权。

二是消费者获取预期住宿权利，应该根据此方面的规定进行预付款。

三是用户购买的产品使用权的期限不可以低于7天。

（二）分时度假产品种类

表6-1显示了这种产品的分类情况。黛安认为可以根据给予顾客使用计划的不同对这类产品进行分类，所得结果如下。

---

[1] 陈月亮：《分时度假浮出水面》，《经济论坛》2001年第16期。

[2] 同上。

表 6-1　　　　　　使用计划和间隔类型（1996）　　　　　单位：%

使用计划	混合时间	60.8	间隔类型	每周或点数	93.7
	季节自由选择	21.1		两年	12.1
	全年自由选择	20.3		分段时权	8.8
	点数	5.9		不分割	6.7
	其他	8.8			

资料来源：文献查阅。

1. 一周制或分割使用一周制

这类产品的使用权可以被分割，用户购买的就是一定期限内使用相关住宿设施的权利。分时度假最早推出的为混合周。目前美国的此类产品一般是出售每年中一周的时权，也可以通过点数的形式来对时权进行出售。一些学者研究发现很多度假者对假期有一些特殊的需求，也就是更短、更频繁。为了更好地迎合此类消费者的需求，分时度假发展商推出了分开几次来使用时权的制度，这样消费者可以将此使用权划分为几个小段，有的情况下时权只有一天。

2. 两年制

两年制购买是一种特殊的使用权形式，这种方式提供给购买者两年使用分时使用相关客房设施的权利。这样的优点在于提供了一种更为经济的选择。在夏威夷，这种形式得到了广泛的应用。很多用户对此更为青睐主要是因为它是一种经济的选择，此外也可给他们奖励时间和其他利益，因而对一些用户有很强的吸引力。从发展商角度进行分析，两年制的收入会低一些，却把同样的管理费用进行了分摊。一些学者据此认为在以后的发展过程中，点数制变得更为流行，用户购买点数的选择性也明显地提升，因而这种做法有可能会被改进。

3. 分段时权

也就是用户可以购买超过一周的客房设施使用权，一般情况下为每两年 12 个、10 个、3 个星期的使用权；也可以根据需要选择其他时长。总体上分析可知，用户可根据一张固定的表格进行合理的安排相应的时权。这种安排下，一些喜欢滑雪胜地的用户拥有第二住宿，不过不想为此支付全部费用的用户就可以减少相应的花费。不过此种模式的时权一般较为昂贵，而且交换的难度也明显地增加。

4. 没有经过时段分割的项目

根据此方面的经验可知，这种类型的组织结构中，会员平等地分享住宿相关的权利，且平摊对应的费用。对相关俱乐部模式的UDI，组织提供的服务水平更高一些。这种模式下，有一个特定单元的方式被淘汰在其中，会员立下契约共同拥有相关的项目。比如梅尔罗斯俱乐部的一员对此俱乐部的设施拥有的权利为1/1550，此组织中的会员可以轮流使用设施，而其相应的使用顺序则和预订顺序有关。这种模式和度假俱乐部的策略存在预订的差异，其中的会员可住宿梅尔罗斯旅店中的一间。一般情况下，UDI组织提供相关的娱乐设施，主要如网球、槌球和其他相关的服务，而一些高级类型的服务可能要收取费用。UDI在很多方面和乡村俱乐部都存在一定的相似之处，如果在未来的发展过程中大量地渗入乡村俱乐部成员的市场，则具有很好的发展前景。

目前度假俱乐部开始进入高速发展阶段，可以减少满足成员特殊需要的产品供应量，这样可以提升供给的弹性水平。不过UDI仍然已经在高端市场中占据了很强的领先地位，且具有极强的竞争优势，通过这种类型的策略为用户提供1/195的俱乐部设施所有权，还有一些设施的使用权，以及与此相关的服务。目前UDI组织对产品内容和价格进行了调整，这样其成员就可以通过一定的资金购买相关客房设施使用权。不过大部分情况下其宁愿花150000美元去得到与此相关产品的所有权，并据此来获取对应的收益。对一些豪华度假设施可以通过这种方法进行处理。目前一些开发商开始将UDI用于提高公寓水平的策略，也取得了很好的效果。

在可选择的使用方式不断增加的形势下，经营者为了更好地吸引用户，开始大量地使用一周以上的分段时权的销售模式。根据实际的使用结果表明，此种时权下，购买者可以到相关的度假村中一年居住一定期限。用户可以支付较少的资金就可以购买相关设施一定期限内的使用权，却享有同拥有全部所有权一样情况下的使用权利。比如相关的业主俱乐部在希尔顿岛上开发了与此相关的项目，而此项目是梅尔罗斯公司等合资建立的，其目前已经成为一个著名的私人俱乐部。用户在购买时，支付四五万美元，就可以通过合约的模式购买到一定时间内使用某种档次客房的权利，依据购买的时间来确定出其接受服务的次序。

业主们在使用过程中可以根据自身的需要并综合考虑各方面的因素而分开使用时段，考虑到公司在不同的地区都开展了相关的度假地，消费者在使用过程中可以根据需要来对时段进行分割，满足不同地点的使用要求。

由于其高度的弹性，点数的欢迎程度在不断地提高，其目前已经成为一种使用频率最高的获得广泛好评的度假产品购销方式。在这种交易过程中，用户在购买点数之后可以根据要求来合理地使用所购点数，并据此来获得相关设施的使用权。此外其也可以根据要求获得其他的旅游服务，因而在此意义上，可以将其看作一种特殊的奖励系统。

许多基于点数制的此类产品可以被看作每周制价值的点数，在相应的产品数量不断增加的形势下，点数应该被定期地重新估价，也可以根据要求进行相应的交换。

点数制目前得到了广泛的应用，这样就出现了点数的时权交换，点数提供给的利益主要表现为用户可以自由地去安排自己的假期。而相关的组织对顾客可购买的点数没有进行特别的限制，在一定的情况下还可以根据要求进行借用。而对一些提供其他类型的住宿的点数制组织中而言，用户可以将自身的点数根据要求进行不同类型的组合，从而满足自己的习惯、地点等各方面的使用要求。点数制组织的建立过程需要划分大量的成本，且无法方便地向用户解释。在购买者和资产数量迅速增加的情况下，很有必要进行定期的评估。而此类企业也可以通过经营积累的经验来不断地对这种制度进行改进和完善。

5. 灵活选择时间和相关的单元

根据购买者使用时权的自由度可以对此类产品进行分类，在传统模式下，分时度假地可以将一定期限内的单元的临时使用权让渡给消费者，用户可以在此期限内去享用。为了更好地满足相关的管理要求，购买者享受时权一般应该为确定的，这种模式有明显的优势，受到一些用户的欢迎。不过也有很多用户对此方面还有更多的自由和选择要求，比如有的度假村选择了灵活的多周时权。这种模式下用户购买一个特定的度假有的期限内相关住房设施一周的使用权，相应的时间点可以根据自身的要求进行合理的选择。在此期限内用户可以在指定的季节内住宿。在一些情况下用户可以在每年同一周来到同一个度假村，不过可以根据需要来选择相应的住房单元，而有的度假地允许用户可以根据需要来确定出住宿单元。

根据以上论述可以看出，可以对分时度假产品进行分类，而得到如下几种类型。

（1）固定时间的标准产品。此产品也就是以周为单位的产品，客户可以购买一定数量的单位分时度假产品，等于购买了与此相关的度假住宿的权利。

（2）灵活选择时间。其对应的时间长度并非固定的，也就是具有很高的时间灵活性，这种模式下顾客在消费过程中相应灵活性明显地提升。如用户持续地购买3个月的季度分时度假产品，则其可以根据自身的情况来使用这种分时度假的权利。不过在这类产品的销售过程中，相关的销售单位和季节存在一定的相关性。可以根据需要来选择是连续的还是间断的，一般情况下季度产品为连续的。

（3）购买使用权。这种模式下，用户获取了此类产品一定时间的使用权。在经营过程中，在相关的房产交付情况下，顾客就可以获取一定期限内的房产使用权，而在相应的年限到期后，所有者可以对此进行重新出售。

（4）度假俱乐部。此种形式的产品，用户也是购买了其使用权，而相应的会员不需要购买一周时间的使用权，也不需要获取相应的住宿单元，主要是得到住宿和旅游的综合服务单位，这种模式是在前两种组合基础上形成的。

（5）签约所有权。也就是在签约基础上，实现相应的所有权转移的目的，这对保护顾客权益有重要的作用。

（6）点数制。其属于一种新型的灵活度假观念，有多方面的优势，因而目前已经取代了传统的分时度假产品。这种模式下，购买点数的顾客在使用权限过程中可以根据需要选择相应的时间、房间大小，或者依据自身的相关要求进行一定的更换。

根据实际的使用结果表明，目前以周为单位的销售分时度假模式已经表现出明显的落后趋势，点数制在此方面有很高的灵活性，因而开始取代前者，并受到广泛的关注，成为此方面的主导角色。

RCI 在大量的统计基础上建立了全球点数体系，其成员在享受此方面的权利过程中可以自由地选择，比如将固定时段折合后的点数交换进行分时享受，也可以交换一些高级产品的使用权，主要如航空、租车等，提高了用户的灵活性。

二 国外分时度假研究

从 20 世纪 60 年代开始，国外分时度假产生到现在，经过不断的发展改进，其目前已经很成熟，相应的研究范围也明显地扩大。与此相关的研究主要包括分时度假的界定、产业发展前景、市场需求和管理模式，以及交换网络系统等。相关的研究论文也已经有很多，主要发布在一些住宿业杂志、分时度假会议论文资料、RCI 和 Ⅱ 等的网站上。此方面的调查报告结果表明，与此相关的研究论文已经超过 4000 篇，现仅根据已掌握的资料来对此方面的文献进行综述。

分时度假最初是由德国人奈特首创的，其后开始在很多国家被推广应用，其最初将相关的股份出售给消费者，也就是使用权让渡给此用户，用户可以被看作股东。起初这种模式较为原始，其主要出售的为独立房产，用户在使用过程中可以在某处房产购买相关住宿房间的使用权。其使用权的购买期限一般较长。在确定购买情况下，用户无法调整相应的使用时间、住宿单元的位置等，因而有一定的应用局限性。

黛安对分时度假的发展历史进行了具体的分析，其指出这种产品最初出现于 20 世纪 60 年代法国阿尔卑斯地区的滑雪场。其后在经济迅速繁荣发展之后，在欧洲度假风气兴盛，地中海地区也建立了大量海滨别墅，很多欧美巨贾政要都纷纷前来休闲娱乐。不过当时的房产价格高昂，大部分用户无法单独进行购买，而可购买这类产品的用户，每年的使用时间很少，一般不超过几周，因而有很高的空置率。为了有效地处理这些问题，亲朋好友联合购买的情况开始出现，这显著地减低了客户的购买压力。在其后的发展中不断地完善，最早的分时度假概念也就是在此基础上产生的。为了更好地吸引客户，分时销售客房使用权的模式开始被建立起来，且受到广泛的关注，在此基础上建立了相应的分时度假市场。

与这种崭新的度假形式相关的产生背景主要有如下两点。第一，消费者对此有较高的需求。当时欧洲的生活水平较高，人们的休闲娱乐的时间也不断地增加，对休闲的生活方式有很高的追求，这样度假经济也就开始迅速发展起来。不过在相关经济和其他各方面因素的综合影响制约下，大多数家庭无法购买这类别墅，只好住宿到那些酒店中，而此类住宿的花费很高，为此消费者开始需求一种既舒适又经济的休闲模式。第二，房地产开发者需要通过这种模式来大量地回收资金。20世纪60年代很多欧美国家的房地产商在经济过热时期建造了规模庞大的物业，经过一段时间后，经济热潮退去，房产商无法对此进行有效的销售，且还要付出大量的资金进行维护和保养。在此情况下开发商开始寻求新的途径，来对这些房产进行有效的处理，而观光、康乐相关产业的发展也对分时度假经济发展起到了一定的促进作用。

分时度假在20世纪60年代在美国进入高速发展阶段，当时的美国佛罗里达地区房地产开发进入高速发展阶段，大量的公寓开始出现，相关的酒店以及汽车旅馆等到处涌现。房地产开发商把这些财产的使用权分成52周进行时段销售，并据此形成了相应的分时度假产品。进入80年代之后，此类产品在其他国家也纷纷出现，且开始进行全球市场的扩张。

用户在购买过程中，对一个分时度假产品和传统的固定度假别墅进行对比可知，购买前者可以减轻其相应的经济负担。而新型分时度假时段的价格存在很大的差异，从5000—10万美元每套/周。一般情况下在1万美元左右浮动；同时购买者还需要缴纳相应的年费进行维护。

分时度假所有权的灵活性也更高，在实际的应用过程中，可以通过国际交换公司如 RCI 来进行此类使用权的交换。这样用户只需要很少的交换费用就能对自己的度假时段在全球范围内进行交换。20 世纪 90 年代之后，根据 ARDA 所做的统计结果表明，大约 42% 的美国分时度假用户都对其度假时段进行了交换。目前新的分时度假产品开始出现，且慢慢地替代了原来的产品。比如点数制和度假俱乐部形式，显著地提高了这类产品的使用灵活性，同时新的产品经营模式出现后，用户可以得到更灵活的度假体验，且享受到的服务水平也明显地提升。

詹姆士等在其《分时度假产品的销售：游戏的规则》一书中对此进行了深入的论述，其认为分时度假产业具有广阔的应用前景，目前此方面正处于迅速发展阶段，很多著名的企业也加大了此方面的投资力度，这也反映出此行业的发展状况。

分时度假在美国的发展速度在不断地提高，和其他传统的住宿业相比有明显的优势，此方面的统计结果表明，目前已有 200 万美国人购买了这种产品，相关的度假村数量超过了 1600 个。而 20 世纪 80 年代，只有 500 个度假区。根据统计结果表明，分时度假行业可以满足不同类型消费者需求，表现出很高的灵活性。统计发现，到 1998 年此类产品的年销售额超过了 3 亿元。与此相关的从业人数也超过了 30 万人。在就业、消费等基础上为美国财政做出了重要贡献。此外，其也对地方、州府的经济发展做出了一定的贡献，为了有效地促使分时产业和其相应的名声相符，ARDA 在其后的发展过程中通过各种措施来不断地提升其信誉度和社会形象。

20 世纪 60 年代之后，强制性销售策略开始无法满足时代发展要求，在当时潜在的买主被诱惑，在一定的推销模式下，其得到分时度假的奖赏。在此推销过程中，相关的销售人员可以通过叫卖吹嘘自己可为用户赠送一种交通工具，不过实际购买得到的产品为装有轮子的草椅。这种模式的销售具有一定的欺骗性质，从而对分时度假产业发展产生了一定的不利影响。根据实际的结果表明，这种误导性的推销活动大量出现之后，在消费者的大量投诉情况下，消费者保护法开始出台，目前分时度假相关的制度和规范也被建立起来。

20世纪80年代之后，著名的饭店服务集团引入了这种销售模式，其也迅速地提高了此类产品的质量，这也导致此类产品市场的竞争日益激烈。80年代中期，马里奥特引入了此方面的业务，此后希尔顿也同样进行了引入。这些著名服务性品牌进入后，此类产品的质量明显地提升，民众对分时度假产品的信任度也有所提升。与此同时这些品牌企业在进入后，还带来了营销、销售、金融相关的经验，为产业的发展起到很大的促进作用。为了更好地规范此行业的发展，佛罗里达州通过了与此相关的法案，对开发商的行为进行了规范，美国的分时度假市场进入高速发展阶段，此行业的规范性也在不断地提升。

20世纪90年代之后，很多房产巨商开始大量地加入此领域，很多经营效果较好的此类企业开始上市。相关统计结果表明，进入21世纪之后，大约60多家此类企业开始进行公开交易，这对此类产业的规范发展起到很大的促进作用。在此发展过程中，点数制的出现为消费者的选择提供了很大帮助，相应产品的灵活性也明显地提高。这种情况下消费者可不必支付一笔钱去购买相关的使用权来加入该交换系统，主要是根据价格计算出相应的点数。购买点数之后进行折合而换算与此相关的其他相关产品。分数制推出之后，此行业的规范性水平明显地提高，而对开发者而言，这也显著增加了与此相关的购买难度，对资金回收也会产生一定的不利影响。在此情况下开发者在地点、季节选择方面有更高的灵活性，可以通过预订管理系统来进行预订。

分时度假成为度假发展产业中成长最迅速、演变最具有创造力的部分。如表6-2所示，分时度假其后开始进入高速发展阶段，且应用领域也日益扩大，统计结果表明从20世纪80年代开始起的20年内，全球分时度假的年度销售总额已经增加到60亿美元，且每年的增长速度也达到了很高水平，在美国的房地产业萧条阶段，这种模式也在迅速地扩张。

表6-2　1998年欧洲（部分国家和地区）分时度假产业发展

国家/地区	度假地数目	套房数目	业主数目	估计总销售额（百万美元）
英国/爱尔兰	121	3500	70000—75000	72
卡纳利群岛	161	13000	290000—300000	345
法国	130	6000	20000	25—28.5
意大利	178	11000	70000—75000	110
葡萄牙和马德拉	108	7130	90000	90
德国、瑞士、奥地利	98	4000	70000	68
西班牙和巴利阿里	239	10500	225000	345

资料来源：文献查阅。

统计发现目前此产业囊括了大约5000个分时度假地，且在全球范围内都有分点。20世纪70年代，大约超过300万户主拥有分时度假产品。其中大部分处于北美地区，欧洲大约有1000个分时度假地，很多游客都纷纷到此旅游。

20世纪90年代，美国的分时度假产业相关的住宿单元已经超过了六万个。相关的度假地数量大约为1500多个。进入90年代中期之后，平均以10000美元/周的价格出售的周数超过了21万个。对应的销售额也超过了21.8亿美元。每年的增长率达到13.8%。

统计结果表明，到20世纪90年代中期后，美国人口的1.95%都拥有这种时段。对应的人数也超过了190万人，这类产品的销售额也达到30亿美元。

RCI对此进行了统计研究，根据此研究结果表明，1998年全球分时度假时所有者大约为425万人，且分布范围很广，不过大部分在欧美等发达国家，而全球总共有5000多个分时度假地。20世纪80年代起，此行业开始进入高速发展阶段，度假地和时权的数量都在不断地增加，而且分割度假产业在地域上相关的市场数量也明显地增加，很多新兴的市场也开始加大了此方面的推广，比如印度和东欧，而目前还处于高速发展阶段。

1999年RCI发布的一份报告中提到，亚洲分时度假业从20世纪80年代开始高速发展，在90年代亚洲金融危机的影响下，很多国家的分时度假发展速度有一定的降低，不过分时度假产业开始进入迅速发展阶段，与此相关的研究也日益增加。

统计结果表明，到1999年年末，亚太地区的分时度假数量超过了480家。其中最多的为日本，超过了320个分时度假村。其次为马来西亚，拥有41个；泰国有38个。在经济建设方面这些度假村也起到了一定的促进作用，此方面的相关研究发现，这些度假村共提供了3万多个住宿单元，且相应的分布类型存在很大差异，主要有山脉、滑雪地、海滩等。

在亚太地区应用频率最高的此类产品就是分时度假设施的使用权，且拥有者可以在一年内自由地进行选择。不过根据实际使用结果表明，灵活机动的点数制更好地满足此方面的发展要求。而在韩国很多此类产品提供每年四周的使用权。日本的此类使用权和韩国基本上一致，不过在其后的发展过程中，每年使用13晚的分时度假产品欢迎程度更高，其余的产品有一周的使用权。

此外研究发现，日本和韩国这类产品用户在购买产品后，在使用时不具有自由选择时间的权利。而时权交换模式也存在明显的差异，比如新加坡的这种产品交换率很高，马来西亚的却很少。

亚洲的分时度假产品的价格较为合理，一般平均每周的价格大约为4000多美元。而在日本这种产品四周的使用权达到了6万多美元。西方国家此价格大约是每周7200美元。对比分析可知，亚太地区这种产品的价格低一些，其原因在于本地区民众的收入相对较低。而在经济危机的影响下，很多国家的民众也打消了旅游度假的计划。韩国以4个星期的形式出售，且对应的售价也较低，这对此类产品的价格产生了一定的不利影响。与此同时在相关法规等因素的影响下，亚太地区每年分时度假的总量有一定幅度的降低，达到了4亿美元，日本的最多，为300亿美元。大约28万个家庭拥有等同价值的点数。各家庭相应的时权数也达到了很高水平，这是由韩国4周制的流行引起的。

在此对北美和欧洲的时权进行对比分析可知，亚太地区时权的用户年龄小一些。对比还可以看出亚太地区时权拥有者数量高于欧洲。他们的年收入一般不超过 36000 美元。不过日本的购买者的年收入超过了 103000 美元，相应的价格也明显地偏高，因而对比分析可以看出，他们在此方面有明显的优势。亚太分时度假项目的市场一般在国内，这样管理难度会明显地降低。

亚太地区度假的停留时间相对更短，主要是周末和法定假日期间，日本的平均停留时段还不到 2 晚，其他一些地区的平均为 4.4 晚每次。

根据此方面的发展经验可知，此种产品有多方面的意义，如为度假地带来了稳定的收入，同时也促进了就业，促进了旅游收入的增长。日本的此类产品拥有者大部分都表示一定会去度假。此外统计结果还表明，在亚太的其他地区，此比例达到了很高的水平。而其他相关的地区，平均每个住宿单元每年创造的收入也超过了 6000 多美元。

2003 年一些学者所做的相关统计结果表明，目前全世界的这种度假村数量超过了 5000 多个，其中美国有 1590 个。主要分布在佛罗里达州，相应的数量为 366 个；其次为加利福尼亚州，数量为 125 个。2002 年全球的这种产品销售额达到了 94 亿美元；其中美国的超过了一半，达到了 55 亿美元；全世界分时度假每周价格平均为每周 10600 美元；美国的为 14000 美元；全球这类产品的维护费用大约每年 300 美元/周；美国的也明显高于全球平均水平。

分时度假产品用户的分布地也很广泛，全球范围内拥有这种产品的用户数量达到了 670 万人。其中有 300 万人为美国用户。全球共有 1070 万周这种产品，其中美国用户拥有的这种产品达到了 480 万周。全球的这种产品相关的住宿单元为 32 万个，美国的占比达到了 1/3。全球分时度假地的平均规模一般为 60 个房间，美国的大部分为 80 个房间。

20 世纪 80 年代末期，这种产品还没有被细分，而进入 90 年代后期，则产生了家庭市场、体育市场相关的划分，产品的档次也出现了明显的变化，产生了豪华型、高级型、经济型相关的划分。表 6-3 对各层的这种产品的销售价格进行具体的反映，也反映了市场细分的趋势。

表6-3　　　1998年国际分时度假前10位公司的年营业额

公司	估计平均美元销售价（每周）	营业额（百万美元）
马里奥特国际度假俱乐部	17200	425
阳光土地度假公司	14800	359
费尔菲德公司	14000	301
西门度假公司	12000	300
维斯塔娜发展公司	11400	173
西方潮流度假公司	8500	171
银叶度假公司	8000	133
迪士尼度假俱乐部	16500	132
蓝绿度假公司	9000	103
壳牌度假公司	10300	103

资料来源：文献查阅。

在交换使用权的推动作用下，分时度假房产开始在世界范围内大量地出现，不过都表现出很分散的特征，不过相应的产业结构集中性在不断地提升。很多著名的经济学家都对此进行了研究，且在此基础上迅速地提升自身的实力，并扩大市场股份。根据此方面的实际使用结果表明，这些大公司的介入对此种产品质量的提高起到很大的促进作用，也提高了产业的发展水平。

20世纪90年代，根据此方面的统计结果表明，此方面著名的公司马里奥特国际度假中心在分时度假行业占据了约6.6%的市场份额，而四年前只有4.4%。进入21世纪之后，此公司在分时度假上的收入也开始迅速地提高，到2001年达到了6.9亿美元，两年后则超过了10亿美元。这也说明此公司正处于高速发展阶段，且在行业已经占据了一定的领先地位。统计结果还发现，到1994年分时度假业的十大公司销售额占市场总额的18%，四年之后此数值达到了34%，相应的行业集中现象开始出现，销售额超过2000万美元的40家公司所占比例只有1%，相应的销售额占据了55%（见表6-4）。

表 6-4　1994 年和 1998 年国际分时度假行业年销售额集中程度

公司	1994 年销售额（百万美元）	份额（%）	1998 年销售额（百万美元）	份额（%）
前 1	212	4.4	425	6.6
前 5	591	12.3	1558	24.3
前 10	872	18.2	2200	34.4
前 20	1202	25.0	2875	44.9
前 40	1553	32.4	3512	54.9
产业总计	4800	100.0	6400	100.0

资料来源：文献查阅。

一些大公司除了在国内不断占领市场外，也开始了国际扩张的步伐。从度假地的数目看，40 家公司中有 4 家公司在国外都有度假地。欢乐迈格（Hapimag）公司是点数制度的发明者，在 15 个国家拥有 51 个度假地，除了 1 家在美国外，其余都在欧洲。而全球化扩张首屈一指的则是阳光土地（Sunterra）度假公司，它在 11 个国家有 87 个度假地，成功地突破了国内或地区模式（见表 6-5）。至 1998 年，全球 10 家大型分时度假公司所有者构成如表 6-6 所示。

表 6-5　1998 年国际分时度假前 10 位公司拥有的度假地数量

公司	国家	区域覆盖	度假地
阳光土地度假公司	美国	全球	87
克斯达麦克斯度假公司	墨西哥	地区性	60
欢乐迈格度假公司	瑞士	欧洲/美国	51
马里奥特国际度假俱乐部	美国	美国、加勒比海和欧洲	38
拉克斯达俱乐部	西班牙	欧洲地区	33
费尔菲德公司	美国	本地	28
蓝绿度假公司	美国	本地	27
西方潮流度假公司	美国	本地	24
银叶度假公司	美国	本地	20
希尔顿豪华假期集团	美国	本地	20

资料来源：文献查阅。

表6-6　　1998年全球10家大型分时度假公司所有者构成

公司	国家	部分	所有者
阳光土地度假公司	美国	分时度假	240
费尔菲德公司	美国	分时度假	220
西门度假公司	美国	分时度假	130
马里奥特国际度假俱乐部	美国	连锁饭店	125
欢乐迈格度假公司	瑞士	分时度假	122
维斯塔娜发展集团	美国	分时度假	75
银叶度假公司	美国	分时度假	72
西方潮流度假公司	美国	分时度假	68
壳版度假公司	美国	分时度假	61
橙湖乡村俱乐部	美国	分时度假	57

资料来源：文献查阅。

三　我国分时度假研究

(一) 我国业界对分时度假的理解

我国学者关于分时度假的研究也已经很多，不过目前还没有形成明确统一的分时度假的概念，此方面的代表性概念具体如下。

刘赵平认为，分时度假属于一种新的销售模式下出现的房产产品，这种销售模式下消费者的购买力没有发生改变，而度假住宿设施的供给方式发生变化，在此基础上形成了一个需求庞大的市场。从本质角度对此进行分析可知，分时度假属于一种中间产品，其为房地产产品和饭店产品的过渡品。其中首先规定了相应的合同有效期，可以在此基础上确定出消费者对某处房产在一定时间内享有的权限；其次是预付款项，在此模式下，消费者为获取未来一定时间的住宿权利，依据相关的协议规定来支付所需的款项；最后是消费者在未来消费这种产品的时间具有一定的期限要求，一般情况下每年不可低于7天。

杨立娟 (2003) 也对此进行了多方面的研究，其发现分时度假是指开发商分割房产形成基本度假单位，然后将其使用权出售给一定数量的用户。用户在购买一定时长的房产使用权后便成为其相应的使用权所有者，然后就可以在每年的一定时间内获取在此房产中住宿的权利。消费者在购买时已经预先交纳了住宿费,这样在以后消费过程中可以不必接着交纳。用户也可以根据要求对这种使用权买卖、转让,也可以继承等,并据此获取相应公共配套设施一定期限的使用权。

孟晓苏(2002)所做的调查结果表明,分时度假属于一种新型的销售模式,其内涵为,对房屋的使用权根据时间长度进行分割,一般以周为单位,分割后将其出售给不同的购买者。

徐栖玲等对此进行了对比分析,其发现传统的分时度假是指顾客在购买与此相关的产品之后,在一定的时间期限内对产品享有使用权。还需要在指定地点来享受这种权利,比如在某一度假地、住宿设施等,其相应的时间一般是七天,新型的分时度假也就是用户直接购买一定数量的"分数",其后消费者可以在不同度假地中根据其分数代表的住宅设施来进行消费。

我国分时度假目前正处于高速发展阶段,不过与此相关的监管制度还不完善,随着我国旅游业与房地产业的迅速发展,很有必要对此产业进行规范,促进其长远规范的发展。分析分时度假业的发展历程可以看出,其发展和旅游者和房产开发商的需要有关。

(二)分时度假在我国发展的有利和不利因素分析

对比分析目前我国的此方面的行业背景可知,这与发达国家推行分时度假系统的初始状况很类似,从市场的需求和供给角度来分析,此方面的条件都基本上成熟[①]。

(1) 房地产积压为这类产品的出现提供了可靠的支持和有利条件。目前我国的房地产建设项目遍地开花。不过市场需求却受到很多因素的限制,房地产在市场和价格等因素的影响下,出现了严重积压的不利局面。根据国家此方面的调查统计结果表明,目前我国大约有6000万平方米的房产空置,出现了严重的积压现象。在这些积压的房地产中,大部分都位于度假地。因而为了有效地处理这些问题,可以适当地参考发达国家在此方面的经验,在经济过热时期盘活存量房,而引入这种类型的产品销售模式。

---

① 吕铮:《休闲度假新理念——"分时度假"》,《国际商业技术》2001年第1期。

（2）旅游业迅速发展下，消费者此方面的需求也不断地提升，目前我国的度假旅游需求在不断地扩大，已经达到了较高的水平。目前一些城市周边的周末短期度假需求在迅速地扩大。而国外学者所做的研究结果表明，度假需求从产生，到一定规模所经历的时间大约为四年，据此预测可知我国在未来几年内，很有可能成为具有一定规模的旅游度假市场。这也为此种产品的出现和发展提供了强大的支持。

分时度假在我国发展过程中也有一些不利因素，以下进行具体分析。

（1）法律、法规不健全。此类产品和法律密切相关，在实施过程中很有必要保护消费者权益。目前一些房地产开发商已经推出了这种产品，有的国外地产商也进入此行业。在此发展过程中若消费者权益没有得到可靠的保障，则无法有序长远地发展。而目前我国这种产品相关的法律也缺失，主要是根据《民法通则》《合同法》中与此相关的规定来处理纠纷。而分析可知，这些法律关于公司出境旅游、购置海外房产相关的权利却没有明确的规定，因而我国在此领域有很多不完善之处，还很有必要进行完善。目前此方面很突出的问题主要表现为欺骗性销售。欧盟法律对此方面做了一些有利于消费者保护相关的规定，也就是在冷静期消费者可以无责任退回。与此同时印度尼西亚、马来西亚等国家也引入了这种制度，相关的行业也建立了业内自律规范。我国以后在此方面的发展过程中，也应该参考国外经验建立起与此相关的制度和规范。

（2）价格与国内消费水平脱节。总体上分析可以看出，我国整体社会经济发展水平还不是很高，因而这类产品如果在引入后不进行任何适应性的调整，单纯地引入国外此方面的模式，这样产品的销售价格就出现和消费水平脱离的问题，这种产品的售价远高于普通消费者的购买力。根据国外此方面的数据可知，这种产品的平均价格为每周8000美元，和国内相应的包价旅游团的住宿价格对比可知，此类产品的直观价格很高，远超出了经济性水平。大众对这种产品目前还没有广泛地接受，而其贵族化的色彩也让普通民众望而生畏。

（3）这种产品的交换缺乏灵活性。由于受到签证制度等方面因素的影响，国外的旅游入境时要办理复杂的手续，这对其来境内消费这种产品产生了一定的不利影响，降低了其吸引力。与此同时我国政府对国内公民出境旅游也做了多方面的限制，很多政策法规对交换国内度假宾馆也做了限制性的规定，这样就无法吸引国外此类消费者。而国内的旅游度假者去国外度假的也不多，目前我国加入此种交换体系的度假村还很少，相关统计结果表明，加盟分时度假联盟 RCI 的不超过 20 家。而国际化分时度假产品相关的经营网点在国内也不多，这样消费者在短期内无法自由选择此类旅游地，这对此种产品的吸引力也产生了不利影响。

第二节　分时度假与乡村旅游结合的理论探讨

一　国内外旅游信息化的发展现状

20 世纪后 50 年，是现代旅游大发展的时期。伴随着各国经济的复杂、交通工具的革新、生产的自动化、城乡格局变化以及职工"带薪假期"制度的建立，出现了现代意义的旅游发展。国际旅游人数以每 5 年期增长 41.3% 的速度发展；同时旅游消费以每 5 年期 77.8% 高速增长。世界旅游组织（WTO）称旅游业为"世界上最高有活力的经济增长点"。

在电子商务产业的迅速发展下，很多旅游企业之间的信息交换方面的问题也日益明显地暴露。很多企业消耗了大量的精力来处理数据共享、交换相关的工作，企业间信息无法很好地共享，资源利用效率低，这些对电子商务行业的进一步发展也产生了一定的不利影响，还在一定程度上制约了旅游企业信息化进程。而在网络技术的迅速发展下，ebXML 等新技术兴起，企业间数据共享的技术也已经成熟，这为旅游信息交换提供了可靠的支持。国际旅游标准化组织 OTA 在 20 世纪 90 年代成立后，就可以进行此方面的协调工作，也就是对航空、酒店、汽车、旅行社等相关的服务商和机构等进行协调，以满足数据交互相关的要求。OTA 在成立之后，制定了与此相关的旅游国际 IT

标准和相关的规范，并据此来有效地克服各旅游企业间信息共享方面的难题，且在其发展过程中，还制定了很多相关航空、旅游和汽车租赁业方面的信息交互规范。根据实际的应用效果可知，这些规范为旅游企业间的信息交互提供了可靠的支持，也为全球统一旅游的基础的形成提供了可靠的条件。GLIN（the Great Lakes Information Network，北美五大湖地区信息网）提供了面向北美五大湖地区信息网，提供了面向北美五大湖地区查找和提交数字信息的服务。这个网站主要由4个部分组成：GIS数据库、在线地图发布、地图长廊和资源。用户可以依据主题、地理区域等进行数据查询；通过Internet来访问在线地图发布；地图长廊则提供了几张高质量的图片来免费下载，资源中将提供与GIS相关的资源信息；Virtual Malaysia，虚拟马来西亚站点中也使用了GIS地图来发布旅游资源相关的信息；南非的发展中国家津巴布韦通过GIS平台，面向世界发布他们的旅游信息和文化信息，同世界信息保持通畅的沟通渠道；哥伦比亚充分意识到GIS在旅游资源管理、分析和规划中的重要作用，就这方面的应用展开深入的研究工作。

目前国际上主要有RCI和Ⅱ两家度假交换系统，详述如下。

（1）RCI交换系统。RCI是目前全世界著名的分时度假交换公司，其于20世纪70年代成立于美国印第安纳州，在其后的发展过程中最先引入了此概念。在经营过程中消费者可以将在其自家饭店（度假村）购买的使用权和其交换网络的全部这种类型的度假村中的交换。或者当作在一个已加盟RCI的饭店中购买了20年的产品使用权（每年一周）。消费者可以在每年的一周内成为这间饭店某个房间的临时业主。不过一般在那种条件下，也没有人愿意几十年里都在同一个地方进行度假，这样消费者可根据自己的要求通过RCI把你这间饭店的临时使用权进行交换，在满足其他条件情况下，用户可以去世界各地旅游了，并在此过程中消费自己的这种权利。

根据此方面的统计结果表明，目前，RCI签署的度假村数量已经达到了3000多个，可以为全世界几百万家庭会员提供与此相关的服务，并满足他们此类住宿需求。RCI在全球分时度假交换行业占据了很高的优势地位，具有深远的影响，很多行业规则制度也是其建立的。根据相关统计结果发现，全球每10家分时度假村中有7家都纳入了这种交换系统。通过此种系统确认交换的这种用户中，有75%是RCI的会员。进入20世纪90年代之后，此公司进入高速发展阶段，统计发现，1999年RCI处理了全球200万次的交换手续，为大约750万用户提供了与此相关的服务，该年度分时度假业的营业额达67亿美元。

根据相关规定可知，要成为一个RCI加盟饭店只要进行简单的操作就可以，也不需要进行复杂的手续，相关的加盟商在正式申请之后，需要介绍RCI专业人员的审查，且在满足相关条件且通过审核之后就可以加入。在合格之后酒店须向RCI交加盟费大约17万多美元，其后的经营过程中还应该每6年更换一次合同，且对其中的内容和条款进行适当的变更。不过其后无须再向RCI交钱了。而不同酒店的加盟费都保持一致，不过为集团性的，则无论下属多少家饭店，收取的费用都是按照一份来计算的，因而对一些大的集团性酒店公司有很大吸引力。据RCI亚洲总部的规定，酒店加盟商办理加盟的时间一般不超过三个月。RCI主要是为用户提供交换服务，而和经营管理不存在相关性，在加盟之后，酒店可以自行销售，在一定条件下也可以申请其帮助销售，不过需要支付一定的服务费。

（2）Ⅱ交换系统。如前所述，Ⅱ（Interval International）是由分布在世界各地的2000个度假区和超过1500000个会员成员组成。自1976年起就一直以卓越且高标准的服务质量在同行业中处于领先地位。Ⅱ为其会员（世界各地的旅游者）提供多种多样的交换服务和其他的优惠来丰富他们的度假体验，对于所有者来说，度假区的成员资格在Ⅱ的交换网络中是有一定限制的，他们必须遵循Ⅱ所制定的严格的质量标准。组织内所有度假区的所有权和经营操作都不归属于本组织。

我国旅游业的信息化建设取得了长足进步，但仍远远落后于西方发达国家，目前尚处于发展初级阶段。原国家旅游局从1990年起开始抓信息化管理并筹建信息中心，1994年，信息中心独立出来专为国家旅游局和旅游行业的信息化管理提供服务和管理技术。2001年1月，国家旅游局在全国旅游工作会议上宣布启动全国旅游行业信息化工程——"金旅工程"，以推动我国旅游信息化进程。目前，全国旅游部门的国家、省（自治区、直辖市）、重点旅游城市、旅游企业四级计算机网络的建设初见规模。比如由国家旅游局和国家统计局共同开发的"假日旅游预报系统"实现了全国参报单位的网上数据交换，及时准确地完成数据汇集、传输、审核、分析功能，保证了审核和信息的发布，为黄金周的预报工作提供了有力的技术手段。"办公自动化系统""假日旅游预报系统""导游员IC卡管理系统""旅行社年检网上填报管理系统"等一批全国性应用网络系统的推广应用，初步实现了行政办公和行业管理部分功能的电子化。旅游网站的发展也很迅速。例如，截止到2001年，通过e龙网（www.elong.com）预订的酒店、机票等各种旅游产品接近3亿元人民币；e龙的消费旅行卡能提供全国120多个城市1000余家酒店的预订服务及4000余家消费、娱乐场所的打折优惠。浙江省旅游局是国内首家全省旅游GIS系统的样板单位，浙江省旅游资源丰富，为了进行旅游行业的现代化管理，经过平台软件选型，最后采用了ESRI全系列平台软件，建立了全省旅游GIS系统，为推动全国旅游行业的GIS应用起到了积极的示范作用。浙江省旅游局开发的旅游GIS系统包含两个部分：旅游资源采集、管理GIS系统和全省旅游资源信息WebGIS发布系统。两个平台面向不同的用户群，前者主要面向管理部门，普查、采集全省的旅游资源，同时提供基于GIS平台的旅游资源统计和管理功能；后者面向一般企业和游客，向他们发布已有的旅游资源基本信息，并且提供简单的地图浏览、数据查询、定位的功能。中国电信"商务领航"从化旅游信息平台（域名：http://conghua.gz168.com）是由广东省旅游局和市电信局共同打造，面向广州、珠三角及港澳地区的广大用户的互动旅游信息服务平台。平台汇聚了从化旅游的最新的动态、最热的景点和线路，搜罗了从化旅游的吃、住、行、游、购、娱等综合信息，并整合了"商务领导"的互动中心，通过互联网、固定电话、小灵通等通信工具，以语音人工查询和网络自动查询两种服务手段，为广大消费者到从化旅游提供方便快捷的信息查询。平台包括的模块有：主题旅游、景区（点）酒店、美食、交通路线、购物、娱乐、特色旅游等；提供的服务有：留言、网上查询、网上定制小灵通短信、视频展示、短信群发等。

目前，我国加入国际分时度假交换网络体系的度假村或饭店为数不多。据统计，到2005年，中国加入国际分时度假交换网络体系的度假村或饭店已有十多家，其中加盟RCI的为16家，加盟Ⅱ的3家。但是，自20世纪90年代分时度假传入我国之后，很多大型的旅游和饭店集团都做了新领域的尝试。北京"天伦"、四川"宝世"、海南"华夏之旅"和深圳的"乐全球"等几家分时度假经营公司正在向规模型经营安排，有的公司已达到一定规模，拥有几百家合作酒店和近千名会员，每月都安排百余户家庭出游。这些新的分时度假交换网络和模式的建立，标志着中国本土化的分时度假模式已经开始成型。

目前，国内进入运作阶段的本土化度假网络经营公司数量不多，形成一定规模的不超过10家。国际分时度假网络交换公司成功的主要经验，就是他们都建立起了较强的技术网络支持体系。要在中国发展国内度假网络产品，计算机网络支持系统必不可少。技术支持是为了消费者提供优质服务的重要保障。许多分时度假企业都在网上建立了自己的网站，并为他们带来了较好的宣传效果。IBM公司为华夏之旅分时度假往来公司设计了实现电子商务的完整解决方案，华夏之旅公司正在为分时度假的网络交换、客户服务、会员管理、数据库营销等建设一个良好的平台。新旅网公司的网站也已开通，他们希望通过现代网络技术，以第三方的身份介入酒店、度假村与消费者之间，将若干个酒店、度假村和广大消费者连接成网络，通过现代信息技术和一种全新的运作模式，实现酒店、度假村闲置资源的重新培植。

目前，我国比较完善的乡村旅游信息平台主要有北京乡村旅游网以及婺源乡村网。北京乡村旅游网主要内容涉及一些农家美食、乡土特产、节庆活动、休闲农庄以及休闲健身、博物展览、旅游景点、旅游百科、民俗荟萃介绍以及宾馆饭店的预订，仅仅提供信息的发布以及宾馆的预订等功能。而婺源乡村网①主要介绍了婺源乡村文化、徽州文化、名人史记、婺源特产、游记赏析以及婺源摄影等其他信息。"成都农家乐·休闲网"初步实现网上预订，集中以旅游线路、客房产品预订为主，其他网站主要作为乡村旅游目的地政府或研究机构对外信息宣传的平台与窗口，集中展示乡村旅游产品信息，提供少量信息搜索服务。但是现有的这些乡村旅游服务平台，无论是从乡村旅游定制的实践看，还是从乡村旅游市场的研究来说，都还不能算真正意义上的乡村旅游服务平台。现有的这些平台服务制定仅仅限于景区内容介绍，涉及的旅游资源和服务数目有限，服务间的关系简单，可以定制的方案少，不可能形成社会化的、广域范围内的乡村旅游服务市场。

国内乡村旅游信息平台通信服务水平落后。网络电子技术、信息技术与电子商务平台缺乏有效整合，网络信息服务应用不强，信息交流以展示功能为主；国内乡村旅游企业间电子交易未能充分发展，电子商务发展处于初级阶段；客户关系管理、游客与网站交互发展滞后；在线调查、网上投诉、游客询价等客户服务功能建设缓慢，甚至被忽视，游客通过网站与乡村旅游企业交流不畅，客户关系管理系统建设有待加强，缺乏个性化服务功能；部分国内乡村旅游网站开始实行会员管理，但缺乏电子邮件与移动通信等即时信息交流，会员作为旅游者信息反馈的窗口作用没能充分显现；电子地图查询系统建设很不完善，缺乏 GIS 系统平台支持，旅游目的地地图信息以静态平面展示为主，缺乏交互功能，没有立体空间多层次虚拟展示功能；几乎没有调查样本语言选择功能，网站面向对象仅限于国内乡村旅游者。

总之，国内乡村旅游电子商务网站建设滞后，规模偏小，表现为政府推动型，缺乏真正意义上的旅游电子交易，乡村旅游信息服务平台建设已经滞后于其他方面的发展，一个由政府、个人、企业、科研机构、社会组织等多方主体推动，融合网上预订交易，涉及酒店、交通票据、景点票据、旅游产品线路等产品服务预订，功能完善的，集

---

① 网址：www.xcwy.net。

中于在线调查、投诉与反馈、旅游科研、信息搜索、语言选择、电子地图查询、信息交流与展示、会员管理、电子邮件、景点投票调查等成熟的乡村旅游信息服务平台成为当前乡村旅游发展的必然需求。

二 分时度假产业特点的创新意义

纵观分时度假业的发展，生产力在于创新。作为一种业态创新，其主要特点表现在产权模式、经营模式和消费者权益模式3个方面。

（一）产权特点

分时度假交换系统在产权模式上与一般旅游饭店业的产权模式有很大区别，具体表现如下。

1. 产权高度分散

这是指分散度假产品的房产所有权高度分散。目前大多数饭店不论其是单独经营，还是集团经营，都是一种传统的产权模式，即从产权上看，是一家或几家大的投资商（股东）共同投资兴建饭店，并拥有饭店的所有权，产权高度集中。而分时度假交换系统中的房产产权，分属加入该系统的千千万万位具有一定度假房产所有权的个人，这里有三种情况：第一种是消费者个人已拥有某度假地房产权，加入该系统中来；第二种是房产开发商将开发的度假房产整体加入该系统中，由系统分别销售给消费者个人；第三种是分时度假经营者看好某处（度假地）的旅游消费前景，投入大资金整体购买后，再将房产分时段销售给消费者个人。以上几种情况均形成分时度假产品产权的高度分数，且房产所有者拥有的只是度假产品某一时段的所有权。这种产品所有权高度分散的特点，是分时度假交换系统产权结构、产权模式的创新。

2. 产权所有者和经营者关系不同

通常饭店业除业主自营外，大多所有者都采取委托经营、加盟经营或联营等形式。产权所有者和经营者之间存在一种利益上的契约关系，经营者必须将产权所有者的经济回报放在第一位，并按期完成产权所有者下达的经济指标。而分时度假交换系统的度假产品所有权与经营权之间是一种参与关系，经营者关注的是产权所有者拥有的房产加入交换系统后是否能满足其他产品所有者的需求，即产品的可交换性，经营者把为产权所有者提供快捷的交换服务放在第一位。

3. 所有权之间的灵活互换

一般饭店业产权的流动性比较弱，尤其饭店业是一种资金密集型行业，产权流动受到很多因素制约，除非是大的收购、兼并活动所为。而在分时度假交换系统中，交换系统的生存正是取决于产权的交换性。任何一位取得度假产品所有权的人，都是为了使产品具有互换性，即产权所有者通过对产品使用权的让渡，换取对另一产权的使用权。如果这种互换性差或互换范围、互换区域受到限制，那么分时度假交换系统会面临生存危机。正是这种产权模式的创新决定了该系统经营模式的创新。

（二）经营特点

1. 营销创新在于交换条件的设计

从经营上看，通常饭店经营者是根据自己掌握的客房资源情况，最大限度地提高房客出租率，以取得经营利润，但消费主动权掌握在要租赁客房的客人手里，尽管饭店集团或饭店预订系统采取多种营销方式、手段来提高客房出租率，但经营主体对经营客体的不可预见性总是困扰饭店经营的难题。但从分时度假交换系统来看，经营者经营的不是客房或度假地房产，而是房产产品拥有者之间的交换条件，这种交换条件的设计取决于营销人员对消费者需求的把握以及交换系统的技术支持。比如20世纪60年代的交换条件只能是固定单元、固定时间的交换，即点对点的交换。20世纪70年代发展到同等产权条件下、不同点之间的交换，到20世纪90年代已经发展为不拘泥于具体的度假产品产权，而是将其产权虚拟化为分数或点数，在分数与分数之间直接互换。从这里我们可以看到，在分时度假交换系统中，经营主体对消费者不是一种被动性的适应，而是一种创造性的适应，经营目标不是单一提高客房出租率，而是提高交换效率，创造更便捷的交换条件。如迪士尼分时度假俱乐部设计了顾客购买"分数"的消费体系。俱乐部把不同时段、不同地区的度假产品划分为不同的分值，顾客购买产品时只需购买一定的"分数"，就可在系统的范围内选择"分数"所能交换的度假组合，如一个基本单位的"分数"可以选择淡季在一个小间住 22 天、在普通单间居住 11 天，或在双人度假公寓住 7 天或在一个别墅房间中住 5 天。希尔顿分时度假俱乐部也采用了按季节和住宿面积提供不同组合的"分数"体系，使顾客可以间断地使用自己的权利，如某顾客拥有某类度假设施 5 天的使用权，他可以选择在某地一次性住 5 天，也可以选择在某地住 3 天，在其他时间、另外一地的同等设施中再住 2 天的组合方式，这些创新设计都极大地方便了消费者。

2. 增加产品的流动性以适应顾客需求

一般饭店业由于地理位置的固定性，饭店产品的流动性差，它既不能像实物产品那样，通过物体的流动不断开发城市市场、农村市场和海外市场，也很难像纯服务商品那样通过提供服务的人员流动去开拓其他市场。在美国营销学家菲利浦·科特勒的有形和无形商品连续谱中，酒店产品处于中部，它既包含了有形因素也包含了无形因素，作为服务载体的客房产品的固定性成为饭店经营中的重要制约因素，因为它是用固定的产品去吸引流动的顾客。然而分时度假交换系统使这一制约难题迎刃而解。由于加入该系统的成员分属不同国家、不同地区，拥有不同地点的不同度假地房产，房产间的互换使度假产品具有流动性质，加入该系统的顾客可以在系统中根据自己购买的分数自由选择适应自己需要的不同度假产品。凡是加入分时度假系统的顾客都是首先购买一定的度假产品（或相等价的分数），然后再用其度假产品进行交换，这就使经营者处于一个主动地位，更易于用"流动"的产品去吸引"固定"的顾客。

3. 在经营要素中更注重技术的开发和应用

通常饭店在营销中非常注重经营要素中产品的开发。根据市场的变化不断调整产品品种和产品结构，如根据商务客户的需要，增加商务套房、行政楼层、别墅等；根据散客需要增加单人房等。而分时度假交换系统以提供交换服务为主，注重的是经营要素中技术的开发和应用，对度假产品则注重的是筛选，以满足系统中交换的需要。例如美国著名饭店集团马里奥特购买了一家拥有 122 套别墅、经营分时度假业务的公司后，为树立自己在这一市场的形象，满足顾客多地区、多样化旅游度假的需要，分别在佛罗里达、科罗拉多、加利福尼亚等地选择的网络中，形成了19个度假村、2000多套度假别墅组成的度假住宿网络系统。这样庞大的网络交换系统，只有强大的技术支持和保障，系统才得以运作，产品才得以流通，这是经营手段上的一种根本性变革，也是现代经济中技术在经营要素中地位的提升。

4. 期货性消费更注重品牌

与一般实物商品即时购买、即时消费不同，也与现代饭店预订消费不同，分时度假产品是先购买"分数"，然后在未来某一时期才进行消费，是一种类似期货贸易的交易行为，因而具有期货消费的性质，同时，由于分时度假产品购买与消费所购物不同，比如或者是购买"分数"，而消费的是度假房产，或者是购买A度假房产，而消费的是B度假产品，这就使得分时度假产品在经营上更注重用品牌作保障，否则，消费的风险会影响消费者的信任和可进入性。

5. 经营上重点开发和提高产品的附加价值

对于消费者来说，购买分时度假产品的目的不是仅在一地进行度假产品消费，而是能以同等权利方便地选择不同度假地进行休闲度假，同时希望分时度假产品交换系统能够提供适于家庭度假的特殊服务。因此增加附属项目、提高附加值是分时度假系统的经营开发重点之一。如马里奥特分时度假公司在不同的分时度假地分别为顾客提供了包括高尔夫球、网球、滑雪、主题公园等方面的特色服务，通过提高度假产品的附加值增加其吸引力。

(三) 消费者权益特点

作为一种权益形态创新，分时度假交换系统在经营中给消费者带来的权益也具有新的特点，主要表现如下。

1. 权益形式具有多样性

一般来说，消费者在常规饭店购买了饭店产品（租赁了客房），他得到的是一定期限的客房使用权和与之相适应的服务。产品的固定性，使消费者的权益单一和固定。在分时度假系统中，消费者购买的分时度假产品——使用权或以分数体现的使用，只是一种等价物，他可以在系统提供的范围内任意地选择组合：从消费者权益上讲，他不仅要求交换中的可变性、易变性，还要求易选择性和产品提供的多样性。这种权益形成的多样性特点大大拓展了消费者权益的外延。

2. 权益时间具有期权性

正如前面所述，分时度假产品的购买是一种类似于期货贸易的交易行为，因此购买者的权益在时间上也可以表现为具有期权性，即随着购买行为的发生，消费者在分时度假交换系统购买了住宿7天的度假产品，那么该消费者在一年内在该系统提供的任一度假地可进行7天的度假产品消费。这种期权性的特点使消费者权益在时间上得以保留和推迟，也会给消费者带来权益风险。

3. 消费者权益实现的滞后性可为经营者带来资金运营利润

根据经济学理论，在市场上一旦完成商品—货币的交换行为，商品即退出流通领域，进入消费领域，对消费者来说，是通过购买，用货币换取了商品所有权和消费权。但在分时度假系统中，消费者购买了度假产品的所有权，却不一定即时享用消费权，而是在一定时间内（如一年）实现其消费权，形成了事实上的购买与使用的长时间分离。这种权益实现的滞后性，既给消费者一种利益上的选择空间，又给经营者带来相当大的资本运营空间，因为先付款后消费的权益的滞后性，使经营者先期即可获得一笔可观的销售收入，对这笔资金的合理使用可以形成经营者的资本运营利润。

三　分时度假与乡村旅游相结合

通过对乡村旅游信息网络服务平台技术的开发和应用，可为乡村旅游消费者和旅游服务企业之间，以及企业和企业之间搭建互动交流平台，通过信息和资源共享，达到产品供求平衡，提升乡村旅游（农家乐、渔家乐）服务与管理水平，形成乡村旅游服务和管理的创新模式，促进乡村旅游产业升级，实现跨越式发展和可持续发展。通过平台整合产业链上的相关资源，提供专业化的服务。通过有形市场（农家乐、渔家乐）与信息资源及其应用技术的整合，形成以乡村旅游（农家乐、渔家乐）信息中心、乡村旅游（农家乐、渔家乐）交易中心、乡村旅游（农乐家、渔家乐）产业链协作中心为特征的新型乡村旅游管理与服务模式。

（1）通过整合乡村旅游产品资源和信息，将产品和服务用呼叫中心、在线等动态的、交互式的方式提供，实现经营模式、管理模式、服务模式、营销模式创新。

（2）通过乡村旅游信息发布、预防及时更新维护客源消费信息，将可避免目前农家乐淡旺季节明显的状况以及避免供求信息不对称现状。

（3）对乡村旅游的客源市场进行分类管理研究，针对客源需求以及不同的细分市场（如亲子、家庭、自驾车、婚庆、会议、商务休闲度假市场）提供乡村旅游（农家乐、渔家乐）个性化服务，从而达到供求的相对平衡。

（4）建立客户关系管理模块，进行客户档案管理，培育忠诚客户；通过互动形式处理网上投诉受理，提高服务质量和顾客满意度。

在此基础上，充分借鉴"分时交换"理念，组建乡村旅游交换平台，扩大交换网络规模效应。国际上分时度假经营模式具有两重含义：一个是分时使用权，一个是度假时段的交换。随着旅游分时度假产品的成熟和完善，部分国际化的集团公司在分时度假系统的基础上进一步拓展了分时度假交换系统。拥有度假房产使用权的消费者，可以将自己的度假房产使用权通过全球网络交换系统，换取同等级但位于不同地区的度假房屋使用权。由于可以通过交换系统进行交换，大大提高了选择的灵活性。

对于乡村旅游来说，完全可以引入分时度假的交换理念，以适应消费者求新、求变的需要，推出分时乡村旅游产品。我国地域面积广阔，可供开展乡村旅游的资源亦十分丰富，开发商应充分利用国内现有的乡村旅游资源，采用吸收各类乡村度假设施及乡村旅游景点加盟的方式，构建起配套成型的乡村旅游休闲度假交换网络体系。通过乡村旅游交换平台加强经营商之间的联合，扩大交换网络规模效应，提升产品的价值，充分体现其可交换性的魅力，从而满足消费者多样化的度假需求。

第三节　乡村分时度假旅游概念的提出及其现实意义

一　乡村分时度假旅游概念的提出

我国旅游产业起步较晚，但经过二十几年的发展已具有一定的规模，形成了包括吃、住、行、游、购、娱几大门类在内的产业形态，并具备一定的产业发展基础和环境。但是，我国旅游产业发展尚处于初级阶段，同发达国家成熟的旅游业相比仍存在较大的差距。

单一的观光旅游结构以及单一的观光产品和客源结构，是我国传统旅游业的基本特征。现代社会中，观光旅游的比重过大是旅游业不发达的表现。随着我国旅游产业的发展和旅游市场的不断成熟，旅游消费需求越来越明显地呈现出多样化、个性化的趋势。原有的单一旅游产品结构体系已不能够适应这种发展趋势，因此旅游产品亟待进行提升改造，旅游产业也面临着进一步升级的迫切需要。旅游产品的升级改造不仅包括单一形态的旅游产品结构向多层次产品结构（包括传统观光产品、度假产品、特色旅游产品以及生态旅游产品）的转换；还包括单一产品自身的升级改造，主要是指提升原有单一旅游产品的档次，丰富产品内涵，不断开发文化内涵丰富、富有浓郁地方特色与民族风情的参与性强的旅游项目，以满足日益个性化与成熟化的旅游消费者的消费需求。

现代旅游业以人性因素为主导，突出旅游结构的多样化和丰富性，强调人的参与性，人与环境、文化与旅游和谐相处，强调旅游者与旅游吸引物的内在沟通，并注重观光旅游与非观光旅游的协调发展。现代旅游业的发展与城市化进程的结合，使商务会展旅游、度假休闲旅游、节庆文化旅游等非观光旅游的异军突起。非观光旅游的快速发展引起旅游经济的创新与革命，改变了旅游产业结构和生活交往环境，推进了传统旅游业的转型和旅游产业的全面升级，从而促进了旅游经济多样化结构的形成。

唐留雄（2006）强调旅游产业结构调整必须符合旅游产业发展由数量发展型模式向数量、质量、效益相结合型发展模式方向转变，并分别针对旅游产业的部门（行业）结构、产品结构、区域结构以及组织结构提出了结构优化的对策措施。其中，旅游产业的部门（行业）结构优化措施包括：树立"大旅游"观念；树立在旅游结构的调整中求速度、求效益的观念；在实施旅游产业结构调整时要注意做好产业存量结构的调整；各旅游要素横向上要综合平衡，纵向上则要"升级换代"。而旅游产品结构的优化则包括以下几个方面：首先应加强宏观调控，科学规划旅游资源开发；其次应重视知识经济对旅游产品结构优化的影响；还应加强文化旅游产品体系的建设，以及实现旅游产品的升级换代。由此可见，无论是旅游产品结构还是行业结构，都存在着"升级换代"的问题。

黄细嘉（2000）认为我国旅游的发展应走度假与观光相结合的发展道路。度假旅游和观光旅游的结合不仅使度假地更具吸引力，同时也带活了其周围本来不太有名的风景区（点），两者相得益彰。

尹霞、陈昆才（2004）提出，随着我国居民收入水平的提高和节假日的增多，人们对度假旅游产品和多元化旅游产品的需求日益明显，现有的旅游产品的供给无论种类还是品质都不能满足人们不断增长和更新的旅游需求，因此，对旅游产品进行转型和创新是促进我国旅游业快速健康发展的当务之急。

王婉飞（2005）认为有条件的地区和企业可通过分时度假的方式，将闲置的旅游资源进行整合，将传统的观光旅游产品供给改造成休闲度假产品，特此提出分时乡村旅游。乡村旅游的管理与服务的发展可运用分时度假先进的运作模式，采用俱乐部会员制度，实行积分制和点数制，待条件成熟时加入国内外分时度假交换网络系统，实现消费者省内、国内及国际乡村旅游度假交换。

根据不同的地区、不同的乡村旅游地、不同的消费水平等差异，乡村旅游可以设定不同的点数，来进行累积积分，这是未来的发展趋势。从长远发展来看，对各乡村旅游点、休闲设施、农家乐活动均可以进行点数的设定，因为消费者进行乡村旅游度假休闲，不会仅仅满足于住宿餐饮设施的提供。而如果乡村旅游度假交换网络能够把这些项目也加盟进来，不仅可以丰富会员的度假内容，而且便利了消费者，使之产生对整个乡村旅游度假地的良好印象。

乡村分时度假旅游并非只是一种理念，也不仅是一个电子商务网站，而且是基于互联网技术集旅游信息服务、电子商务、行业管理、自主策划、虚拟展示、在线调查、投诉与反馈、旅游科研、信息搜索、语言选择、电子地图查询、会员管理、电子邮件、景点投票于一体的复杂综合应用系统平台。

乡村分时度假旅游是乡村旅游管理和服务新模式，通过对乡村旅游信息网络服务平台开发和应用，为乡村旅游消费者和旅游服务企业之间，以及企业和企业之间搭建互动交流平台，通过建立乡村旅游信息资源库来资源共享，达到产品供求平衡；通过研究乡村旅游发布展示技术以及面向 Internet 的实时真实感漫游技术与交互技术，提升乡村旅游的宣传力度和手段，将立体的、生态丰富的乡村画面及时展现在游客面前；通过个性化分时乡村旅游策划系统的研发，增加游客的选择自由度，充分利用游客时间以及乡村资源。

二　发展乡村分时度假旅游的现实意义

分时度假作为旅游业的一种制度创新模式和旅游产业结构升级的主要途径之一，成为时尚消费，风靡国外并在我国兴起。前副总理钱其琛曾经指出："中心城市可积极探讨分时度假等新的旅游方式，发展假日休闲旅游，拉动内需，盘活闲置的房地产，带动一系列的相关产业。"在我国发展分时度假将产生巨大升级与结构优化，都具有十分重要的意义。

（1）对扩大内需有积极的促进作用。

（2）可以促进旅游业的产业升级。

（3）为我国积压的大量旅游房地产创造一种变现的有效形式。

（4）将为旅游电子商务的发展创造新的发展空间。

（5）将是解决我国旅游饭店业及旅游度假房地产供求失衡的良好对策。

（6）是旅游业应对"入世"的积极出路。

将乡村旅游与分时度假相结合,开展乡村分时度假旅游,是分时度假本土化的具体表现。大力开展分时乡村旅游,可以提升乡村旅游（农家乐、渔家乐）的服务与管理水平,形成乡村旅游服务和管理的创新模式,促进乡村旅游产业升级,实现跨越式发展和可持续发展,推动我国社会主义新农村建设,解决"三农"问题,做好扶贫文章,拉动内需,满足当前人们乡村休闲旅游时尚化、特色化、个性化及信息化需求。

引入分时度假模式对于吉林省乡村旅游发展具有重要意义。

（1）优化配置乡村旅游资源。分时乡村旅游是一种有效的经营方式,利用现货网络技术,以第三方的身份介入乡村旅游点与消费者之间,将若干个乡村旅游点和广大消费者联结成网络,通过现代信息技术和一种全新的运作模式,实现乡村旅游闲置资源的重新配置。

（2）提升乡村旅游者消费质量、降低费用。分时乡村旅游产品将接受行业管理部门的例行监督和检查,因此,消费者的消费质量有较高的保障。同时,分时乡村旅游还是一份度假性投资,可以运用会员卡的方式,购买星期卡、月卡、季卡、年卡,还可以出借、转让和赠送,并且以今天的价格购买了未来的消费。参加分时度假的最大好处在于：客人可以凭所购买的度假地的度假时间去换取该度假地在交换网络范围内的加盟度假地的使用权。假如你购买了某处的分时乡村旅游会员卡,可以通过分时乡村交换网络进行交换。

（3）利用网络效应,增强服务主体的竞争力。旅游目的地最宝贵的财富是客源,预售乡村旅游地的使用权,相对来说就是稳定了客源。用旺盛的人气带动其综合效益的提高。运用电子商务网络和多种大众媒体,以及为客户提供的客户专利,非常有效地把广告做到市场的每个角落。迅速提升入网度假村及乡村旅游地的知名度,提高品牌价值,这是单体度假村或乡村旅游经营者难以做到的。利用网络优势,轻而易举地把乡村旅游的客源市场扩大至全国,运用强大的网络销售体系、更充分的服务范畴使入网的乡村旅游经营商更具有竞争优势。

总之,通过建立分时乡村旅游信息服务平台,能为资源信息交流与特色品牌推出服务，融合多种网络通信、多媒体与虚拟现实等技术，通过建立区域协作的乡村旅游信息资源交换共享平台，达到淡旺季供求平衡，开辟农民新的就业门路，增加农民家庭收入，打造龙头引领的连锁乡村旅游的技术与运营创新模式，创出新型乡村旅游品牌和特色，为建设社会主义和谐社会以及社会主义新农村做出贡献。

第四节 基于网络信息平台的吉林省乡村旅游特色化关键技术研究

一 支持乡村旅游特色化的信息综合服务关键技术

（1）乡村旅游辅助规划设计技术。路径规划是指，在具有障碍物的环境中，按照一定的评价标准，寻找一条从起始状态到目标状态的无碰撞路径。本算法中路径规划采用了基于知识的遗传算法，它包含了自然选择和进化的思想，具有很强的技术性。

（2）环境监测传感器网络技术。无线传感器网络（Wireless Sensor Netword，WSN）是由部署在监测区域内大量的廉价微型传感器节点组成，通过无线通信方式形成的一个多跳的自组织的网络系统，其目的是协作地感知、采集和处理网络覆盖区域中被感知对象的信息，并发送给观察者。传感器网络有着巨大的应用前景，被认为是将对21世纪产生巨大影响力的技术之一。已有和潜在的传感器应用领域包括：军事侦察、环境监测、医疗、建筑物监测等。随着传感器技术、无线通信技术、计算技术的不断发展和完善，各种传感器网络将遍布我们的生活环境，从而真正实现"无处不在的计算"。虽然无线传感器网络的大规模商业应用，由于技术等方面的制约还有待时日，但是最近几年，随着计算成本的下降以及微处理器体积越来越小，已经有为数不少的无线传感器网络开始投入使用。

无线传感器网络可以看成由数据获取网络、数据分布网络和控制管理中心三部分组成的。其主要组成部分是集成有传感器、数据处理单元和通信模块的节点，各节点通过协议自组成一个分布式网络，再将采集来的数据通过优化后经无线电传输给信息处理中心。因为节点的数量巨大，而且处在随时变化的环境中，这就使它有着不同于普通传感器网络的独特"个性"。一是无中心和自组网特性。在无线传感器网络中，所有节点的地位都是平等的，没有预先指定的中心，各节点通过分布式算法来相互协调，在无人值守的情况下，节点就能自动组织起一个测量网络。而正因为没有中心，网络便不会因为单个节点的脱离而受到损害。二是网络拓扑的动态变化性。网络中的节点是处于不断变化的环境中，它的状态也在相应地发生变化，加之无线通信信道的不稳定性，网络拓扑因此也在不断地调整变化，而这种变化方式是无人能准确预测出来的。三是传输能力的有限性。无线传感器网络通过无线电波进行数据传输，虽然省去了布线的烦恼，但是相对于有线网络，低带宽则成为它的天生缺陷。同时，信号之间还存在相互干扰，信息自身也在不断地衰减，诸如此类。不过因为单个节点传输的数据量并不算大，这个缺点还是能忍受的。四是能量的限制。为了测量真实世界的具体值，各个节点会密集地分布于待测区域内，人工补充能量的方法已经不再适用。每个节点都要储备可供长期使用的能量，或者自己从外汲取能量（太阳能）。五是安全性的问题。无线信道、有限的能量、分布式控制都使得无线传感器网络更容易受到攻击。被动窃听、主动入侵、拒绝服务则是这些攻击的常见方式。因此，安全性在网络的设计中至关重要。

随着人们对于环境问题的关注程度越来越高，需要采集的环境数据也越来越多，无线传感器网络的出现为随机性的研究数据获取提供了便利，并且可以避免传统数据收集方式给环境带来的侵入式破坏。比如，英特尔研究实验室研究人员曾经将32个小型传感器联进互联网，以读出缅因州"大鸭岛"上的气候，用来评价一种海燕巢的条件。无线传感器网络还可以跟踪候鸟和昆虫的迁移，研究环境变化对农作物的影响，监测海洋、大气和土壤的成分等。此外，它也可以应用在精细农业中，来监测农作物中的害虫、土壤的酸碱度和施肥状况等。而在乡村旅游的应用中，无线传感器可以用来检测旅游环境的水质、空气、土壤等污染状况，给有关政府部门提供监测数据，同时也给游客提供旅游环境的生态状况。

（3）乡村旅游信息资源建模与共享发布技术。目前很多旅游资源都已实现了信息化。旅游资源信息化是利用电子技术、信息技术、数据库技术和网络技术手段，充分发挥各类旅游信息资源的效用，使之成为推动旅游产业发展和管理的重要手段。具体地说，旅游信息化就是把景点、景区、酒店、旅行社、交通、气候等与地理位置和空间分布有关的旅游信息，通过技术手段采集、编辑、处理，转换成用文字、数字、图形、图像、声音、动画等来表示它们的内容或特征，并加以储存与利用的过程。

在拥有了这些旅游信息资源后，该如何有效地利用这些资源将成为一个重要的问题，所以在此提出一个旅游信息资源的建模与共享发布方案。利用目前成熟的数据库技术，将所有的旅游信息资源按照一定的分类进行整理，最后录入数据库中，以达到有效的管理。另外，将提供一定的访问接口，让用户可以简单快速地查询访问到所需的旅游信息。

（4）基于全景图的虚拟漫游技术。虚拟漫游技术的特点是能让使用者获得沉浸感，即要让人产生身处远方或虚拟环境里的感觉。借助沉浸感的产生，可以方便自然地获得对周围环境的全面印象，从而可以确定自身在环境中的全局位置，以在环境中进行导航。

传统的漫游主要使用非常成熟的几何建模技术，通过手工方法建立场景的三维模型。这种方面需要花费大量时间建模，而且对显示硬件的要求很高，其漫游场景是由计算机根据一定的光照模型绘制的，色彩层次没有实际的自然景观丰富，带有明显的人工痕迹。采用分支电影技术进行虚拟景观漫游可以部分地解决这些问题，相比之下，具有一定可浏览性的环视全景图不仅可以很容易地获得，对于几何模型无法表示的自然景观也可以得到很好的效果。因此在虚拟漫游和临时场感应用中，利用全景图像是一种产生沉浸感效果比较好的途径。

在相机成像方式为纯旋转时，由于相机光心的位置不动，只是镜头方向改变，因此图像之间是没有视差的。如果把相机沿各个方面拍摄的图像拼接起来，就可以得到环视全景图。这样的图像相当于人站在原地环顾四周时看到的情形,如果人处在这种图像的环绕中则能够产生强烈的沉浸感。得到了某视点的环视全景图之后,可以用重投影的方法生成从该点向任意方向的一定视角的无失真图像。在用相机获取环境信息时,只要满足一定的条件,得到的图像就可以看作纯旋转情形的。因此对于虚拟现实技术中只需要环顾浏览的大范围场景的建模,全景图方法是适用而且可行的。

由于基于全景图的虚拟漫游系统的诸多优点,近年来它已经在虚拟商店、广告创意、景点介绍等方面有了一些商业上的应用。苹果公司的 QuickTime VR 就是一个基于图像的虚拟环境漫游系统,这个系统允许用户在虚拟环境中的点作水平 360°的环视以及一定范围内的俯视和仰视,同时允许在环视的过程中动态地改变焦距。

基于全景图的虚拟漫游系统将以浏览器插件(JAVA APPET)的形式提供交互,可以做到平台无关性,用户只要用浏览器打开就可以直接观看,左右拖曳鼠标就可以身临其境,看到 360°的环视场景。同时场景中还会提供不同的连接到其他全景的热点(Hot Spot),通过点击这些热点,即可像超链接一样转到另一个地点观看不同场景,就像在游玩一个景点的途中走过一段距离后再次驻足观看一般。

(5)乡村旅游从业人员远程教育培训技术。旅游业是劳动密集型服务行业,服务业的性质决定了从业人员必须具备良好的素质。同时,通过专业培训,增强劳动者适应新岗位的要求,提高其就业能力,以适应新的市场需求。因此,搞好旅游教育和培训工作是促进旅游就业的前提,必须重视,切实抓好。一是加强旅游行政管理人才、旅游职业经理、紧缺专业技术人才、旅游师资队伍等旅游重点人才的教育培训工作。二是整合各类旅游教育资源,充分发挥高等院校旅游专业、旅游职业院校和各类旅游培训机构和旅游企业的作用。大力发展远程教育,加快旅游教育培训制度创新。构筑学历教育、岗位资质教育和终身教育相结合的旅游教育培训体系。三是扩大旅游执业资格认证覆盖范围,完善旅游从业人员职业准入制度。

二 基于 Web 的乡村旅游系统服务平台总体设计及框架实现

整个服务平台将包括以下部分。

（1）实时信息发布系统，实时发布最新的旅游相关信息。

（2）乡村旅游辅助规划设计系统，基于乡村旅游原生态资源的模型，提供原生态乡村旅游产品设计，一体化乡村旅游产品设计。

（3）针对乡村生态环境保护的实际需求，进行生态环境监控指标及其测定方案的制订，研究基于传感器网络的乡村旅游生态环境监控硬件系统，结合公共接口，提供能够对乡村旅游生态环境进行检测和监控的系统。

（4）基于多源信息转换共享技术、GIS 信息采集及管理技术、三维场景采集及管理技术研发乡村旅游资源采集管理与共享发布系统。

（5）基于个性化分时乡村旅游策划模型的个性化分时乡村旅游服务系统。

（6）基于乡村旅游信息资源库，集成 Internet 虚拟展示技术的乡村旅游特色化虚拟漫游系统。

（7）针对乡村旅游从业者知识和业务水平低、地域分布广、时间闲散分布不均等特点，利用远程教育模式，提供乡村旅游从业人员远程教育培训系统。

第七章 吉林省乡村旅游可持续发展的保障

第一节 旅游行政主管部门的角度定位与调整

旅游行政主管部门主要从事经济管理活动，把多种旅游资源整合在一起，优化处理多种类型的乡村旅游项目，让市场成为资源调控的主要方式。在确保乡村旅游健康发展的同时，把旅游资源向区域资本转化。

旅游投资的回报周期很长，并且旅游投资正在呈现出多元化发展态势，在这个过程中，旅游行政主管部门在不断加强乡村旅游规划的同时，还要做好政策指引工作，给广大投资者提供全面的指引。充分发挥乡村旅游的优势，打造多种经营平台，充分发挥资本的作用，把所有权、管理权和经营权区分开来，在充分保护农业资源的过程中，做好开发工作，实现保护、开发良性循环发展。除此之外，旅游行政主管部门还应制定行之有效的行政法规，强化行政执法力度。保证旅游业持续发展的同时还要确保前进的驱动力。

一 旅游行政主管部门在乡村旅游创新发展中存在的问题

在乡村旅游发展尤其是乡村旅游的创新发展中，旅游行政主管部门已初步形成统一的管理规范，但仍存在这样或那样的问题。主要表现在以下几个方面[①]。

（1）乡村旅游管理的要素缺失。对于某些乡村旅游项目来说，管

---

① 蒙睿、周鸿：《乡村生态旅游》，中国环境科学出版社2007年版，第146页。

理目标主要为食宿层面，比如制定菜品价格、住宿标准等，而涉及特色（农家风味）、环境（绿色环境）、服务（服务水平）、销售（网络预订）等内容力度不够。

（2）乡村旅游管理规范缺失。通过抽查乡村旅游项目，本书了解到，尽管乡村旅游已经存在了很长一段时间，但是相关部门一直没有制定管理制度。在配置旅游事业过程中，当地政府也以口头传递和短期培训活动为主。

（3）没有成立相应部门或抽调人力分管乡村旅游工作。在农村地区，为了发展第三产业，往往会选择乡村旅游项目。不过，在实际发展过程中，对旅游项目的管理明显缺失，特别是管理人员数量较少。实际管理人员往往是各村的管理人员，因为这些人平时工作比较忙，所以没有多少时间从事管理工作。

二 旅游行政主管部门的角度定位与调整

目前，世界上很多国家都把乡村旅游视为一项政治任务或者是公益事业，社会功能明显大于经济功能，给国家或者地区经济发展增添了强大的动力，以政府制定的各项政策为指引，制定有效的措施，推动乡村旅游事业向更好的方向发展。在分析国际社会乡村旅游经验发展的基础上，整合当地旅游发展资源，明确行政主管部门在乡村旅游事业当中的责任和功能。

（1）建立健全法律法规，明确经营行为。在发展乡村旅游进程中，必须明确旅游市场发展方向，提升互联网服务质量，让行业管理机构更好地为乡村分时度假旅游发展做出应有的贡献，规范经营者的服务行为，取缔一切影响旅游事业发展的不利因素。从这一点分析，国际上那些完善的法律法规是值得我们借鉴的。比如，1994年，西班牙瓦伦西亚大区颁布实施的《乡村住宿法》，明确了乡村住宿的相关内容，并且对从事住宿管理的相关人员进行了明确；除此之外，行政管理部门还要做好乡村旅游管理工作。

（2）对经营乡村分时度假旅游产品的企业建立严格的审查制度。充分发挥外部审计和反馈管理的作用，对相关服务企业进行有效审查，第一时间做好信息公布工作，明确信息对外公布制度，一旦发现违法经营行为，坚决予以打击。

（3）给予资助，帮助乡村旅游提高质量。涉及资金帮扶问题，第一，根据乡村旅游事业实际情况，做好基础设施建设工作；第二，针对乡村旅游协会发展情况，做好扶持工作，构建信息交流平台。通过分析国内外乡村旅游事业发展情况，我们发现非政府组织的作用是非常重大的。1992年，美国建立了非营利组织——国家乡村旅游基金（NRTF），它的主要作用是开展项目规划、募集和发放资助、提供宣传。为了更好地发展乡村旅游事业，还要强化互联网服务工作，拓展旅游合作范围，积极开展国际旅游项目，把联邦旅游项目做大做强，打造一个相对完美的森林服务体制。

（4）推动国际合作，扩大游客来源。悠久的历史文化以及快速发展的现代文明，已经成为吸引国外旅游者的重要因素。世界旅游组织有言，到2020年，中国会成为全世界旅游的胜地。从这一点可以看出，我国旅游事业还有很大的发展空间。因此，同国际分时度假公司合作，除了能够拓展旅游市场之外，还能有效地推动国内旅游事业持续向前发展。从这一点可以看出，强化旅游行政主管部门的管理意义重大。

（5）加强教育，培育乡村旅游专业人才。旅游企业运营和旅游行业管理是一个需要专门的管理科学和管理艺术的综合性领域，需要专业化管理人才。随着更多的投资主体的进入，以及企业管理和行业管理水平的提升，我国旅游产业对经营管理人员的需求将在质量和数量方面提出更高的要求。从我国旅游行业人力资源结构，尤其是乡村旅游从业人员结构上来看，总体上呈现出低学历、低专业教育、低职业化的特征。

所以，在今后除了加强对在校学生的学历教育以外，各级旅游行政主管部门应该大力加强对管辖范围内人力资源需求数量、类型的预测，制定中长期的旅游人力资源规划，并强化对包括管理人员岗位资格培训、工作技术登记培训、适应性培训、国外培训和承认学历教育等各个方面的指导性工作，为产业的发展提供合格的人力资源。

第二节 乡村旅游行业协会组织的角色定位与调整

行业协会介于国家和企业之间，是一种服务性质的中介组织，不参与实际交易行为，但是可以在公平、公正、公开原则基础上，维护双方的利益。

当下，国内旅游行业管理正在由政府型慢慢转向市场型，作为中间服务型组织，行业协会的作用越来越明显，甚至有种要代替政府部门发挥作用的迹象。

数据显示，国内现有2万多个省级以上旅游协会，会员也遍布国内大型旅游企业集团、国际旅行社、高星级饭店、世界自然文化遗产和著名旅游景区，在国内旅游事业总量当中，它们所占的比重也是最大的[①]。不过，从实际发展情况分析，它们表现出了明显的先天性缺点，而旅游协会本身也显露出了很多缺陷，比如说，行业协会各部门的职责分工不清晰，不能很好地适应市场经济发展的需求，这些缺陷问题都需要不断地进行完善。

一 旅游行业协会在乡村旅游创新发展中面临的问题

旅游行业协会在乡村旅游创新发展中面临的问题既有一般旅游行业协会遇到的典型问题，又有乡村旅游创新发展中遇到的特殊问题。

（1）行业覆盖面过窄，综合协调功能发挥受阻。我国大部分旅游行业协会从体制内脱胎而生，作为一种治理机制缺乏有效需求。目前我国旅游企事业单位的总数为30万个左右，但是加入省一级旅游行业协会的会员企业数量仅为2万个不到，覆盖率不超过全行业企业总数的70%。由于覆盖面过窄，缺乏行业代表性，也意味着协会所能掌握的企业和行业的信息不充分，难以发挥综合性的协调功能。

---

① 唐洪广、张越、张浩：《中国旅游行业协会发展的思考》，《中国旅游报》2003年1月3日。

（2）旅游协会的职能表达不畅，功能过于单一。旅游协会虽然有多元的职能，能够满足不同主体的不同利益需求，因而可以有效团结和集合旅游业大多数企业会员。但是，在我国当前旅游协会的运作过程中，职能单一化的弊端极为明显。很多旅游协会一味地强调管理职能却忽视了服务职能的重要性。尤其是乡村旅游的创新发展中，分时度假和乡村旅游网络信息服务这两大创新点的加入，更加凸显了旅游行业协会在乡村旅游中的服务性功能。旅游协会要想管理好企业会员、实现管理职能，首先要得到会员的支持。这就取决于它是否可以有效地成为企业的代言人、企业利益的维护者和服务者。

（3）组织缺陷，资金紧缺。目前，在各级旅游行业协会中，协会领导均由政府主管部门任命或仍由旅游主管部门领导兼任，行政色彩浓厚。协会中人员结构不尽合理，人员年龄老化，缺乏旅游业专业知识，不熟悉市场情况，不能代表行业利益。此种情况在乡村旅游中尤为凸显，乡村旅游中的协会组织有一大部分为村民自发组织，缺乏旅游与管理方面的人才。

另外，协会的管理资源紧缺，很难提供充分的信息服务和开展集体性的协调活动。经费不足已成为影响行业协会为会员服务和寻求自身发展的瓶颈之一。

二　旅游行业协会组织的角度定位与调整

当下，国内旅游协会呈现出良好的发展势头，并且面临着非常好的发展机遇。第一，国家正在进行组织机构调整，管理模式正在向行业管理方向转变，国家将减少行政管理强度，行业协会的作用更加明显，这就为旅游行业协会的发展提供了更有利的发展机会。第二，全球经济一体化进程明显加快，我国旅游协会同欧美等发达国家之间的合作日益加深，国外先进的旅游协会管理模式正在持续地影响国内旅游行业的发展。第三，民营企业有了很大发展，市场经济意识非常突出，这也为旅游行业发展提供了强大的助推力。

除此之外，对于乡村旅游创新事业来说，分时度假、网络服务以及乡村行是显著特点，这也是乡村旅游区别于其他旅游形式的重要方式。

在这样的时代背景下和创新发展中，旅游行业协会必须抓住机遇，定位好自己在旅游发展中的角色地位与功能。

（1）为企业提供服务是旅游行业协会组织最重要的功能。为企业提供服务是旅游行业协会组织最重要的功能。受资金和人力资源等因素的影响，乡村旅游很少聘请行业专家或者学者进行专业指导，这也使得经营范围受到极大限制，特别是涉及乡村旅游发展创新事业，只有不断地引进新理念，才能更好地为地方乡村旅游事业发展贡献力量。例如：①帮助工作人员和企业进行调整和转型。②通过开办各种培训班、建立培训中心等形式，培训各类专业人才，提高当地工作人员为适应创新发展所需的专业技能。③通过设置不同内容的信息库，推进乡村旅游服务信息化，定期发布当地旅游动态和餐饮住宿信息，为会员提供信息服务。为了更好地发展乡村旅游，加拿大分别于1977年、1990年成立了乡村度假农庄协会（CVA）和土著旅游协会（CNATA）。涉及休闲农业协会的发展问题，中国台湾更加看重互联网发展机会，做好分工合作，退出了区域合作旅游项目，进而更好地推动以奇观、氛围、风景为主题的"情境消费"产品的开发，进而保证旅游产业有序发展。2004年，北京市民政部门组建了国内第一个观光休闲农业协会，推出了"北京乡村旅游网"，经过几年的发展，又推出了一些非常有意义的旅游活动，无论是社会影响力还是社会信誉度都有了显著提升，不过协会的具体作用还需要明确。④定期开展各项旅游活动，提高当地旅游在更大范围内的影响力，如由吉林省旅游协会举办的2007年浙江美丽乡村旅游展示评选活动在全省乃至全国都颇具影响力。⑤召开国际研讨会，接待国外代表团，加强与国外的交流与合作，推动本地乡村旅游走向国际市场等。

目前，我国旅游行业协会为会员提供的服务种类还比较少，服务内容也比较单一。行业协会应该尽快通过组织创新和功能创新，增加为会员企业服务的类别，提高服务质量。

（2）积极参与旅游行业管理工作。在实际发展过程中，难免同行政主管单位进行交往，也就导致行业协会必须更好地协助行政管理部门开展工作。面对日益完善的市场经济体制，政府部门必须抛弃大包大揽的传统管理方式,把传统的管理权限给予行业协会。可是,在参与行业管理过程中,这些部门没有进行创新,仍然采用传统的行政管理模式,过多地干预市场实施环节,中介机构处于尴尬地位,行业协会的作用没有充分发挥出来,严重影响了国内旅游协会的发展。因此,针对旅游行政管理单位来说,在制定行业制度和行业标准的时候,应该充分发挥旅游行业协会的作用,积极探索更加广阔的发展空间。

(3)监督、协调和维护企业合法权益,创造和谐的行业氛围。在管理会员企业过程中,国内旅游协会往往制定自律公约进行约束。从实际情况分析,国内很多旅游协会的影响力都比较小,并且没有给会员企业最好的服务,因此,也就不能得到会员企业的真正认可,并没有真正发挥行业协会的监督作用。涉及企业的合法权利问题,尽管有些行业协会也付出了很多努力,但是,因为自己实力比较弱小,不能对行政管理部门产生很有效的影响力,而且各级协会同行政管理部门之间存在很多联系性,最终导致协会的组织功能没有得到应有的展示,未来发展空间依然非常大。

从这一点可以看出,国内市场机制依然存在很多缺陷,为了更好地维护旅游市场秩序、强化行业自我约束行为、开展文明竞争,行业协会还需要更好地配合政府部门开展管理工作,在推动乡村旅游创新事业发展的同时,保护好相关人员的权益。

第三节 法制道德建设

对于乡村旅游创新发展事业来说,分时度假是切入点,这就需要充分发挥旅游行政主管部门和行业协会的作用,积极探索法制道德建设的新路子。第一,做好法制建设,除了能够更好地规范分时度假参与者的各种行为之外,还能有效强化分时度假的良好信誉,保证旅游者的权益;第二,能监督和规范乡村旅游健康发展的各种行为。对于创建和谐社会以及和谐乡村来说,道德建设的作用异常巨大,除了能够保证乡村的各种风俗风貌之外，还能在一定程度上提升民众的综合素质，推动乡村更加持续有效地发展。

一　乡村旅游创新发展的法制道德问题

本书以分时度假作为乡村旅游创新发展的突破口，所以这里所指的乡村旅游创新发展的法制道德问题，主要是指分时度假引入乡村旅游所面临的法律道德方面问题，以及乡村旅游创新发展后对乡村原风原貌的影响问题。

（一）信用制度不完善

尽管实施了分享原则，消费价格显著降低，但是从实际消费层次来看，分时度假依然属于高档消费行为。该种消费行为的成本非常高，几乎占据了营业收益的一半，更甚者高达60%。受此影响，销售人员往往会得到较高的收益，也因为如此，才出现了不择手段的行为，比如诱骗性旅游消费等。此外，分时度假业务还具备"期权"特点，并且有效期比较长，一般在30年之上，消费者需要一次性购买，在未来很长一段时间内逐渐享受权利，这也为不法分子提供了机会。此外，有些分时度假产品本身的销售行为就不够规范，消费者对这种事物也不够了解，尽管，国内很早就出现了分时度假，但是也存在很多虚假宣传行为，所以就导致分时度假想要进入乡村旅游行业会面临很大的困难[1]。

（二）法律法规空白

从发展历程分析，分时度假属于市场经济发展到一定程度的产物，也是一种全新的旅游观念，它往往会涉及很多法律及政策性问题，尤其是怎样更好地维护消费者旅游权益的问题。2004年3月5日，中国分时度假行业在2004年研讨会和新闻发布会上发布《分时度假行业自律公约》《分时度假行业保护公约》，尽管如此，国内依然没有出现专门针对分时度假的法律法规，在很多时候，也只能参考《民法通则》《合同法》《度假权益保护法》以及房地产、金融信托、

---

[1] 由亚男、刘红阳：《农业旅游区引入分时度假的意义及策略分析》，《商业现代化》2006年第7期。

外汇管理、信息网络和酒店、旅行社等领域的法律法规来进行处理,分时度假还没有进入法治时代。对于乡村旅游来说,只要没有完善的法律法规作保证,那么消费者以及乡村旅游的各类经营者的权益就得不到应有的保护。例如,资本投机者可以借助分时度假的名义进行非法集资,一旦消费者的权益受到伤害,是没有任何法律依据进行保护的,这就使得政府、经营者以及消费者之间的矛盾逐渐恶化,社会信誉度明显下降,慢慢导致恶性行为的发生。

(三) 消费者的道德问题对乡村旅游目的地的影响

在实际旅游过程中,尽管消费者的道德弱化行为不具备普遍性,这些行为也会对自然环境、社会以及风气造成很大的负面影响,也就会对旅游行业以及地区经济发展造成严重的影响。

(1) 对自然环境的影响。只有具备良好的自然环境,旅游事业才能可持续性地发展下去,一旦周围环境出现恶化,那么,旅游事业也将慢慢地衰败下去。比如,过度采摘农副产品、污染水源、乱扔白色塑料袋、乱吃乱玩珍稀动植物等行为都属于道德弱化行为,除了会影响旅游地环境之外,还会对周围的旅游资源造成严重的损坏,同时对于旅游者本身而言也是一种损失。

(2) 对社会文化的影响。随着旅游事业的发展,地区文化也会受到严重的影响,为了更好地迎合旅游者,特别是那些需求特别的游客的需要,地方旅游管理部门会把一些独具地方特色的文化风俗进行改编,进而导致优秀传统文化市场化和世俗化,长此以往,地方传统文化就同道德低下者之间形成了一种恶性循环[①]。

针对旅游和道德之间关系的问题,我国学者保继刚和楚义芳进行了深入的研究,具体来说涉及三个方面的内容:色情、赌博以及犯罪,从一定发展程度来看,旅游的存在为色情和赌博提供了基础。伴随旅游事业发展起来的色情和赌博事业,使得社会矛盾更加激化,并且导致社会犯罪事件发生的频率不断增加。勤俭节约的优良传统慢慢

---

① 胡映、刘轶:《旅游者道德弱化及其对旅游目的地的影响》,《西北大学学报》2007年第26期。

消失，传统良好的道德风尚日趋淡化。

二 以分时度假为突破口的乡村旅游创新发展的法制建设

王婉飞（2005）指出我国目前要从四个方面着手对分时度假进行法律规制建设。

（一）政府

在行业发展之初，经营分时度假的企业素质参差不齐，行业整体规模小，但已经出现非法经营者侵害消费者的行为。所以需要由旅游行政管理部门通过对市场的调查研究，总结出当前条件下对市场进行有效规制的办法，出台分时度假管理办法，规范经营者的行为，保护消费者的权益。这时的管理手段带有明显的强制性和行政性。

（1）分时度假产品属性的界定。对分时度假产品判定应当从以下几个方面入手：第一，在设计过程中，经营产品需要面对多个消费主体，进而使得住宿设施能够分割开来使用，其中会涉及确定的和不确定的主体两种。假如，一种住宿仅供单个主体购买，并且拥有产权，进而就可以独立地使用房产，它就属于典型的房产范畴。实际上，多个主体共同使用同一住宿设施，就很可能出现纠纷。第二，对于分时度假产品来说，需要提前收取未来的消费额度，这就带有明显的"期权"性质，这当中就会很容易出现问题。而假如消费者能够在当期缴纳消费费用，往往不会引发大的侵权行为。因此，分时度假产品在实际执行过程中，往往会提前收取未来的消费费用。从国际社会流行的期限来说，往往是三年，这也是我们可以借鉴的地方。

（2）经营资格的审定。第一，涉及经营者的各种要求。国际社会针对经营者的具体性质、注册资本等都有明确的限制。对于国内分时度假来说，目前还处于发展阶段，在具体实施过程中，需要根据需求适当地采用，而且还需要针对具体的设施以及经营情况给予明确的规范。第二，涉及贸易对象的要求。从实际发展情况分析，国际性的交换网络已经形成，并且RCI和Ⅱ两家公司已经有成功先例存在，这就说明可以让国内的某些公司参与其中，借助网络交换的形式提升国内旅游产品的市场影响力，不过，在具体参与过程中，需要受到有关部门的监管。第三，对销售代理商的要求。销售商的不法经营，是给分时度假产品带来负面影响的主要因素。销售商的成本比较小，管控起来比较困难，因此必须严格地管理。面对这种情况，可以选择使用不能随意自行收取销售款项制度、开发商负责制度、销售商质量保证金制度等。

（3）建立"冷静期"制度。这是一种能够较好地保护分时度假消费者利益的方式。在这个时间段内，消费者可以申请退换货，并且不会受到惩罚，并且也会限制销售方在这个时期内收取任何销售费用。借助无条件申请退款等方式，严格限制强迫性消费行为的发生，进而更好地促进分时度假行业的持续发展。

（4）服务质量保证金制度。根据级别和类型，酒店需要缴纳的保证金也是有差别的。一旦企业违背约定，就需要承担来自行政以及经济层面的处罚。

（5）分时度假产品开发和经营管理的审批制度。例如广告审批制度，强化针对销售活动的监管，确保参与企业的合法性以及真实性。建立健全法律法规等制度，召开听证会以及研讨会，保证立法工作的完整性。这个过程中，可以用增值税取代所得税。

（6）保证行业足够的生存空间。应在加强管制的基础上，给行业的发展留出一定的发展空间。否则，对产品的过分管制将使其在重压下趋于消亡。

（7）进一步开放出境旅游市场。随着"入世"开放程度的不断提高，对等开放的要求将更加迫切，同时国家有关管理部门应进一步放开出境旅游市场，提高国民旅游素质。

（二）行业

在缺少法律制度的前提下，市场上的参与企业往往以自律形式存在。而在某些分时度假区域，往往是以行规的形式来约束企业行为的。

（1）行业协会。在本章第二节当中已经阐述过，不再重复解释。

（2）分时度假交换公司。对于交换公司来说，可以借助房产等级制度以及消费者调查方式，构建一种退出机制，保证了消费者的合法权益。

(3)信托公司。受各种要素的制约，国内信托机构往往不能承受相关的职责。为了从根本上处理这种问题，就需要放开金融行业，让国际社会的信托公司入驻国内。从当下的发展情况分析，采用银行监管模式效果是比较好的。

(三) 企业

(1)信息明示。该种方式的作用就是杜绝市场行为中，开发商误导消费者行为的发生，确保消费者在知情的前提下，真心实意地消费。在销售说明书当中，要详细地阐述产品的制度、价格、交换权益、维护、使用以及保障权益等知识，而且在推广过程中，不能出现任何形式的虚假夸大行为。

(2)合同规范化管理。从实际情况来看，市场对分时度假产品的认识程度还不够，为了保证消费者的合法权益不受伤害，对于分时度假产品来说，销售过程中需要应用统一化的合同版本，并且清楚地列出双方的权利和义务，避免违规事项的出现。对于统一化合同来说，需要明确注明消费者的购买权利，时间以及费用，在实际入住的时候，消费者还需要交纳何种费用等。

(3)销售过程管理。第一，在实际销售过程中，需要做好分时度假产品的宣传工作，让社会大众对分时度假有个全新的认识，进而才能更加积极主动地利用好各类资源，才能设计出符合市场需要的度假产品，并且慢慢形成分时度假产品的忠实客户群。第二，在实际销售进程当中，需要明确销售确认员，其职责包括与购买者共同审阅所有的法律文书，在真正购买产品之前，保证消费者对产品有个清晰的认识，在真正交易当中，还要确保消费者不受任何因素干扰。第三，对于售后服务来说，经销商必须保证在冷静期承诺无条件退款，还要解答消费者提出的各种疑问，以确立消费者对分时度假产品的信任。

(4)电子商务过程管理。在电子商务销售过程中，应严格遵守《电子商务法》等法规，防止欺骗性销售的发生。

(5)保障顾客权益。目前，我国居民的休假时间集中，居民出游时间也相对集中，在产品设计中一定要找出保障消费者权益的体系和制度，以避免旺季消费者住宿权益不能保证，形成对产品的负面影响。同时针对我国国情，企业应开发针对性产品，如可将有效期高达 30 年的产品压缩至 10 年，甚至是 5 年的周期，并进行相应的法律约束，以保障消费者的权益。

（四）消费者

（1）分时度假合同不能真正地保护消费者的权益，在某些条款当中，涉及了太多"免责"条款。而大多数消费者没有真正理解分时度假产品，为了保护弱势消费者，可以指定统一化格式的合同文本，进而有效管控那些可能存在的违规操作。

（2）在实际购买过程中，消费者可以请求分时度假销售对产品进行详细的解释，进而避免出现误导消费者行为的发生，保证消费者购买到称心的产品。此外，消费者有权利要求"冷静期"项目，进而减少欺诈行为的发生。

（3）除了购买放心的分时度假产品之外，消费者还要及时关注后续销售情况，并且还要选择那些能够开具发票的分时度假产品。

（4）分时度假往往选择会员制模式，时间 5—40 年不等。所以，在购买分时度假产品的时候不能过于盲目，进而才能减少精神以及财务损失。此外，在上述模式下，如何才能保护消费者的居住权，这也是分时度假法需要重点关注的问题。

三 乡村旅游创新发展的道德建设

对于乡村旅游创新发展模式来说，既要强化法律制度建设，还要提升道德层面的建设力度，不断提升旅游者的精神修养，强化旅游者的道德认识，提高社会道德意识，真正做到法治和德治共同发展，推动乡村旅游创新事业不断向前发展。

人们需要抛弃传统的征服自然的旧思想，摒弃以人类为中心的思想方式，不断强化旅游开发者、管理者以及消费者的环保意识。在推动乡村游创新发展过程中，除了需要懂得环保知识和旅游知识的参与者之外，还需要精通法律知识以及爱护环境的经营者，更需要爱护环境、热爱自然的消费者，让每位旅游管理者变成环境保护代言人，强化社会道德建设。在实际发展过程中，设计者、开发者、经营者、游客以及旅游管理者都是重要的组成部分，在接受规章制度制约的过程中，还必须接受来自社会道德意识的约束，形成一种自觉保护生态环境的意识，慢慢形成一种社会理念和社会舆论，以社会道德规范及道德原则为起点形成完善自我环境的目的，从而推动可持续乡村旅游深入而持久地发展。

黄震方、朱晓华（2001）指出，为了做好旅游项目的可持续发展工作，需要旅游开发者、经营者、游客等严格遵守如下生态道德观念。

（1）对于旅游项目开发来说，需要充分发挥自己的理性思维，主动承担起保护生态环境的重任，确保旅游资源和环境资源的完整性，发挥绿水青山的功效，不让人类建筑抢占自然山水的位置，保证地方植被的完整性，维护森林覆盖率，保护水土资源，防止出现水土流失现象，保证景区整洁干净。

（2）把旅游资源和旅游环境有机结合在一起，彰显社会道德的功效，在尊重自然环境的基础上，保护生态，合理开发旅游资源，确保游客的数量在承载范围之内，不能因为游客超载破坏生态环境。

（3）面对旅游资源，要形成科学的文化观以及价值观，充分认识旅游资源和环境的各种社会价值，尤其是涉及审美、认知、科学研究、文化、教育、心理和精神陶冶、人格塑造等层面的价值，从保护生态平衡角度出发，探寻那些能够被感知或者不能被感知的各种价值，不能单纯地把它视为一种被随意掠夺的自然资源。

（4）对于旅游资源开发利用环节来说，还需要把可持续发展视为重要理念，保证不影响后代子孙享受自然资源的权利，充分尊重后代人享受资源的权利，并且也为后代人享受旅游保留应有的资源。

（5）对于人类来说，旅游资源和旅游利益是有机结合体，在开发某种旅游资源过程中，我们必须重视该项目对相关资源和要素甚至整个旅游项目的影响，并且还要树立生态保护的整体性原则，把旅游资源和旅游环境真正统一起来，把人类的整体利益同旅游资源和生态保护有机结合在一起。

（6）对于生态道德建设来说，可持续发展是维护公平与和谐的重点。为了充分展示公平与和谐，在发展旅游项目过程中，还要秉承废物最小化原则，把旅游资源保护以及循环发展紧密联系起来，真正实现旅游生活化，真正实现经济效益和生态效益有机结合。

第四节 扩大开发，加快区域合作

吉林省拥有非常富集的乡村旅游资源，并且东三省也拥有广泛的消费群体，旅游市场异常火爆，未来发展势头异常猛烈，通过十余年的发展，乡村旅游业慢慢步入了一个有效的发展时期。不管是乡村旅游的规模还是资源开发力度，都有了显著的提升，游客数量每年都在增加。传统粗暴的开发模式已经不再适应市场发展的需求，甚至已经失去了应有的市场竞争力。

一 加快吉林省乡村资源整合

随着市场经济的不断发展，国内旅游行业也发生了重大变化，发展模式也由传统的"规模经济"向"系统经济"转变，资源整合已经成为时代发展的必需，在发展旅游过程中，不能再单纯地依靠简单粗犷的开发模式，而是需要从区域发展规划出发，对各种资源和条件进行整合，推动旅游事业不断向前发展。

（1）吉林省乡村旅游资源整合的必要性。因为旅游资源存在很多共性和空间层次性，所以区域性对旅游资源进行开发意义十分重大。王欣等（2005）指出，在有效整合旅游资源的基础上，能够保证旅游资源的鲜明特性；并且还能强化旅游资源的整体属性，提高自身的竞争力；减少恶性竞争的出现，让环境更加和谐；在有效保护生态环境的基础上，开发旅游资源。

吉林省的地理条件，决定了它在乡村旅游的发展落后于南方省份。由于旅游产品的错位和深度开发不足，个性彰显不力，其各乡村旅游区（点）给旅游者的印象大有"千村一面"之感，而远没有达到"一村一品"的效果。此外，吉林省乡村旅游产品以初级的农家餐饮和农家旅馆为主，开发档次不高，产品挖掘的深度不够。因此，吉林省的乡村旅游资源需要通过整合开发，以达到创新开展、提升整体品质的效果。加强吉林省乡村旅游资源空间整合，对构建该地区乡村旅游开发的空间合理布局模式，确立各城市旅游功能定位和产品开发定位，对政府加强对旅游业的宏观管理，实现市场经济条件下区域旅游空间竞争与合作并存、优势互补、联动开发的目标，以实现对生态旅游资源的有序、持续开发和利用保护都具有重要的意义。

（2）吉林省乡村旅游整合开发思路。以吉林省旅游发展整体空间布局"长吉图"为基本架构，在现有乡村旅游区（点）的空间布局的基础上，结合各地乡村旅游资源的特色与区域旅游产业的发展定位、主题形象与目标任务，综合考虑自然条件与人文历史环境、城镇体系建设、交通区位等因素，通过资源整合、空间对接、形象共立等战略，积极实施"三个充分发挥"，即充分发挥城镇依托优势，打造环城游憩带；充分发挥景区依托优势，打造特色乡村旅游区；充分发挥乡村特色资源优势，打造特色乡村旅游示范点。

二 积极推动"长吉图"旅游区域合作

在区域当中，旅游合作的本质就是做到旅游资源优化配置。保证资源配置的科学性，而优化配置则是最好的开发原则。当下，世界经济一体化趋势越来越明显，在国内区域化旅游快速发展的基础上，国内旅游行业已经慢慢形成了从景点、线路以及城市的竞争模式逐渐转化为区域化的竞争模式。

区域合作模式的出现，使得资源得到了优势互补，而对于合作关系来说，主体之间共赢成为一种趋势。对于区域来说，旅游资源合作是一种特殊的合作模式，它建立在区域优势资源互补基础之上，有效解决了旅游资源的固定性以及选择性之间的矛盾问题，进而才能更好地保证合作制度的科学实施。

（1）确立"共赢互融"的合作理念。得益于循环科学理念，有序竞争及主动合作成为社会的有效选择，这样才能实现良性发展以及合作共赢。所以，为了构建动态化的、高效的合作机制，就必须遵循共赢的发展理念，这样才能完成破壁共赢，真正地摒弃地方保护主义思想，在区域当中实现共赢。

（2）建立多层次、多形式的旅游协调机构。各级旅游行政管理部门相互协调，构建一个包括各州（市）旅游局长联席会议制度、局长办公室主任协调制度、旅游行业各部门衔接落实制度三个层次的旅游协调机构；真正调动各区域中介机构和旅游企业的协商功效。对于旅游行业协会来说，系统内不同部门之间要坚持自愿平等以及互惠互利原则，这也是旅游行业开展自我规范、自我约束、内部协调、内部监督的强有力发展方式。同各级政府旅游协调部门之间逐渐形成相互推动的关系，对于区域化旅游机制来说意义非常重大。对于不同地域来说，在成立协会的时候可以选择如下模式：旅游饭店协会、旅游景区协会、旅行社协会、旅游交通运输协会、旅游人才与教育协会、旅游者协会、长吉图旅游合作基金会等。

（3）建立"长吉图"区域旅游利益分享机制。在区域当中，因为各方利益能够实现最大化，那么旅游区域合作也就基于共同利益组建起来。所以，对于区域旅游合作模式来说，就必须构建一个区域旅游利益协作机制，这样才能有效协调各方利益。这种区域旅游利益分享机制的含义是，参与成员借助区域旅游开发政策，以各项制度建设为契机，把地方不同利益整合在一起，进而才能保证各方利益之间的有效分配。这种机制要求所有参与成员都能平等互利地进行竞争，基于此，才能保证每位成员能够获得最大化的利益。以区域旅游业发展为契机，内部各合作成员在合作协商的基础上构建利益分享机制，进而达到区域内部各合作成员之间利益科学分配的目的，确保区域旅游健康稳定向前发展。

（4）完善"长吉图"区域旅游合作的规则、制度和标准。坚持区域内经济布局和旅游产业发展区域化原则；区域内旅游市场完全开放，确保公平竞争；构建协调化的基础设施体系，实现旅游资源科学开发，切实维护生态平衡；制定各级政府间协调发展的管理制度，打造统一化的构架和遵循原则；涉及人才流动、技术开发以及信息共享等问题，还需要制定无差别化的政策。此外，旅游合作组织、协调机构和行业协会还必须坚持行业发展原则，基于国家相关法律法规，以平等、开放、互惠为发展原则，打造相对完善的区域合作体系，根据行业约定，制定检查和披露制度，对外及时宣布调查结果，阻止违法违纪以及违反行业约束行为的发生;强化彼此之间的协调沟通,为了更好地推动旅游事业发展奠定坚实基础;强化国内外沟通交流,在提高自身的基础上,加强同国际旅游的联系性。

(5)建立共同的市场信息、预警平台。区域内相关方应该积极合作,制定精品旅游线路;针对市场发展情况,做好整顿工作,保证旅游区工作顺利进行;保证区域内部各旅行社、酒店和管理培训工作有机结合,真正实现区域内部旅游信息实时互动,各种资源能够共享;构建一个高质量的旅游资源和信息互动的平台,处理好各类应急事件,做好应急和预警等管理工作,保证各旅游城市都是客源地,都是互动接待中心,在充分发挥市场管理功效的基础上,确保旅游资源科学配置。

第五节 构建乡村旅游可持续发展的生态环境检测系统

一 加快吉林省乡村资源整合

(一)统筹规划促进乡村旅游健康发展

为了响应国家号召,促进农村经济发展,做好区域旅游事业发展规划,提升农村旅游质量,切实增加广大农民收益,在发展乡村旅游健康事业过程中,需要根据地区实际情况,统筹规划,充分发挥资源优势,保证生态文明和历史文化遗产的完整性。具体实施过程如下:

(1)保证三次产业协调发展。在多数地区,第一、第二、第三产业都存在,而要想发展村镇旅游事业,就必须把第一、第二、第三产业有机结合在一起,在不断发展过程中,寻求新的突破点,保证产业新发展。

(2)生活、游览、环境并进。在做好乡村发展规划的同时,还要做好生产规划,使得村镇旅游资源得到充分应用,充分发挥度假休闲、农业科研、科学普及的作用,把优美的自然环境变成村镇的后花园,并且还能为周围群众提供一个良好的休闲场所。

（3）承继文脉，突出特点。在各个村镇当中，历史文化遗迹或者自然景观都存在差异性，基于此也就出现了各不相同的风俗人情，这些都是发展区域旅游的良好资源。

（4）设施现代、城乡一体。在规划村镇旅游资源的同时，还要做好公共设施建设工作，尤其是基础设施的现代化气息，除此之外，这些公共设施还要洋溢着当地的文化色彩。

（二）加强农村环境保护的综合对策，加强农村环境保护基础体系建设

目前，随着市场经济的飞速发展，农村城镇化水平也在不断提升，国内很多地方的村镇环境遭到了很大破坏，比如说，农村地区的饮水受到威胁，生活污水和生活垃圾对环境造成很大影响，家畜养殖对周围环境的破坏、各类化学用品的使用等，这些都是农村环境破坏的重要因素，已经对农村的生产、生活带来了极大的麻烦，阻碍了农村经济的和谐发展。当下，国家一直秉承科学发展、可持续发展的理念，还制定了很多惠农发展政策，农村整体面貌有了很大改变。未来还将重点做好农村环保工作，推动社会主义新农村不断向前发展。

与此同时，建立健全有关政策、法规、标准体系，颁布《农村环境保护条例》《土壤污染防治法》《畜禽养殖污染防治条例》《农业清洁生产条例》等相应的法规条例，从国家层面出发，强化农村环境建设；国家不断强化投资力度，积极拓展资金来源。针对农村环境治理工作，明确了管理部门，构建农村环境管控系统，从人口聚集点出发，重点强化环境治理设施建设，增加资金注入量；打造一种切实可行的监管体系，确保农村环境保护再立新功；积极主动地进行农村环境治理工作，提高农民的环保意识；真正做到清洁生产，可持续发展；在加大宣传力度的前提下，提升农民的生态保护意识。

（三）"标准化"引领乡村旅游业发展

在整治资源的过程中，充分发挥标准化的作用。旅游产业涉及的内容非常多，并且带有极强的联系性，标准化也呈现出了市场化发展要求，在标准化的影响下，农村旅游产业得到飞速发展。开展农村旅游标准化建设是市场经济发展到一定程度的产物，也是我国旅游事业

发展的一种良好写照。行政管理部门需要强化乡村旅游标准化建设步伐，制定好"乡村旅游标准"实施标准，最终确保乡村旅游健康稳定向前发展。实施乡村旅游标准化，也深层次整合乡村旅游资源的基础，其中以农家乐为代表的旅游产品最为突出，也是市场占有率最大的一种旅游形式；这种模式能够有效地提高农村剩余劳动力再就业率，带动更多的人实现发家致富；这项制度在很大程度上推动了农村社会和谐、文化交流、循环经济、生态环保等多项事业的发展。

二 构建社区参与机制，实现和谐发展

乡村旅游的社区参与是指在乡村旅游发展中，社区居民通过各种方式和行为，积极、主动地参与或消极、被动地参与乡村旅游发展的相关环节或相关层面，并且在其发展中获取相应的利益。

（一）乡村旅游社区参与的意义

对于乡村旅游事业来说，乡村社区参与是很有必要的。这种发展模式主要表现在如下三个方面。

（1）对于乡村旅游来说，社区居民既是创造者也是保持者，承载着乡村旅游发展的重要责任，没有社区居民，乡村旅游就是无根之水。所以，在发展乡村旅游过程中，社区居民的作用是不容忽视的。

（2）在发展乡村旅游过程中，社区居民拥有一致的利益和认知能力，也具备广泛的人际基础，尽管是势单力薄，但也在于人多势众。因此，对于推动乡村旅游事业来说，社区居民的作用非常巨大。

（3）为了发展乡村旅游事业，必须发挥社区居民的积极性，在实际参与过程中，社区居民也会获得应有的利益，具体如下。

第一，实现利益双赢。在从事乡村旅游事业当中，能够获得一定的经济收益，进而提升居民收益；此外，在社区居民的支持下，乡村旅游事业才能蓬勃发展。

第二，延续优良的传统文化。在积极参与乡村旅游事业当中，社区居民的整体素质持续提升，也使得乡村文化得到了传承。

第三，生态环境的保护与改善。由于直接参与其中，社区居民的环保意识明显增强，在很大程度上改善了乡村的居住环境，为更好地维护乡村生态文明贡献了巨大的力量。

（二）乡村旅游的社区参与的内容与方式

从实际发展情况分析，全国各地都在发展乡村旅游事业，社区参与水平也存在很大的差异性。在地区经济当中，乡村旅游占据多少比重，就反映出怎样的发展模式。

1. 以表演者的身份参与——行为投入

乡村旅游拥有强大的发展特色，除了静态化发展模式之外，它还延续了乡村文化的真谛。乡村文化不能少了社区居民，社区居民既是创造者也是保持者，承载着乡村旅游的发展，社区居民的生产和生活方式构成了乡村民俗、乡村风情、乡土文化，上述文化资源构成了乡村旅游的主要内容。社区居民是传统文化的传承者，在日常生产生活过程中，社区居民就在自行地进行表演。这当中，社区居民会根据旅游项目开展各种类型的演出活动，比较有代表性的就是民俗节庆活动；此外就是根据文化需求安排的工作者，这也是一种旅游表演活动。而自发表演多数为群体性活动，表演往往以居民的生产生活行为为主，把自己的真实写照反映给游客。该种类型的表演没有固定模式，以自发行为为主，往往就是最为直接的开发行为，需要做好管理和组织工作。这些表演活动不能登上大雅之堂，对于上述表演活动，会根据演出者的态度和旅游者的市场反应给予一定的奖金鼓励。

2. 以决策参与者的身份参与——信息投入

对于乡村旅游发展事业来说，社区居民是直接受益者，对于乡村旅游发展事业拥有决定权，并且能够为社区居民和企业发展贡献力量，而且还能提供一些建议。具体来说，包括从事乡村旅游规划的编制和意见修改，真正参与到乡村旅游发展事业当中去，为更好地发展乡村旅游事业献计献策，除此之外，还参与乡村旅游收益分配决策的制定。

这种参与模式主要表现为"居民—居民代表—决策层"。从居民决策权出发，召开居民代表大会，让居民充分发表自己的看法，之后，由村民代表搜集整理上报各种意见，这些意见都会用作决策的制定当中，为了更加有效地制定相关政策，还会跟相关居民进行沟通交流，充分了解他们的意见。这是一种双向沟通模式，除了能够展示居民的真实想法之外，还能根据需要灵活地对决策进行修改。

3. 以投资者的身份参与——生产资料与劳动投入

对于社区居民来说，需要从乡村旅游出发，获得最大化的收益，这就需要以投资者的身份参与其中，而不是以表演者或者决策者的身份出现。

从实际发展情况分析，现有的居民投资方式主要为集体投资模式，比如说，以集体的方式把土地投入进去，这也是一种常见的集体经济模式，而不是纯粹的个人投资活动。如何才能提升社区居民的积极性，又如何选择一种良好的投资发展模式，是管理部门需要重点考虑的问题。笔者认为，涉及投资等问题，社区居民可以多样化的方式参与，具体来说就是资金投资、土地投资和劳务投资。从法律层面分析，尽管投资过程中劳动者只能以合作者的身份出现，但是，居民的资金是比较匮乏的，这也是乡村旅游研发的一个重要课题，因此，社区居民可以采用劳动投资的方式进行。实际上，要想衡量劳动的价值是非常麻烦的，并且也为了确保流动资金的稳定性，就必须投入一定的劳动量。从这一点可以看出，主要为服务性的劳动工作，比如表演、管理、服务等。

为了更好地完善资本投资事宜，可以用股份合作有限公司的方式进行，把乡村旅游的投资额度平均分成好多份，根据投资多少，社区居民享受到应有的股份。在对劳动力进行估价的时候，必须坚持市场定价原则，并且需要由所有投资者共同来决定。投资构成分为以下三种模式："公司＋社区＋社区居民"、"公司＋社区居民"或者"政府＋社区居民"、"协会＋社区居民"。涉及具体所占比例，还需要根据总投资额度进行划分。由于每个居民投资额度是有限的，因此需要在确保固定金额的基础上，把劳动和土地折算进去。

对于股份合作公司来说，可以采用投资企业管理模式，也可以选择外聘管理模式。上述两种模式都能够参与市场竞争，并且不会因为政府经营体制弊端及社区居民管理水平相对落后所制约。投资人是企业的股东，拥有监督权和利益分配权。那些以劳动形式投资的居民，只能通过劳动或者完成相关的任务来获取收益；那些以土地、资金或者没有直接投资的社区居民，可以选择其他经营方式进行参与。随着股份合作制企业的发展，可以慢慢转变成股份有限公司。

4. 以资源环境保护者的身份参与——意识培育

对于乡村旅游资源来说，社区是重要的孕育者，尤其是在乡村旅游当中发挥着非常重要的作用，肩负着保护周围生态环境的作用。具体来说，参与自然资源和生活环境的保护工作，还包括继承和传承文化的功效，针对生态环境做好积极的保护工作。

为了做好社区居民积极参与环境保护工作，具体工作目标如下：第一，逐步提升社区居民参与环境保护的主观意识，进而保证在乡村旅游前进过程中，切实保护好各项旅游资源；第二，积极主动地引导消费者参与到保护旅游资源和环境的活动当中，尊重和理解该地区的文化风俗，切实保护旅游环境。

5. 以利益获得者的身份参与——利益分配

获得利益是社区居民参与其中的直接目的，利益分配效果如何，将会对社区参与情况产生重大影响。当下，在发展乡村旅游事业过程中，因为社区居民的参与度比较狭小，利益分配不够均匀。参与乡村旅游，社区居民主要得到经济利益、环境利益和社会文化利益，这当中，经济利益是最重要的，具体来说就是经济收益和居民生活水平的提升程度。社区居民的收益主要来自个体投资的利益分配，另外一部分就是活动表演所得，在发展乡村旅游过程中，居民创造或者创业也会得到一定收益。对于决策者来说，居民的意见能够对自身收益产生重大影响，因此，不能以决策的方式获得收益。在乡村旅游当中，最直接的收益就是居民的创业收益，在政府和行业的积极鼓励下，居民创业提供服务，能够更好地获得经济收益。而投资者的收益，主要是自己的投资分红。既然是投资，就存在一定的风险，因此，为了维护投资者的利益，政府和开发者都要保证乡村旅游朝着好的方向发展，如此，才能调动居民的积极性，才能实现共赢的目的。

三 建立乡村旅游危机管理体系

（一）构建乡村旅游危机管理体系的必要性

受全球经济一体化进程的影响，人才、信息和知识的流动性变得非常频繁，即便是局部性的小危机，也可能会演变成世界性的危机。随着世界经济的发展，世界性的旅游危机也给国内旅游行业造成了巨大冲击。从行业发展情况来看，国内旅游行业的危机意识还比较差，特别是乡村旅游，总是在被动基础上应对各类危机，因此措施显得非常僵硬，也就使得在降低危机后果上，表现得不够积极。为了保证乡村旅游事业持续发展，吉林省制定了相关政策，提升了危机意识，在分析国际旅游危机的基础上，分析国内旅游行业，形成了乡村旅游危机管理机制。

（二）构建中国旅游危机管理体系

（1）树立旅游危机意识。旅游业对周边产业的依赖性非常强，它的发展会受到很多要素的制约。此外，旅游业同其他产业的联系比较密切，必须同其他产业协同发展。不管哪个地方产生错误，都会影响旅游产业的发展。所以，旅游产业必须"凡事预则立，不预则废"，危机感是旅游产业发展过程中必须具备的意识，时刻做好应对各种危机的准备，进而才能防患于未然。

（2）建立完善的旅游危机预警系统。危机预警系统的含义是，在危机到来之前进行预警，明确危机预警信号，并且判断某种信号会带来何种性质的危险，借助危险源机制以及危险征兆进行有效的监管，根据预警信号，判断危险的级别，进而才能更好地帮助组织或者个人制定行动措施。制定该预警系统的主要目的就是将各种相对比较分散的数据整合在一起，进而才能更加全面有效地预判各种未知风险，进而更好地帮助旅游危机管理部门制定有效的管控措施，并且能变相提升应对各种危机的反应时间，缩减危机可能带来的经济损失。

旅游危机的预警系统主要涉及以下内容：信息收集、信息加工、决策及警报子系统。具体操作流程是：信息收集→信息分析或转化为指标体系→将加工整理后的信息和指标与危机预警的临界点进行比较，针对出现的警报制定应对措施→发出警报。借助制定的旅游危机预警体系，有针对性地分析潜在的各种危险因素，并且对可能发生的危险进行概率分析，就能判断本次危机带来的损失，进而给出预警。针对潜在的旅游危机要素，制定有效的防范措施以及应对预案，把可能存在的危机控制在一定范围内，把损失降到最低范围。

（3）建立良好的旅游危机沟通机制。旅游危机沟通的含义是，同社会大众媒体进行沟通交流，传递有效数据信息，让社会大众对潜在的危机有一个清醒的认识，并且对应对措施进行阐述，提高社会大众的安全感，确保社会影响朝着好的方向发展，把危机影响最小化。世界旅游组织（UNWTO）认为，只有诚实有效的沟通，才是危机管理的重点。对于社会大众来说，政府和旅游管理部门给出的信息是权威的，群众有危险信息的知情权，这样才能保证危机的透明性。当民众对信息产生不对称情形的时候，相关部门要积极主动地进行工作配合，防止危机的产生。此外，一旦发生危机，还要积极地联系媒体进行宣传，缩小负面影响的范围。

（4）设置日常旅游危机管理机构。临时性的危机管控机制不能很好地顺应时代发展的需求。因为临时性的危机管理机制存在以下几种缺点：①持续性不够，而且不能较好地保留处置经验。②在处理危机的时候，需要协调多个部门，临时机构要耗费大量的时间进行沟通，工作效率不高。③缺乏前瞻性。相比较专门的危机管理机构，临时性管理机构缺乏有效的危机处理计划或者管理机制。只有创建一种日常化的危机管控制度，才能帮助旅游管理部门第一时间做出有效的反应。

危机管控往往具备较强的专业性，因此，就需要掌握全面性的危机数据信息，而固定性的危机管控机构能够及时有效地收集整理相关信息。假如不设置日常危机管控机构，就会导致旅游危机在出现的时候不能及时得到控制。

（5）建立旅游危机协作机制。受全球经济一体化形势的影响，世界各国都可能出现危机。此外，旅游管理单位必须跟相关部门进行有效配合，进而就可以提升资源和信息的利用程度，保证应对决策的科学性及及时性，不断强化危机管控的能力。所以，从国际社会危机管控情况出发，国家旅游危机管理单位还需要制定有效的应对措施，从不同区域、单位以及行业出发，制定协作政策。

第八章 结论

2013年3月17日，习近平总书记在第十二届全国人民代表大会第一次会议闭幕会上发表《实现中国梦必须凝聚中国力量》的重要讲话。习近平总书记指出，"中国梦"是民族的梦，也是每个中国人的梦。对于"中国梦"的理解，不同的人会有不同的体会，特别是对于不同行业、不同领域来说，"中国梦"更是有着独特的表现形式。一直以来，农业在国计民生中的基础性作用是显而易见的，正所谓"农业不举，百业不兴"。可见，实现大国梦、强国梦，离不开加快农业和农村经济的发展。发展乡村旅游的目的是实现农业和旅游业的可持续发展。乡村旅游在吉林省的兴起为吉林省农业的发展提供了新思路，为农民创收提供了新的来源。树立"大农业、大生态、大旅游"的思想，改变传统落后的封闭式农业生产模式，积极调整产业结构，建立各具特色的农业生态系统模式，把农业生产、民俗文化、旅游活动相结合。塑造新形象，发展大旅游，只有这样，才能保持吉林省乡村旅游可持续发展。

本书得出以下几方面结论。

（1）在综合前人研究的基础上进一步明确了乡村旅游概念和乡村旅游资源概念。"乡村旅游"是"人们为了解除所处恶劣生态环境的困扰、追求人类理想的生存环境、追求健康长寿和心情愉悦，而到具有良好生态环境条件的农业旅游区去度假休憩、保健疗养和娱乐，并达到享受农业生态效益、了解农业、认识自然、保护自然目的的旅游活动"。"乡村旅游资源"是"能够解除旅游客源地人们所处恶劣生态环境的困扰，解除生态旅游者身心疲倦，使生态旅游者心情愉悦、健康长寿等的良好农业生态环境和农业生产系统"。

（2）通过实践调研，总结出了吉林省乡村旅游发展现状，包括资源现状、客源现状以及 SWOT 分析，通过吉林省乡村旅游发展现状发现其存在的诸多问题，如对乡村旅游认识不足、农村生态景观被破坏、盲目建设缺乏整体规划、市场定位不明确、产品结构单一、旅游活动参与程度低和主要的法律问题。

（3）针对吉林省乡村旅游发展中存在的问题，结合"中国梦"提出了吉林省乡村旅游发展的对策，包括明确乡村旅游概念、科学规划合理开发、完善城市周边农村的交通体系、加强品牌建设、扩大产品知名度、提高旅游活动的参与程度、建立高水平的管理和从业人员队伍、加强信息化建设和相关的法律法规的建立。

（4）指出分时度假模式是吉林省乡村旅游创新发展的路径。大力开展吉林省分时乡村旅游，可以提升吉林省乡村旅游（农家乐、渔家乐）的服务与管理水平，形成乡村旅游服务和管理的创新模式，促进吉林省乡村旅游产业升级，实现跨越式发展和可持续发展，推动吉林省新农村建设，解决"三农"问题，做好扶贫文章，拉动内需，满足当前人们乡村休闲旅游时尚化、特色化、个性化及信息化需求。

（5）提出吉林省乡村旅游可持续发展的保障对策。吉林省旅游行政主管部门和乡村旅游行业协会组织要明确角色定位并进行调整。结合本省具体情况制定乡村旅游分时度假的法制制度。扩大开发、加快"长吉图"区域合作。构建吉林省乡村旅游可持续发展的生态环境检测系统。

本书依旧存在不足之处，乡村旅游产品的开发涉及面很宽，限于研究时间和调研地域有限，本书有许多尚未解决的问题，如没有对吉林省乡村旅游资源以及客源市场进行深入分析，对于乡村旅游管理也缺乏深入研究，对"中国梦"与吉林省乡村旅游发展之间的联系阐述不够深入，许多问题还有待于深化，这也是今后研究中应努力去做的工作。

附录

吉林省乡村旅游调查问卷

亲爱的朋友：您好！

北华大学为深入调查研究吉林省乡村旅游情况，并形成学术研讨和论文，特组织了这次对吉林省乡村旅游的调查活动，希望能够得到您的支持和协助。本次问卷调查耽误您宝贵的时间还请原谅，请您认真填写本次问卷调查。

1. 性别：（ ）

   A. 男　　　　　　B. 女

2. 年龄：（ ）

   A. 16 岁以下　　B. 17—30 岁　　C. 31—44 岁

   D. 45—60 岁　　E. 61 岁以上

3. 职业：（ ）

   A. 工人　　　　B. 军人　　　　C. 学生

   D. 公务员　　　E. 离退休人员　F. 自由职业者

   G. 其他

4. 您的月收入：（ ）

   A. 2000 元以下　　　　B. 2001—6000 元

   C. 6001—10000 元　　 D. 10001 元以上

5. 您的最高学历是：（ ）

   A. 硕士　B. 本科　C. 大专　D. 中专/高中　E. 初中以下

6. 您来自何处：（ ）

A. 近途（吉林省内）

B. 中途（邻近省份的大中城市）

C. 远途（北京、上海、广东等国内远程地区及港、澳、台辐射区）

D. 其他

7. 您喜欢的旅行方式：（　　）

A. 自助游　　　　　　　　B. 与朋友结伴

C. 旅行社包价旅游　　　　D. 其他

8. 以前是否参加过吉林省乡村旅游活动：（　　）

A. 否　　　　　　　　　　B. 是

9. 您愿意参加吉林省乡村旅游的原因是：（　　）

A. 亲近自然　　　　B. 寻根访祖　　　　C. 朋友邀请

D. 慕名而来　　　　E. 经济实惠　　　　F. 其他

10. 您来吉林之前对吉林省乡村旅游是否了解：（　　）

A. 完全不了解　　　B. 了解不多　　　　C. 了解一些

D. 了解　　　　　　E. 很了解

11. 您对吉林省乡村旅游哪一部分最满意：（　　）

A. 自然景观　　　　B. 生态环境　　　　C. 线路

D. 食宿　　　　　　E. 农业屯产　　　　F. 旅游人均价格

G. 纪念品　　　　　H. 其他

12. 您觉得吉林省乡村旅游哪部分需要改进（可多选）：（　　）

A. 订火车、飞机票　B. 食宿　　　　　　C. 景区

D. 组织会议　　　　E. 租车

13. 您对吉林省乡村旅游都有哪些期望：（　　）

A. 线路上　　　　　B. 销售上　　　　　C. 服务上

D. 管理上　　　　　E. 其他

14. 到吉林省乡村旅游，您喜欢去什么地方进餐：（　　）

A. 特色食品小吃店　B. 农家乐

C. 中档饭店　　　　D. 其他

15. 您喜欢购买吉林省乡村旅游哪种特产/纪念品（可多选）：（　　）

A. 有机粮食

B. 松花砚

C. 有机蔬菜水果

D. 特色旅游纪念品

E. 有机禽类肉制品

16. 请您选择吉林省乡村旅游最值得去的地方是（单选）：（ ）

A. 长白山

B. 三角龙湾

C. 左家特产观光生态园

D. 松花湖

E. 其他

17. 您所认为的乡村旅游是：（ ）

A. 参观农业生产活动

B. 欣赏当地特色文化

C. 品尝特色美食

D. 三者都是

18. 您旅游时间点一般选择在：（ ）

A. 春节或者国庆长假等

B. 双休日

C. "五一"、端午、中秋等小长假

D. 任何时候

19. 您对吉林省乡村旅游的态度：（ ）

A. 很不喜欢　B. 不喜欢　C. 一般　D. 喜欢　E. 很喜欢

谢谢您的支持与合作！

吉林省主要乡村旅游景点简介

长春市

一 龙湖生态示范园（农业旅游示范点）

农业观光 休闲娱乐 会议 度假 采摘 垂钓

位于长春市双阳区奢岭镇新兴村龙须山，地处长春市和双阳区中段，占地规模为68公顷。龙湖生态示范园区将旅游业与农业结合起来，以休闲度假为主要特征。其特点是以原生态的山地森林景观为依托的观光农业。在满足游客观赏、参与、习技、科考、健身的同时，满足游客观光、休闲、度假、娱乐、购物的需要。并利用现有农业资源，把农业建设、科学管理、农艺展示、农产品加工及旅游者广泛参与融为一体，使游客充分领略现代新型农业、传统农业、生态农业的意境，满足游客远离喧嚣的城市亲近大自然的需求。

地址：长春市双阳区奢岭镇新兴村龙须山。

游览：长春龙湖生态示范园区分为六大功能区。分别为观光游览区，农业观光、采摘区，康体娱乐区，水上运动区，餐饮美食区和休闲特色住宿区。生态示范园区是以生态、休闲、绿色、有机为特色，集种植、养殖、采摘、垂钓、娱乐为一体的休闲度假的好去处。

观光游览区：观光游览区是由入口大门、绿色长廊、龙之舞广场、瀑布水榭和长亭组成，入口是标志性的仿生门廊，让你在此感受到绿色生态休闲的主脉，一块大青石横卧在大门边，石正面凹刻狂草"龙湖"两字。龙之舞广场中央高耸着一条向上蜿蜒刚劲的曲线，隐身为一条腾空而起的巨龙，广场上端设计为瀑布水榭，尽端设计为长亭，其四周植被多样，分别体现出春的娇柔、夏的绚烂、秋的妩媚、冬的神奇。在这里或湖边漫步，或林中沐浴听风，或策马奔腾，或采一朵蘑菇、摘一束山花，林荫树下小憩，宛若世外桃源。

农业观光、采摘区：农业观光、采摘区由养殖场、蔬菜园、百果园、葡萄园组成。养殖场为2.64公顷，在这里游客可以观赏到各类家禽、家畜，还可以在家禽舍自捡生态蛋。百果园为4公顷，樱桃、桃、李、杏、苹果、梨十几个品种供游客选摘，1000余株品种各异的葡萄供游人采摘。在果园、在大棚、在田间，你可尽情感受劳作的乐趣和收获的喜悦。价格：按市价计费。

康体娱乐区：康体娱乐区由游泳馆、演艺场、跑马狩猎场组成。在此可以进行各项康体娱乐活动，并欣赏具有浓郁特色的二人转演出。

水上运动区：水上运动区可以满足人们在不同季节的各项水上运动。夏季开展垂钓、戏水、赏荷和各项水上运动。冬季设有滑冰、滑雪、狗拉雪橇及滑冰车等各项冰上运动。2.5万平方米的垂钓园里存养着草、青、鲤、鲫、鲢、武昌等十几个品种的鱼供游客垂钓。价格：8—15元/斤。

餐饮美食区：在乡土气息浓郁的农家饭庄，可体会农家的饮食文化，在古风古韵的四合院可领略宫廷美味，在游览秀美园区的同时，还可大饱口福。

休闲特色住宿区：休闲特色住宿区位于园区的西北部，以龙湖为中心，由梅、兰、竹、菊四栋休闲别墅以及逍遥居、雅士居、林中木屋、水岸人家和情侣阁组成。梅、兰、竹、菊四栋别墅代表着"春、夏、秋、冬"的交替。单体建筑以日式风格设计。

住宿：龙湖生态示范园区有休闲别墅4栋、欧式别墅2栋及四星级的旅游饭店一座，可同时接待游客600余人。

餐饮：龙湖生态示范园区的"有机蔬菜"和"吉哒哒"鲜蛋已为广大游客认可。在这里可品尝到"农家菜""杀年猪""全鹿宴"。喝自酿酒，吃"大锅鱼"、小磨豆腐、贴大饼子。

交通：公交车，轻轨市区各站点→长影世纪城→转乘长双旅游专线或长双公交车到奢岭办事处即可。自驾车，市区出发→世纪广场→净月潭森林公园→奢岭办事处→龙湖生态园。

二　八家子小康示范村

农业观光　休闲度假　采摘垂钓

八家子小康示范村位于德惠市西南部，距德惠市区29公里。八家子村有5个自然屯，全村面积为10.46平方公里。小康示范村是社会主义新农村建设的典范，它将旅游业与农业结合起来，以休闲度假为主要特征。在满足游客观赏、参与、习技、健身的同时，满足游客观光、休闲、度假、娱乐、购物的需要。并利用现有农业资源，把农业建设、科学管理、农艺展示、农产品加工及旅游者广泛参与融为一体，使游客充分领略现代新型农业、传统农业、生态农业的大自然的轻松惬意。小康生活与您共享，令游客在喧嚣的都市生活中觅得一处农家乐园！

地址：德惠市西南部同太乡八家子村阁。

游览：德惠市同太乡八家子小康示范村分为八大功能区。在这里有小康村秸秆燃气供应站、现代化万头肉牛繁育场、东海花网小区、宽敞的希望广场、完善的老年社会化福利中心、秀美的滨湖公园、竞秀的君子兰养殖基地和丰美的农家小吃，令各地游人流连忘返。

绿色能源——小康村秸秆燃气供应站。秸秆燃气采取的是一种生物质气化技术。一切有生命的、可以生长的有机物统称为生物质。生物质能是太阳能的转化和积累形态之一，是一种绿色能源。秸秆燃气是一种绿色清洁环保能源。在八家子小康村秸秆燃气站，来自各地的游人可以了解到未来农村新能源的发展前景。

八家子牧业小区——肉牛繁育场。这是一个现代化水平较高的牧业小区，在这里可以了解到循环经济的发展状况。小康村生产的粮食成了酒厂的原料，酒厂产出的酒糟为牛场做饲料，牛肉变钱，牛粪还田，形成了一个有机链条，实现了粮食的过腹增值和转化增值。

农民娱乐园——希望广场。小康村希望广场，占地5000平方米，是休闲、健身、娱乐的场所，广场中央纪念碑，起名为希望，它的造型是一把金钥匙，这把钥匙打开了农村、农民进入小康社会的希望之门。广场的东侧安装了二十几套高档的体育健身器材，满足了游客健身需求。

新农村、新民居——东海花园小区。一踏入小康村，你就会产生一种从未有过的新鲜感：规划整齐的房屋、风格别致的小阁楼、火红的彩钢房顶、蛋青乳白色的墙皮、清澈明净的塑钢窗户、安全踏实的防盗门、设计精美的铁栅栏，加上笔直的马路、宽敞的广场、崭新的路灯，像一缕春风扑面而来。党的十六届五中全会提出了建设社会主义新农村的宏伟目标，未来农村将建成什么样，在同太乡八家子村，您可以先行领悟到答案。

农业发展新模式——农业机械化示范区。2003年初，同太乡在八家子村东四海川屯成立了第一个农业生产合作社，全屯66户农民以107公顷全部土地入股，实行股田制，集中连片经营，在各级农发部门的大力支持下，建立了农业机械化示范区，配置了全套的机械设备，实现全程机械化。

实现教育振兴——新建同太乡农民培训中心和同太中心小学。同太乡农民培训中心和同太中心小学合建在一栋主体四层、局部五层的综合楼内，农民培训中心是培养21世纪现代农民成长的摇篮，吉林省阳光工程办公室在此建立农村劳动力转移培训基地，吉林农业大学在这里建立了教学实践基地，每年可使上千名农民学到新知识，掌握新技能，增强致富本领。吉林农业大学、沈阳工业大学等一些高校还在这里建立了社会实践基地，学校的影响不断扩大。

实现老有所养——老年社会化福利服务中心。这里环境幽雅，福利中心的南侧是小康村人工湖，坐在楼里就可以凭窗观赏各地游人乘着扁舟登陆湖心小岛、欢娱戏水的浪漫情景。如果有垂钓的雅兴，还可以拿上鱼竿，搬一把小凳坐在湖边，尽情陶冶临湖垂钓的宜人乐趣。在福利中心大楼的西侧是7000平方米的果树园，栽满了海棠、梨、桃、杏子、樱桃、苹果等各种果树。价格：采摘和垂钓按市价。

住宿：游客可在农家乐接待户中住宿。

餐饮：夏季特色是三烀，冬季可吃笨鸡、干菜等。

交通：公交车，德惠市内经和平到达同太乡政府即可。自驾车，长春出发+102国道→朱城子→同太小康村。

周边景点：附近有郭家果品采摘区。

三　自然村

吉林省自然村旅游风景区位于长春市朝阳区永春镇境内的新立湖国家水利风景区西畔，横跨长春至营城子（辽源、通化、长白山方向）高速公路11公里处两侧的新立城加油、停车服务区。自然村景区获得建设部人居和环境规划设计双金奖方案，在15万平方米的地域内建有4万余平方米的红瓦黄墙的超大屋脊宫殿式建筑9座，分别用作游客接待中心及观景塔楼、餐饮中心、体育中心、客房中心、老年公寓、别墅、会议中心、服务中心、物业中心。

游览：景区内有湖泊和岗岭，果木、松树、白桦、冷杉、垂柳等20余种针、阔叶树群分布在景区各个角落。林中有鸟、松鼠、山鸡等多种动物，湖中有鱼、龟等多种水生物。廊、亭、台、榭、桥、拱门、石景、瀑布、牌坊、犬舍等30多处景点散布在林中、岗上、草坪、溪边。

娱乐设施：自然村景区免门票，旅游服务的康乐项目主要有室外的烟火晚会、篝火晚会、拔河、找宝、垂钓、双骑自行车、电瓶车、狗拉车等；康乐室内项目有网球馆、高尔夫球馆、游泳馆、羽毛球馆、乒乓球馆、健身馆、台球厅—斯诺克、台球厅—落袋、炮战厅、射箭厅、射击厅。室内康乐项目有50元套票和100元套票。

住宿：自然村旅游服务的住宿共有四星级酒店标准的床位500张。其中有别墅8栋（含15人的早餐，4800元/天，栋）、套房18套（含早餐，890元/天，套）、单人间22间（含早餐，598元/间）、标准间170间（含早餐，498元/间）。

餐饮：自然村旅游服务的餐饮项目是以吉菜为主的乡村绿色菜系。共有5个大餐厅（10—32桌或自助餐，均有灯光音响）、11个中餐厅（10—50人，最大桌可坐36人，均带卡拉OK设备）、10个小餐厅（10人）。自然村餐饮中心曾获首届全国饭店技能比赛东北赛区团体奖。

交通：自驾车，从长春市人民大街南行进入高速公路，一直向南往营城子、通化方向走 11 公里即到。

周边景点：长春厅遗址、普济寺、新立城水库、新立湖滑雪场、伊通火山群、黑土农田。

四　长春市乐山晓观园山庄

乐山晓观园山庄地处长春市乐山镇长兴村，沿途经过吉林省自然村和风景秀丽的新立城水库，距市中心仅 30 公里，是以"农庄文化，生态旅游"为主题的度假村。农庄占地约为 10 万平方米，是休闲、旅游、娱乐、会议、度假的理想去处，也是国内外游人团队训练、踏青、郊游、素质教育的理想选择，更是婚庆外景、剧组景点的最佳拍摄基地。

地址：长春市乐山镇长兴村。

游览：园内有果树、水井、菜园、湖水、手工作坊，凸显中国文化；瓜棚石磨、草屋篱笆、栈道凉亭使农庄更添魅力；碧水青山、亭台楼阁、白鹭栖枝构成恬静农庄的诗情画意。这里是一方净土，恰似世外桃源。农庄的娱乐主要以垂钓为主，还有篝火晚会、雅俗共赏的东北二人转表演。到了果实成熟的季节，游客还可以采摘果实，感受收获的惬意。

住宿：农庄一期拥有 20 套客房，可同时容纳百人居住、用餐。二期、三期正在建设中。农庄有 2 万平方米的人工湖畔，与客房遥相呼应。无论您是久住还是小憩，都会使您心旷神怡。

餐饮：农庄以东北农家菜为其特色，原料为农庄自产的天然绿色食品，如蔬菜瓜果、土鸡、塘鸭、河鱼、野猪、禽蛋等即食即采，保证鲜活。农庄还设有食品作坊，自酿山葡萄酒、卤水豆腐、农家酱菜，品质清纯，绝无公害。

周边景点：新立城水库。

五　江山度假村

江山度假村坐落在美丽的松花江畔，其前身是 1934 年修建中长铁路时为保护松花江铁路大桥而培植的林地，是历史遗留的尚未开发的处女地，原称松花江铁路林场。经过长期建设，度假村内野生动植物资源得到了有效保护，形成了天然公园。现有稠李子、明开夜合等野生落叶乔木灌木、桑林及人工杨柳林等200公顷、40多万株；有獾子、山兔、山鸡、大雁、灰鹤、野鸭等50多种野生动物和候鸟在这里栖息繁衍；有傍风、山玉米等20多种中药材及各种山野菜；野生鱼池面积达10公顷。

地址：松花江畔。

游览：乘坐快艇可在美丽的松花江上疾驰，也可划小船在水面上嬉戏玩耍；江山度假村荷花水面为2.5公顷，荷花绽放时争奇斗艳，游人可在长廊与方亭间小憩观赏、纳凉避暑；9月可采摘野果，穿行在林荫小路上，遍地的野花、丛林、芦苇、蒲棒，美丽的田野风光令人目不暇接。数十公顷水面波光粼粼，是垂钓者的好去处；入夜游人可在广场上举办大型篝火晚会，烟花燃放照亮夜空。

住宿：2人、3人、4人间客房60间，可容纳200人住宿，所有客房均安装闭路电视，部分房间装有空调，大型会议室可容纳150人。

餐饮：绿色蔬菜、江水炖江鱼、烤全羊、山野菜、农家饭、特色烧烤等，精加工、精烹制的乡村口味，让您流连忘返。

交通：国道102线乌金屯大桥桥北102国道400米处下道，沿围堤西行5道公里即是。

周边景点：附近有鲤鱼圈江心岛等。

六　红旗水库度假村

德惠市红旗水库于1972年12月由三胜公社动工兴建，是一座调剂型的平原水库。经过多年的不断开发建设，种植了以柳树、杨树为主的人工林，形成了独具特色的人工林自然景观。红旗水库占地面积为100公顷，建筑面积为2000平方米。新建的库区服务中心可为游客提供餐饮、休闲娱乐、住宿等服务，还建有垂钓池。

地址：德惠市米沙子镇黄家村西山脚。

游览：2600米长的水库大坝，可尽情观赏库区的风光和两岸的稻田、特色的农家小院。

住宿：2人、4人间可容纳近百人。

餐饮：特色鱼餐和特色农家饭菜。

交通：红旗水库位于米沙子镇黄家村西山脚。可由德惠→米沙子或者长春→米沙子（102国道），再到黄家村。

周边景点：附近景点有万宝山寺。

七 半拉山子风景区

德惠市半拉山子风景区地处松花江左岸，南与九台龙山、东与舒兰蛛山隔江相对，形成鼎足之势。登山顶可闻九台、舒兰、榆树三市的鸡鸣犬吠之声。奔腾的松花江水从山脚下蜿蜒而过。水光山色，艳丽天成，夏可避暑，冬可赏雪，春有繁花，秋有红叶，胜景宜人。

地址：松花江左岸。

游览：山水观光，这里有三山、一水、一桥等主要旅游景点。三山即舒兰市的蛛山（省级文物保护单位）、九台市的龙山、德惠市的喜山；一水即松花江；一桥即松花江公路大桥。既可旅游观光，又有浅水沙滩洗江浴，是避暑的好去处。

宗教旅游，康熙年间在半拉山子山上建有大庙宁波寺，香火兴盛，一些善男信女慕名长途跋涉来赶庙会。据说乾隆皇帝阅边私访曾来到这里，回京后从北京城用12匹马的马车运来一对石狮安放在大庙门前两侧。解放战争焦家岭战役期间，林彪也曾来此。1966年"文化大革命"期间被毁，到2004年宁波寺院只有一个小小的庙堂，古迹无存。2005年开始修复，现寺院占地20公顷，建筑面积为3000平方米。

餐饮：山脚处有餐厅提供特色农家饭菜。

交通：位于松花江西岸，九台、舒兰、榆树四市交界处，距德惠市区64公里，德朝公路可直达景区。

周边景点：附近有贡江碑。

八 五棵树沿江旅游区

五棵树沿江旅游区位于榆树市五棵树镇南1.5公里的松花江畔，总面积为3.64平方公里，沿江长度为20公里。主要包括湛江寺、五棵树码头、松江峡谷等景点。2006年还将启动江心岛、吉发游乐场等项目。每年农历初八、十八、二十八的三个庙会和端午节、国庆节等节假日，有数万人到这里观光游玩，是榆树市最有开发潜力的旅游区。

地址： 榆树市五棵树镇南1.5公里的松花江畔。

游览：湛江寺： 该寺建于清朝康熙年间，迄今已有300多年的历史。"文化大革命"期间寺院被毁，1992年按原有规模重建。1999年寺院上宽下演大师扩建湛江寺。寺院占地4.5万平方米，主要由天王殿、大雄宝殿、卧佛殿等构成。寺院殿阁皆为仿古建筑，青瓦飞檐，雕梁画栋，古朴典雅。

棵树江边码头： 该码头始建于1993年，约为400吨位，年吞吐能力可达2000吨，上游直达吉林市，下游可达哈尔滨。河道清淤完成后，即可启动货运客运。目前码头有游船8艘，往来于附近江面，供游客观光。

松江峡谷： 位于旅游区码头上游15公里处的松花江东岸，是由于地表土壤长期受水冲蚀形成的巨大沟壑，东西长约为1.5公里，最宽处达300米，最深处达72米，峡谷内沟壑纵横，群峰竞秀，是平原上难得一见的奇特地貌。2005年以来，国家水利部门先后投资2100多万元，栽植各种树木100多万棵，并修建一处拦河坝，既控制了水土流失，又完善了景区建设。

住宿： 距旅游区1.5公里的五棵树镇已有旅店、招待所25家，房间多为二人标间，每人每天约为10—20元。

餐饮： 旅游区有一处饭店，五棵树镇区有40多家饭店，主要经营家鸡、江鱼、干豆腐、烤羊等农家及回族特色饭菜。其中五棵树干豆腐以薄、韧、香远近闻名，曾出口到日本等国。每天餐饮消费每人为100元左右。

交通： 陶赖昭，榆陶公路至榆树市区102国道五棵树镇沿江旅游区。

九　雷劈山旅游区

雷劈山旅游区位于榆树市大岭镇北部的吉黑两省交界处，距榆树市区约45公里，最高处海拔为210.5米，总面积达100余公顷，包括雷劈山、拉林河、秀色山庄、卧龙湖等，是长春市农家乐旅游示范点之一。每年接待来自周边几个县市及哈尔滨游客约上万人次。

地址：榆树市大岭镇北部的吉黑两省交界处。

游览：采摘水果：果园面积为5公顷，有果树1万多株。苹果梨、香水梨、李子、杏、圆枣、树梅、黄太平、山丁子、苹果、野葡萄、海棠12种。

卧龙湖：水面为3公顷，鲤鱼、鲢鱼、鲫鱼、胖头鱼、草鱼、河虾等10多种。垂钓：10元/斤。

秀色山庄：面积为2万平方米，有五栋砖瓦平房，果树及风景树200多株。有客房60多间、大餐厅1处、台球室1处、乒乓球室1处，可接待200多人住宿。

拉林河：有可乘木船、汽船在山下拉林河中游览，并在河中水上餐厅消暑就餐。

住宿：有床铺140多张、农家小火炕16间，每人每天30—50元。

餐饮：烤全羊、炖家鸡、河鱼、河虾、河蟹、泥鳅、山庄自产黏玉米、高粱米饭、小米饭、咸鸭蛋、家鸡蛋，一日三餐大约为100元。

十 小乡屯旅游区

小乡是榆树市土桥镇东南部皮信村的一个小屯，是20世纪六七十年代吉林省农业战线上的一面红旗。"学大寨、赶小乡"成为当时唱响吉林大地的强音。全屯面积为150公顷，其中山地为100公顷，有5座水库。山林茂盛，树种繁多，山清水秀，环境幽雅，民风淳朴。2006年，榆树市委、市政府把小乡作为全市新农村建设试点屯，将小乡基地的红色旅游和自然景区的"绿色旅游"有机结合在一起，全面启动了"小乡"建设工程，小乡又焕发出新的生机。

地址：榆树市土桥镇东南部。

游览：小乡纪念馆：是一座有现代风格的展馆，主体建筑面积约为500平方米，分文字区、图片区、实物区三部分，在全方位展示与小乡相关历史的同时，突出齐殿云的实绩，形成名人、名地、名牌效应。

齐殿云墓：建在小乡山上，供游人凭吊。

水上乐园：建在小乡大水库，设游艇、垂钓台，在小水库观赏荷塘等景观。

生态园：开发梨山果园，有园内种养蔬菜、山药、家禽等绿色产品。

餐饮：小乡接待中心集餐饮、住宿于一身。餐饮主要经营农家特色菜肴，如家鸡炖榛蘑、山野菜等。住宿环境幽雅，价格低廉。每人每天餐饮约为 80 元，住宿为 20 元。

十一　天怡绿色食品生态园

天怡绿色食品生态园像一颗璀璨的明珠，镶嵌在美丽富饶的德惠大地上，它西靠饮马河，东临松花江，占地 10 万平方米，有近 2 万平方米的园林，种植几十种四季常青的乔灌木；5 万平方米的鱼池里养着鲇、鲤、草、鲂、鳙等十几种野生鱼类供游人垂钓；错落有致、别具特色的 10 幢江南竹楼、毗邻水边，凉气袭人；室内设有台球室、麻将机、扑克牌等供游人娱乐；2000 平方米的现代化阳光棚内，绿树、假山、鲜花、古藤相映成趣，令人感州趣味盎然，是休闲度假的上佳之地。

地址：德惠市夏家店街道办事处茶条子村。

游览："农家乐"休闲区、水上乐园、湖心亭、垂钓中心等；占地 2 万平方米的垂钓池和 5000 平方米的荷花池绿波涟漪，别具特色的 10 幢江南竹楼内可欣赏到德惠书法名家的作品。

住宿：2 人、3 人、4 人间客房，可容纳近百人住宿。

餐饮：自种农家菜，自养鱼类。香甜可口的美味佳肴。

交通：位于德惠市夏家店街道办事处茶条子村，距 102 国道仅 2 公里，近邻德朝公路。德惠市内有直通生态园公交车。附近景点有民泰渔乐山庄。

周边景点：天怡生态园对面是民泰渔乐山庄。

十二　高城子水库

库区面积为 50 平方公里，养殖水面达 2000 亩。首先映入眼帘的是万朵含苞待放的荷花，它们以特有的魅力吸引着各地的游客；库区内还养殖了各种名优鱼类,可供游人观赏和垂钓。水库内专门为游客设置了游泳区和垂钓区。水库餐厅以它特有的酱炖鱼、醉虾活吃、别具风味的农家小吃,让游客大饱口福。九曲板桥架设在荷花池上,各式的凉亭古朴典雅,可让游人在疲惫时小憩;脚踏船徐徐漂游,让游人在水上悠闲自得。

地址: 距德惠市区24公里。

游览: 高城子水库每年都以它特有的荷花、独特的风味小吃、各类游乐项目吸引着来自各地的人们。

餐饮: 水库餐厅特有的酱炖鱼、醉虾活吃、别具风味的农家小吃,可使游客大饱口福。

交通: 高城子水库,距德惠市区24公里,距102国道1174公里桩仅500米。

十三 农家乐

(一) 牧业小区农家乐

地址: 双阳区奢岭街道办事处徐家村七社,距长春市区38公里。距双阳城区34公里。

接待能力: 接待200人。

娱乐设施: 垂钓、卡拉OK、棋牌。

公共汽车/自驾车: 长春(长清公路)→奢岭(奢新公路)→徐家村;长春(双龙公路)→新安+徐家村;双阳(双龙公路)→新安徐家村。

(二) 罗家娱乐园农家乐

地址: 双阳区奢岭街道办事处罗家村五社,距双阳城区22公里。

接待能力: 接待60人。

收费标准: 140元/人·天。

娱乐设施: 垂钓、棋牌、采摘。

公共汽车/自驾车: 长春(长清公路)→奢岭(奢新公路)→罗家村;长春(双龙公路)新安→罗家村;双阳(双龙公路)→新安→罗家村。

（三）龙湖垂钓园农家乐

地址：双阳区奢岭街道办事处大屯村八社，距长春市区 25 公里，距双阳城区 24 公里。

接待能力：接待 100 人。

收费标准：150 元/人·天。

娱乐设施：垂钓、卡拉 OK、棋牌。

公共汽车/自驾车：长春（长清公路）→奢岭（奢新公路）大屯；长春（双龙公路）→新安大屯；双阳（双龙公路）→新安大屯。

（四）新民农家乐

地址：双阳区奢岭街道办事处大屯村八社，距长春市区 27 公里，距双阳城区 25 公里。

接待能力：接待 200 人。

收费标准：150 元/人·天。

娱乐设施：垂钓、卡拉 OK、有线电视、棋牌。

公共汽车/自驾车：长春（长清公路）→奢岭（奢新公路）→卜家店→新民村；双阳（长清公路）→双营子→卜家店→新民村。

（五）华大钓鱼台农家乐

地址：双阳区奢岭街道办事处奢岭村郭平屯，距长春市区 20 公里，距双阳城区 20 公里。

接待能力：接待 200 人。

收费标准：180 元/人·天。

娱乐设施：垂钓、卡拉 OK、有线电视、棋牌、梅花鹿观赏。

公共汽车/自驾车：长春（长清公路）→奢岭；双阳（长清公路）→奢岭。

（六）尖山水库农家乐

地址：双阳区鹿乡镇尖山村十一社，距长春市区 30 公里，距双阳城区 10 公里。

接待能力：接待 150 人。

收费标准：80 元/人·天。

娱乐设施：垂钓、卡拉 OK、有线电视、棋牌等。

公共汽车/自驾车：长春（长清公路）→奢岭→双营子→鹿乡镇→尖山村；双阳→双营子→鹿乡镇尖山村。

（七）红旗水库农家乐

地址：双阳区鹿乡镇蔡家村八社，距长春市区35公里，距双阳城区15公里。

接待能力：接待200人。

收费标准：60元/人·天

娱乐设施：垂钓、有线电视、棋牌、游船、唐鼓、斗鸡表演等。

公共汽车/自驾车：长春（长清公路）→奢岭→双营子→鹿乡镇蔡家村；双阳→双营子→鹿乡镇→蔡家村。

（八）世纪阳光朝族狗肉馆农家乐

地址：双阳区齐家镇曙光村一社，距长春市区40公里，距双阳城区7公里。

接待能力：接待100人。

收费标准：平时50元/人·天，周末55元/人·天，团队40元/人·天。

娱乐设施：垂钓、卡拉OK、有线电视、棋牌等。

公共汽车/自驾车：长春（长清公1路）→奢岭→双营子→双阳→曙光村；长春（双龙公路）→新安→齐家→曙光村→双阳→曙光村。

（九）西山宾馆农家乐

地址：双阳区云山街道办事处于家村西山，距长春市区38585公里，距双阳城区15公里。

接待能力：接待700人。

收费标准：住宿30元/人·天，其他根据消费情况而定。

娱乐设施：垂钓、卡拉OK、有线电视、棋牌、采摘等。

公共汽车/自驾车：长春（长清公路）→双阳→于家村→西山宾馆+双阳于家村→西山宾馆。

（十）莲花村狗肉屯农家乐

地址：双阳区平湖街道办事处莲花村二社，距长春市区30公里，距双阳城区 7 公里。

接待能力：接待 40 人。

收费标准：平时 30 元/人·天，周末 40 元/人·天，团队 25 元/人·天。

娱乐设施：垂钓、卡拉 OK 等。

公共汽车/自驾车：长春（长清公路）→双阳→莲花村。

（十一）双桥村垂钓园农家乐

地址：双阳区平湖街道办事处双桥村苗圃社，距长春市区 38 公里，距双阳城区 1 公里。

接待能力：接待 60 人。

收费标准：平时 35 元/人·天，周末 45 元/人·天，团队 30 元/人·天。

娱乐设施：垂钓、卡拉 OK、棋牌。

公共汽车/自驾车：长春（长清公路）→双阳双桥村。

（十二）杨家村狗肉屯农家乐

地址：双阳区平湖街道办事处杨家村三社，距长春市区 46 公里，距双阳城区 8 公里。

接待能力：接待 20 人。

收费标准：50 元/人·天。

娱乐设施：垂钓等。

自驾车：长春（长清公路）→双阳→杨家村；长春（双龙公路）→新安→齐家→杨家村；双阳→杨家村。

（十三）林苑酒店农家乐

地址：双阳区山河街道办事处柳树村十二社，距长春市区 72 公里，距双阳城区 35 公里。

接待能力：接待 100 人。

收费标准：70 元/人·天。

娱乐设施：卡拉 OK、有线电视、棋牌、采摘等。

自驾车：长春（长清公路）→双阳→山河→柳树村；双阳→山河→柳树村。

（十四）三专京粉酒店（朝）农家乐

地址：双阳区山河街道办事处三专村三社，距长春市区 77 公里，距双阳城区 40 公里。

接待能力：接待 50 人。

收费标准：60 元/人·天。

娱乐设施：垂钓、卡拉 OK、有线电视、棋牌等。

自驾车：长春（长清公路）→双阳→山河→三专村。

（十五）三专东大裕酒店（朝）农家乐

地址：双阳区山河街道办事处三专村三社，距长春市区 77 公里，距双阳城区 40 公里。

接待能力：接待 50 人。

收费标准：60 元/人·天。

娱乐设施：垂钓、卡拉 OK、有线电视、棋牌等。

自驾车：长春（长清公路）→双阳→山河→三专村。

（十六）农家情肚带河水库垂钓场

地址：长春市双阳区太平镇肚带河村八社，距长春市区 75 公里，距双阳城区 25 公里。

接待能力：接待 40 人。

收费标准：50 元/人·天。

娱乐设施：垂钓、卡拉 OK、有线电视、棋牌等。

自驾车：长春（长清公路）→双阳→太平土顶子→肚带河；双阳→太平→土顶子→肚带河。

（十七）金穗山庄农家乐

地址：吉林省九台市土们岭镇，距长春市 53 公里。

接待能力：接待 400 人。

收费标准：100—120 元/人·天。

娱乐设施：垂钓、卡拉 OK、棋牌、采摘、篝火等。

交通：长吉、长图铁路土们岭站西 200 米，长吉公路在山庄门前经过，从九台市乘出租车约 20 元。

（十八）隆达生态园农家乐

地址：九台市波泥河镇张家店村，距长春市 59 公里。

接待能力：接待 50 人。

收费标准：80—100 元/人·天。

娱乐设施：垂钓、划船、游泳、登山、采摘、狩猎、骑马、篝火、卡拉 OK、棋牌等。

交通：长春→吉林北线 46 公里向南经石龙村到生态园，从九台乘出租车约 30 元。

（十九）新丽村农家乐

地址：九台市九郊街道新丽村（九台市郊），距长春市约 45 公里。

接待能力：接待 500 人。

收费标准：50—100 元/人·天。

娱乐设施：特色餐饮、卡拉 OK、朝鲜族歌舞等。

交通：长吉公路北线四家子收费站北侧（九台市区西南），九台市有公交车直达新丽村。

（二十）稻香村农家乐

地址：九台市九郊街道新合村，距长春市约 45 公里。

接待能力：接待 20 人。

收费标准：60 元/人·天。

娱乐设施：采摘、烤吧、露天舞会等。

交通：长吉公路北线四家子收费站北侧（九台市区西北）。

（二十一）西部庄园农家乐

地址：长春市绿园区城西镇跃进村三合堡屯。

接待能力：接待 300 人。

收费标准：60—100 元/人·天。

娱乐设施：垂钓、采摘、农家酒楼，设有歌房、舞厅等。

交通：在市内从和平大路坐 174 路车到。

（二十二）上台绿色生态园

地址：长春市宽城区亚泰北大街 4099 号。

接待能力：接待 1000 人。

收费标准：100 元/人·天。

娱乐设施：占地面积为 3.7 万平方米，楼体主要是采用法国专利技术生产的"U"形新装饰玻璃建筑材料的球形钢结构，大厅建筑面积为 1.5 万平方米。有山水、热带植物等可观看的景观，部分包房内有卡拉 OK，室外有垂钓园。

（二十三）兰家度假村

地址：长春市宽城区兰家镇。

接待能力：接待 260 人。

收费标准：128 元/人·天。

娱乐设施：总面积为 1.54 万平方米，集度假、娱乐、戏水、休闲于一身。有垂钓园、戏水园、空中索桥、海盗船、健身房、棋牌室和卡拉 OK 室，开发了 60 余项娱乐活动。

（二十四）农村庄稼院农家乐

娱乐设施：以农家菜为特色家庭接待旅游项目，占地面积为 2000 平方米，建筑面积为 600 平方米，庭院有大棚种植蔬菜，菜区面积为 300 平方米。可采摘、加工垂钓、住宿、餐饮。

地址：长春二道区四家乡创新村。

接待能力：接待 100 人。

收费标准：40—80 元/人·天。

交通：长吉公路南线 29 公里处，四家道口往北走 400 米。

周边景点：龙湾山庄、莲花山滑雪场、莲花山度假村、朝鲜族民俗村、道口鲜鱼饮食一条街、石头口门水库。

（二十五）沈洪生农家乐

娱乐设施：集游览、特色餐饮、住宿为一体的家庭旅游接待项目，占地面积为 2 万平方米，庭院内有餐厅区、住宿区、菜果采摘区、鱼池垂钓区、停车场，菜区面积为 300 平方米，供游客采摘、加工，垂钓、住宿。

地址：长春二道区四家乡杂木村。

接待能力：接待 100 人。

收费标准：40—80 元/人·天。

交通：长吉公路南线 29 公里处，四家道口往北走 400 米。

周边景点：龙湾山庄、莲花山滑雪场、莲花山度假村、朝鲜族民俗村、道口鲜鱼饮食一条街、石头口门水库。

（二十六）盛田山庄农家乐

娱乐设施：集游览、餐饮、特色养殖、住宿为一体的综合性乡村旅游项目。园内开辟果园 3 万平方米，栽种有李子、海棠、山楂等果树，可供游客采摘，价格平均每斤为 0.5 元；观赏鱼塘面积为 4000 平方米，放养 1 万尾日本锦鲤鱼供游客欣赏，每尾价格为 1000 元。特色养殖区放养梅花鹿、鸽、鸡、猪、狗等，花卉蔬菜大棚常年对游客开放。庄园别墅设备完善，干净整洁，共计有主客房 500 平方米。

地址：长春二道区劝农山镇腰站村。

接待能力：接待 60 人。

收费标准：30 元/人·天。

交通：长吉南线 21 公里处，101 路公交车劝农站 2 公里。

周边景点：长春世界风景园、鸵鸟山庄、龙湾山庄、莲花山滑雪场、净月潭森林公园。

（二十七）润泽园农家乐

娱乐设施：是集游览、餐饮、特色种植、住宿为一体的综合性乡村旅游项目。园内开辟果园 5 万平方米，栽种有苹果、海棠等果树，可供游客采摘，价格平均每斤为 0.5 元；垂钓鱼塘面积达 8000 平方米，放养 3 万尾各种鱼供游客垂钓，价格每斤为 5 元。特色种植区共有 5 万平方米，苗木、花卉、蔬菜大棚常年对游客开放。园内客房设备完善，干净整洁，共计有主客房 600 平方米。

地址：长春二道区劝农山镇太安村。

接待能力：接待 100 人。

特色菜：鸡、鹅、活鱼、无公害蔬菜等。

收费标准：10 元/人·天。

交通：长吉公路南线 16 公里处，101 公交车劝农站 4 公里。

周边景点：长春世界风景园、鸵鸟山庄、龙湾山庄、莲花山滑雪场、净月潭森林公园。

（二十八）稷泰文化休闲娱乐生态园

娱乐设施：是集游览、餐饮、住宿为一体的综合性乡村旅游项目，园内设有迎宾楼民俗村、水上木屋宾馆、浴场冲洗房、停车场等基础设施。园内开辟果园4万平方米，栽种有李子、海棠、山楂等果树，可供游客采摘，价格平均每斤为0.5元；垂钓鱼塘面积达6000平方米，放养2万尾各种鱼供游客垂钓，价格每斤为5元。

地址：二道区劝农山镇东风村。

住宿：园内宾馆、木屋设备完善，共计有主客房400平方米。

接待能力：接待100人。

收费标准：10元/人·天。

特色菜：鲜活鱼、无公害蔬菜、笨鸡、笨鸡蛋、自产牛肉等，食消费30元左右。

交通：长吉公路南线22公里处，101公交车劝农站北行2公里。

周边景点：长春世界风景园、鸵鸟山庄、龙湾山庄、莲花山滑雪场。

（二十九）太安农家乐

娱乐设施：有东北植物园艺观赏、森林景观及林产品，有果园多处、池塘两个，有着山村农家特有的清新环境，独栋平房有4栋，总面积为400平方米。

地址：二道区劝农山镇东风村。

住宿：有房间10间，客房规格是双人间和大间，楼房面积为660平方米，房间为15间，有电视、电话，可以上网。

收费标准：双人间50元/间，100—1000元/栋。

特色菜：纯农家绿色原料，山野菜，聘农家手艺好的村嫂做纯农家菜，以大锅为主。

交通：走长春至吉林南线，距长春东方广场18公里。乘公交101小客车到镇里，转乘小面包直达。

周边景点：长春世界风景园、鸵鸟山庄、莲花山滑雪场等。

(三十) 林梦园农家乐

娱乐设施： 集游览、餐饮、特色养殖、住宿为一体的综合性乡村旅游项目，内设有观赏鱼塘、果园、特色养殖观赏区、餐厅、别墅、停车场等基础设施。园内开辟鱼塘5000平方米，放养8000尾鲤鱼供游客欣赏，花卉蔬菜大棚常年对游客开放。

地址： 二道区泉眼镇泉眼村。

住宿： 庄园别墅设备完善，干净整洁，共有主客房800平方米，可同时接待游客50人住宿。

收费标准： 30元/人·天。

交通： 走长春至吉林南线14公里。乘101小客车泉眼站3公里下车。

周边景点： 长春世界风景园、鸵鸟山庄、莲花山滑雪场等。

(三十一) 林海园农家乐

娱乐设施： 是集游览、餐饮、特色养殖、住宿为一体的综合性乡村旅游项目，内设有观赏鱼塘、果园、特色养殖观赏区、餐厅、别墅、停车场等基础设施。园内开辟鱼塘8000平方米，放养1万尾鲤鱼供游客欣赏，果园栽有李子、海棠、山楂等，花卉蔬菜大棚，常年对游客开放。

地址： 二道区泉眼镇双山村。

住宿： 庄园别墅设备完善，干净整洁，共有主客房400平方米，可同时接待游客30人住宿。

收费标准： 30元/人·天。

交通： 走长春至吉林南线14公里。乘101小客车泉眼站4公里下车。

周边景点： 长春世界风景园、鸵鸟山庄、莲花山滑雪场等。

(三十二) 华泉山庄农家乐

娱乐设施： 是集游览、餐饮、特色养殖、住宿为一体的综合性乡村旅游项目，内设有观赏鱼塘、山野果采摘区、花卉、餐厅、别墅、蔬菜大棚、停车场等基础设施。园内开辟鱼塘1000平方米，放养1万尾鲤鱼供游客欣赏，花卉蔬菜大棚常年对游客开放。

地址：二道区泉眼镇勤劳村。

住宿：庄园别墅设备完善，干净整洁，共有主客房1000平方米，可同时接待游客100人住宿。

收费标准：30元/人·天。

交通：长春至吉林南线14公里。乘101小客车泉眼站13公里下车。

周边景点：长春世界风景园、鸵鸟山庄、莲花山滑雪场等。

（三十三）松泉山庄农家乐

娱乐设施：是集游览、餐饮、特色养殖、住宿为一体的综合性乡村旅游项目，内设有观赏鱼塘、山野果采摘区、餐厅、别墅、蔬菜大棚、停车场等基础设施。园内开辟鱼塘3000平方米，放养8000尾鲤鱼供游客欣赏，花卉蔬菜大棚常年对游客开放。

地址：二道区泉眼镇泉眼村。

住宿：庄园别墅设备完善，干净整洁，共有主客房300平方米，可同时接待游客30人住宿。

收费标准：30元/人·天。

交通：长春至吉林南线14公里。乘101小客车泉眼站13公里下车。

周边景点：长春世界风景园、鸵鸟山庄、莲花山滑雪场等。

（三十四）亦东村寨农家乐

娱乐设施：是集游览、餐饮、特色养殖、住宿为一体的综合性乡村旅游项目，内设有观赏鱼塘、果园、山野果采摘区、特色养殖观赏区、餐厅、别墅、蔬菜大棚、停车场等基础设施。园内开辟鱼塘1.5万平方米，放养3万尾鲤鱼供游客欣赏，栽种有李子、海棠、山楂等果树，可供游客采摘，特色养殖有鸽、鸡、猪、狗等，花卉蔬菜大棚常年对游客开放。

地址：二道区泉眼镇胡家村。

住宿：庄园别墅设备完善，干净整洁，共有主客房800平方米，可同时接待游客50人住宿。

收费标准：30元/人·天。

交通：长春至吉林南线14公里。乘101小客车泉眼站2公里下车。

周边景点：长春世界风景园、鸵鸟山庄、莲花山滑雪场等。

白城市

一 乌兰塔拉民俗村

乌兰塔拉民俗村是依托国家 AAAA 级景区——向海自然保护区开发建设起来的村级服务接待设施。民俗村建筑以蒙古族风格为主，民风民俗沿袭蒙古族生活习惯，在起伏的沙丘上坐落着大大小小不同的蒙古包 4 座及现代接待设施，从业人员全部是蒙古族家庭，是向海乡红旗村 1998 年投资兴建的。

周边景点：松原市查干湖、乾安泥林；阿尔山温泉度假区；东北最大的风力发电场同发风力发电场等。

二 向海乌兰塔拉民族民俗村

向海民族度假村是依托国家 AAAA 级旅游景区——向海自然保护区开发建设的民俗度假村，距离县城 67 公里。民族村建筑以蒙古族风格为主，民风民俗沿袭蒙古族生活习惯，在起伏的沙丘上坐落着大大小小不同的蒙古包 2 座及现代接待设施，从业人员全部为蒙古族家庭，是 2005 年个人投资兴建的。

地址：白城市通榆县向海乡。

游览：向海自然博物馆，面积为 1200 平方米，展出动植物标本 160 多种、210 件，门票价格为 20 元；鹤岛，面积为 450 公顷，人工饲养丹顶鹤近百只，门票价格为 20 元；百鸟园，面积为 3 万平方米，人工饲养区内为重点保护鸟类，门票价格为 20 元；香海寺，面积为 2 万平方米，门票价格为 10 元。

餐饮：拥有向海宾馆（三星级）、向海专家公寓等各类不同档次的宾馆 20 家，可同时接待近 2000 人次的住宿就餐需求。同时拥有各类酒家饭店近百家。

交通：交通路线，铁路方面（开通车站）可直达北京、天津、沈阳、哈尔滨等大中城市；航空方面有附近的长春龙嘉国际机场、乌兰浩特机场等及正在筹建的白城机场。公路方面省城、县城有直达旅游客车往来，其中县城至向海每30分钟发车一次，可满足不同时刻前来通榆旅游游客的需求。

周边景点：东北最大的同发风力发电场、松原市查干湖、乾安泥林、阿尔山温泉度假区等。

三 蒙古黄榆村

向海蒙古黄榆村是依托国家AA级旅游景区——兴隆山蒙古黄榆林景区开发建设的民俗度假村，距县城约60公里。这里拥有亚洲最大的蒙古黄榆林，面积约为50平方公里。蒙古黄榆树是亚洲稀有树种，属于榆科、榆属，是天然次生林，是干旱地区沙丘岗地上特有的树种。您还可以领略这里灿烂辉煌的历史文化。敖包山文化遗址坐落在兴隆山镇西南15公里处，距今已有四千年，属母系氏族社会的晚期阶段。公主陵是这里的又一历史遗迹，是清代乾隆八年，奉诏下嫁给科右中旗九世观音保的世宗抚兄理亲王允礽第六女和淑慎公主之墓。

地址：白城市通榆县向海乡。

游览：兴隆山黄榆林，面积为50平方公里，门票价格为10元（含历史博物馆）。

餐饮：拥有各类招待所、酒家、饭店近50家，可同时接待近500人住宿就餐。

交通：科铁线横穿黄榆景区，省、市、县有直达旅游客车往来，其中县城至兴隆山镇每30分钟发车一次，可满足不同时刻前来通榆旅游游客的需求。

周边景点：向海国家AAAA级旅游景区；东北最大的同发风力发电场；松原市查干湖、乾安泥林；阿尔山温泉度假区等。

四 郁洋淀民俗村

向海郁洋淀民俗村是依托向海南景区开发的民俗村，距县城90公里。这里铺青叠翠，苇荡连绵，湖色碧绿，烟波浩渺，似洋如海，故名传郁洋淀。郁洋淀无论从水面、芦苇面积还是自然景观的观赏性、原始性上都久负盛名。新村占地1万多平方米，5个蒙古包大小不等，错落有致，传统的五彩缤纷的蒙古族狼牙旗迎风飘扬。走进蒙古包，你既能领略到原始古朴的民族风情，又能感受到现代文明的芬芳气息。新村南面是开阔平坦的大草原，绿草如茵，羊群如云，宛若一派塞外草原风光；东面是山林古树，山葡萄、茜草等蔓生植物依附而生，是山鸡、野兔、狐狸、獾貉的乐园；西面湖泊碧波粼粼，轻舟荡漾；北面万顷蒲海苇荡，鱼跃蛙鸣，是野生动物的理想天堂，丹顶鹤等珍稀鸟类不时常来光顾。当登上瞭望塔远眺，白云、蓝天与你拥抱，秀美绮丽的景色尽收眼底。

地址：白城市通榆县向海乡。

游览：芦苇荡，面积近百平方公里，门票价格为 10 元。

餐饮：新村拥有蒙古包 5 座，可接待百余人住宿就餐。同时，牧场场部还拥有不同档次的招待所、酒家、饭店近 50 家，可满足不同游客的需求。

交通：科铁线横穿黄榆景区，省、市、县有直达旅游客车往来，其中县城至兴隆山镇每 30 分钟发车一次，可满足不同时刻前来通榆游客的需求。

周边景点：向海国家 AAAA 级旅游景区；向海黄榆林国家 AA 级旅游景区；东北最大的同发风力发电场；松原市查干湖、乾安泥林；阿尔山温泉度假区等。

五 白城市莫莫格民俗村

莫莫格民俗村位于镇赉县境内的莫莫格蒙古族乡西北部，民俗村中心旅游区是以莫莫格保护区局址岛为旅游核心区，由 3000 多公顷水域环绕而成的绿色小岛，呈三角形分布，水波荡漾、瓜果飘香、环境优雅、秀色迷人。有野外观鸟游、草原风光游、蒙古风情游、生态体验游、环保科考游等系列项目。在这里，可以体验蒙古族草原的风情。

地址：镇赉县境内莫莫格蒙古族乡西北部。

六 农家乐

（一）福满楼酒家农家乐

地址：通榆县向海蒙古族乡政府所在地。

接待能力：可接待 100 人就餐，300 元/桌。

娱乐设施：设有多功能厅，附近有鹤岛、博物馆、百鸟园、游船渡口、香海寺等景点供游人游玩。

交通：长春至向海、白城至向海、通榆县城至向海有旅游客车往来。

（二）农行度假村农家乐

地址：通榆县向海蒙古族乡政府所在地。

接待能力：接待 160 人住宿、260 人就餐。住宿每人每天 40 元，住宿人员就餐优惠。

娱乐设施：设有多功能厅、不夜城激情广场、篝火晚会、蒙古族歌舞表演等。

交通：长春至向海、白城至向海、通榆县城至向海有直达旅游客车。

（三）福元大酒店农家乐

地址：通榆县向海蒙古族乡政府所在地。

接待能力：300 元/桌。

娱乐设施：设有多功能厅，附近有鹤岛、博物馆、百鸟园、游船渡口、香海寺等景点供游人游玩。

交通：长春至向海、白城至向海、通榆县城至向海有旅游客车往来。

（四）鸿大阁酒家农家乐

地址：通榆县向海蒙古族乡政府所在地。

接待能力：接待 80 人就餐，300 元/桌。

娱乐设施：附近有鹤岛、博物馆、百鸟园、游船渡口、香海寺等景点供游人游玩

交通：长春至向海、白城至向海、通榆县城至向海有旅游客车往来。

（五）向海屯酒家农家乐

地址：通榆县向海蒙古族乡政府所在地。

接待能力：接待 150 人就餐，300 元/桌。

娱乐设施：附近有鹤岛、博物馆、百鸟园、游船渡口、香海寺等

景点供游人游玩。

交通：长春至向海、白城至向海、通榆县城至向海有旅游客车往来。

（六）香海村酒家农家乐

地址：通榆县向海蒙古族乡政府所在地。

接待能力：接待50人就餐，300元/桌。

娱乐设施：附近有鹤岛、博物馆、百鸟园、游船渡口、香海寺等景点供游人游玩。

交通：长春至向海、白城至向海、通榆县城至向海有旅游客车往来。

（七）杏花村酒家农家乐

地址：通榆县包拉温都蒙古族乡政府所在地。

接待能力：接待40人住宿、就餐。住宿每人30元，就餐300元/桌。

娱乐设施：设有休息室，附近可观赏杏树林。

交通：通榆至包拉温都旅游客车，每小时发车一趟。

（八）树河酒家农家乐

地址：通榆县包拉温都蒙古族乡政府所在地。

接待能力：接待20人住宿、就餐。住宿每人40元，就餐300元/桌。

娱乐设施：设休息室，附近可观赏杏树林。

交通：通榆至包拉温都旅游客车，每小时发车一趟。

（九）金花酒家农家乐

地址：通榆县包拉温都乡半拉格森村。

接待能力：接待20人住宿、就餐。住宿每人30元，就餐300元/桌。

娱乐设施：设休息室，附近可观赏杏树林。

交通：通榆至包拉温都乡后有出租车前往半拉格森村。

（十）长胜农家饭庄农家乐

地址：通榆县包拉温都乡半拉格森村。

接待能力：接待20人住宿、就餐。住宿每人30元，就餐300元/桌。

娱乐设施：设休息室，附近可观赏杏树林。

交通：通榆至包拉温都乡后有出租车前往半拉格森村。

（十一）中信旅游度假村农家乐

地址：通榆县向海蒙古族乡政府所在地。

接待能力：接待100人就餐，50人住宿。住宿每人30元，就餐300元/桌。

娱乐设施：附近有鹤岛、博物馆、百鸟园、游船渡口、香海寺等景点。

交通：长春至向海、白城至向海、通榆县城至向海有旅游客车往来。

（十二）东林生态林果园农家乐

地址：查干浩特旅游经济开发区岭下镇红石岭村，距白城市45公里。

接待能力：60人。

收费标准：平时120元/人·天，周末160元/人·天，团队80元/人·天。

娱乐设施：棋牌、采摘等。

公交车/自驾车：白城市客运站（白城—镇西）→岭下镇；302国道→白城市→岭下镇。

松原市

一 伯都村

伯都村地处松原市、宁江区伯都乡，自古以来就是满族的发源地。该村北部是拥有九十九道弯之称山坎，南部是伯都讷古城古遗址群落，辽国和金国曾经在这里发生过战争。到了明清时期，朝廷设置了驿站，因此也留存了很多遗址和文物，民风十分浓郁。到了夏天，该地风景秀美，冬天，被皑皑白雪覆盖，非常壮观。到处都是农家色彩。而到了夜晚，万家灯火，映衬着夜光，形成了最美的景致。

地址：松原市宁江区伯都乡。

游览：春季，杏花、丁香花竞相争艳，是游览的好时节，处处洋溢着泥土的味道。夏季，远处小山旖旎，湖水清澈见底，田野一望无际；秋天，各种瓜果香飘四溢，生态园成为旅游者的胜地，到处都是丰收的气息；而冬季则是静谧的季节，皑皑白雪，人们可以参与滑雪溜冰等活动，在农家院体验过大年的风俗，淳朴的生活气息带来一种喜庆的气息。

住宿：该村共有626户人家、2100人，能够接待旅客的住户有20家，每天的接待量为500人。旅店3家，能够容纳100人入住，此外有10家餐厅，可以同时让400人就餐。

餐饮：饮食方面主要是农家特色，主要包括锅贴、大饼子、玉米粥、大楂粥、黏豆包、大锅炖江鱼（牛尾巴、鲫鱼、鲇鱼等）、炖大鹅等。收费标准：50—60元/人·天。

交通：公交车：在松原火车站乘坐1路、2路公交车，在宁江区第四百货商店下车，换乘直达公交车。自驾：从宁江区第四百货商店直接开车到伯都村。

周边景点：伯都讷古城、新安古城、杨家古城、环岛湖等景点。

二　伯音花村

伯音花村隶属查干花镇，在郭尔罗斯县城以西80公里处，方圆7100公顷，其中林地为120公顷，次生林占地3230公顷。从古至今流传着美丽的传说：达吉道堡（汉译坨子）和神树，处处洋溢着神秘气息。伯音花草原的水草丰美，占地2100公顷，从达吉道堡向四周观看，到处是水草，一望无垠，在微风的衬托下，羊群似云朵飞絮，给人一种心旷神怡之感。白云、绿草、骏马、牛羊构成了美丽无瑕的天然画卷。

西南部是万顷苍翠的天然次生林，上百年的古榆树是那么苍劲有力；北部为圆泡子，水清澈见底。山清水秀，天空湛蓝，水草丰美，牛羊成群，百花争艳，毡包洁白，在此处旅游，除了可以欣赏辽阔的草原景色之外，还能观看自然风光；也可以到农家做客，领悟蒙古族的人情；亦可以驰骋在无际的草原或者是驱车漫游，除此之外，还可以体验射箭、摔跤、投布鲁、套马等传统民俗活动和蒙古族的歌舞晚会。在七八月的时候，那达慕大会在查干花草原举行，场面宏大，特色鲜明，非常动人。

地址：距前郭尔罗斯县城西80公里的查干花镇。

游览：春季，山杏花、马兰花以及拥有百年高龄的古榆树都是观赏的好景致。在草地和树林之间驱车行走，享受大自然的静美风光，令人心旷神怡；夏季，该地气候宜人，鲜花盛开，水草丰美，萨日朗花在草原各处盛开，夜宿蒙古包或者林地之间，仰观漫天星斗，大自然的风光尽收眼底；秋季，李子和海棠果成熟，游客可以在园中尽情采摘，大雨过后，还可以在树林之中采摘蘑菇，夜晚围在篝火旁开晚会，吃着蒙古族的烤肉，看着美丽的歌舞。冬季，皑皑白雪覆盖大地，到处洋溢着银色，北国风情展现无遗，留宿牧民家中，坐在火炕上听蒙古族的马头琴，同牧民一起过大年，民俗风情展现无遗。门票：10元/人；骑马：50元/人·小时。

住宿：该村是典型的蒙古族村落，拥有664个住户、2319人，该村民风淳厚，村容非常整洁，在2002年到2004年，一直是市级文明村，有五户可以接待游客，每天的接待量是500人；该村拥有帐篷50个，能够让100多人露营；蒙古包25个，能够让200人入住和就餐；此外，农家乐还能容纳100多人入住。住宿标准：蒙古包20元/人，帐篷50元/顶，农户家10元/人。

餐饮：野生的婆婆丁、苦麻菜、青麻菜等都是很有营养的野菜，此外就是带有蒙古特色的奶制品、烤全羊、手扒羊肉、牛肉干、草原本地鸡、过水的荞面条和蒙古族馅饼等。10人以上收费标准：早餐：农家宴10元/人，中、晚餐：全羊宴50元/人，农家宴30元/人。

交通：**专用车**：吃过早餐，出发赶往伯音花，其间会参观奶牛基地，品尝各种奶制品，途经抗震救灾屯，登上吉道堡参与祭奠活动，祭拜百年神树，坐着勒勒车前往昂格赉，可以观看天然次生林。在农家院吃午餐，之后徒步领略百年古榆树和神泉之美；随后，坐车到草原文化馆小剧场欣赏民族歌舞，之后再到赛罕塔拉欣赏蒙古部落，有马术表演以及蒙古婚俗表演等，其间会有自费活动：摔跤、射箭、投布鲁、骑马漫游草原等，晚餐为烤全羊。随后有篝火晚会，领略民俗风情。夜晚在蒙古包居住或者露宿树林中。

公共车：从前郭乘车到查干花镇，途中经过英吐油田景区，可以欣赏农村风情，参观抗震救灾屯，之后到哈尔金大草原，欣赏马术和蒙古婚俗表演，居住蒙古包，参与摔跤、射箭、投布鲁等民俗活动，在大草原上骑马奔驰。就餐在蒙古包，之后到伯音花参与祭拜活动，参观牧场奶牛新村。之后，坐着牛车到昂格赉，领略百年古榆树和神泉风情，呼吸清新的空气，享受大自然的静谧之美，露宿野外，吃烧烤和农家菜，留宿农家院。

周边景点：查干湖、乾安泥林、哈尔金大草原。

三 蒙古艾里乡妙因寺村

位于前郭尔罗斯县蒙古屯乡，占地850公顷，离前郭县50千米，靠着查干湖旅游区。包括三个自然屯：小地房子、八排、庙上。该乡土地资源丰富，地势起伏较小，拥有耕地300公顷，主要农作物为玉米、高粱、谷子、大豆等。最近几年，该乡大力发展旅游事业，改造山林农田，充分发挥自然资源以及区位优势，把第三产业视为经济主要驱动力，为建设小康村打下良好的基础。

地址：距前郭尔罗斯县城50公里。

游览：水上飞机活动，收费：100元/人；水上摩托艇，收费：50元/人；实弹射击场，面积为1万平方米，有长枪、短枪、手枪等，收费10元/发；此外还包括小剧场、洗浴等。

住宿：食宿以农家乐为主，其中高档宾馆每个房间都有卫生间，十分讲究，收费标准是200元/天；普通农家乐宾馆包括火炕、床、室外卫生间，10元/人·天。

餐饮：菜品主要是查干湖全鱼宴、东北农家宴、烤全羊等。全鱼宴一桌10条鱼，350—1000元。东北农家宴200—600元。烤全羊500—800元/只。

交通：松原、前郭客运站→查干湖。

周边景点：查干湖旅游度假区。

四 三县堡黑泉眼村

该村隶属于长岭县，旅游项目包括休闲旅游和水产养殖，是综合性旅游区。该区拥有水库一座，依托水库资源，开发休闲度假旅游，在进行水产养殖的同时还可以灌溉农田。从凉亭上远眺，能够看到水库的全部，产生心旷神怡之感。该景区水域宽阔，植被繁茂，空气清新。各种游乐设施一应俱全，主要包括观光旅游、休闲度假、娱乐餐饮等。水库中的鱼类主要是鲤鱼、鲫鱼、草鱼、白鲢等，游客可以在水上游览景区。景区植被能够静养身心，还可以泛舟垂钓，尽享怡然自得的乐趣。

地址：长岭县三县堡乡黑泉眼村。

游览：夏秋季节可垂钓和泛舟游览。

住宿：全村有 390 户，日接待量 1500 人。

餐饮：有大小餐厅，可同时容纳 500 人就餐，可品尝到当地的各种鱼，玉米饼和玉米粥等农家饭菜，收费标准：食宿 80—100 元/人·天。

交通：公交车：乘长岭镇到三县堡村汽车即是。**自驾车：**自永久镇沿长新公路向西 10 公里处。

五　三青山小康村

该村隶属于长邻县三青山镇，基础设施完善，房屋主要是小康住宅，周围环境优美，交通设施齐全。该旅游区的主要游览项目为马铃薯粉条加工基地及晾晒场。游人通过观摩系列粉条及淀粉的加工制作过程，了解有关农业知识。在旅游的同时，游客还可以购买马铃薯制品、当地的土特产和民俗工艺品等。在马铃薯种植园，旅游者还可以进行采摘活动，亲自体验农事活动。民俗饮食区向游客提供的菜品主要是独具乡情、乡味、乡土、绿色、传统的农家菜。

地址：长岭县三青山镇。

游览：春季，游客可以从事马铃薯种植，秋季，游客可以把收获的马铃薯进行加工，体验丰收的快乐。

住宿：全村共有 100 户人家、人口 320 人，每天接待游客 1000 人。

餐饮：具备同时 500 人就餐的条件，食物主要是粉条、玉米粥等。收费标准：食宿 50—60 元/人·天。

交通：公交车：从长岭镇坐汽车到三青山小康村即可。

六　柳蒿村

柳蒿村隶属于长岭县永久镇，年均降水量为 520 毫米，属于典型的湿润气候区。到了夏天，微风吹来，碧空万里，溪水缓缓流淌，柳树婀娜，松树苍郁。在水库当中，草木环抱，秀美绮丽。这里的气候宜人，宛如天然的大氧吧。岸边垂钓，水面泛舟，实乃一个休闲度假、避暑纳凉的优良之地。

地址：长岭县永久镇。

游览：夏季的游览项目主要是避暑、垂钓、划船；冬季，旅游者可以在农户家体验过年的风俗文化，体验农家的节日气氛。

住宿：该村有80户人家，260人，每天接待游客600人。

餐饮：大小餐厅能够提供30人同时就餐，食材主要是贴饼子、玉米粥等。费用为：食宿50—60元/人·天。

交通：公交车：乘长岭镇到永久柳蒿村汽车即是。

七 大布苏入字民俗村和学字民俗村

大布苏入字民俗村和学字民俗村紧邻吉林大布苏狼牙坝风景区，该景区在乾安县境内，总面积是110平方公里，湖盆面积为81.18平方八里，其中包括入字村和学字村两个自然屯，主要的自然资源是大布苏湖和湖东岸潜蚀地貌泥林景观。大布苏湖的湖水主要依靠天然降水和湖岸坡面径流及地下上升泉补给。入字民俗村，位于旅游区的南部，有居民200户。学字民俗村，位于大布苏湖东岸，有居民150户。两村依托风景区的自然资源发展旅游业，建设以休闲度假为主的旅游设施，满足游客住宿、餐饮、娱乐等需要。

地址：吉林大布苏狼牙坝风景区（乾安县境内）。

游览：春天是鸟语花香的季节，走进大自然，走进苇海，你会和野生动物融为一体。夏天在泥林里可以观赏泥林自然风光，还可以感受和认识一下红军在二万五千里长征路上过草地的泥淖。秋天能品尝下甘甜可口的天然自流泉水，也亲身体验下丰收后的喜悦。冬天可以到农家感受北方那种大碗喝酒、大块吃肉的豪气。

住宿：学字村有5户接待户，可接待游客40人。入字村有5户接待户，可接待游客50人。

餐饮：酸菜粉条炖猪肉、土豆酱、一锅出、玉米饼、玉米粥、打饭包。收费标准：食宿40—60元/人·天。

交通：松原→乾安县→狼牙坝。东线：乾安县→才字镇→所字镇→狼牙坝。西线：通榆县→工农湖→前建村→狼牙坝。

周边景点：向海湿地、腰井字大草原、灵丙山天然次生林。

八 农家乐

（一）农林村农家乐

地址：宁江区新城乡农林村，距宁江区 3 公里。

接待能力：接待 300 人。

收费标准：平时 50 元/人·天；周末 60 元/人·天；团队 30 元/人·天。

娱乐设施：采摘园、农家炖菜、有线电视、活动中心、卡拉 OK、棋牌、垂钓等。

交通：宁江区第四百货商店→农林村；宁江区第四百货商店→培训中心→农林村。

（二）两家子村农家乐

地址：宁江区新城乡两家子村，距宁江区 1 公里。

接待能力：接待 200 人。

收费标准：平时 50 元/人·天，周末 60 元/人·天；团队 30 元/人·天。

娱乐设施：采摘园、农家炖菜、有线电视、棋牌等。

交通：宁江区第四百货商店（乘 5 路）→人民商场→马市→两家子村。

（三）环岛湖农家乐

地址：伯都乡新民粮库南，距宁江区 18 公里。

接待能力：接待 500 人。

收费标准：150 元/人·天。

住宿：设有停车场和三星级宾馆。

娱乐设施：采摘园、农家炖菜、有线电视、棋牌、垂钓、游泳、划船、篝火晚会等。

公交/自驾车：宁江区第四百货→四家子→伯都环岛湖。

（四）林果采摘园农家乐

地址：宁江区善友林场内，距宁江区 3 公里。

接待能力：接待 50 人。

收费标准：80 元/人·天。

娱乐设施：采摘园、农家炖菜、观光、棋牌等。

公交/自驾车：宁江区客运站（乘 3 路）→新区→采摘园；203 国道龙华出口下来。

周边景点：龙华景区、龙华吉祥乐园、森林旅游度假村。

（五）六家子特色鱼农家乐

地址：宁江区大洼镇六家子村，距宁江区 30 公里。

接待能力：接待 100 人。

收费标准：平时：60 元/人·天；周末：80 元/人·天；团队：30 元/人·天。

娱乐设施：大锅炖鱼（牛尾巴、鲫鱼、鲇鱼等）、农家炖菜、有线电视、垂钓园、乘船观光、野浴等。

公交/自驾车：宁江区人民商场→马市→雅达虹→朝阳六家子。

（六）香瓜采摘园农家乐

地址：宁江区善友镇辛家村，距宁江区 10 公里。

接待能力：接待 200 人。

收费标准：60 元/人·天。

娱乐设施：香瓜采摘园、农家炖菜、有线电视、观光等。

公交/自驾车：宁江区客运站→新区→田家辛家村。

（七）民乐农家乐

地址：宁江区大洼镇民乐村，距宁江区 8 公里。

接待能力：接待 200 人。

收费标准：50 元/人·天。

娱乐设施：采摘园、农家炖菜、有线电视、高科技园区、绿色食品生产加工基地等。

公交/自驾车：宁江区人民商场雅达虹（203 线）→民乐。

（八）蒙古艾里乡妙因寺村农家乐

地址：前郭县蒙古艾里乡妙因寺村。

接待能力：接待 200 人。

收费标准：180 元/人·天，高档农家乐宾馆每天 200 元/人·天；普通农家乐宾馆 10 元/人·天。

娱乐设施：卡拉 OK、有线电视、棋牌、乒乓球、台球、文化室、小剧场、水上游乐、篝火晚会等。

公交/自驾车：城内客运站：前郭县→查干湖；前郭县城→珲乌公路→新庙镇→妙因寺村。

（九）江山度假村农家乐

地址：扶余县陶赖昭镇境内松花江北岸，国道 102 线扶余县陶赖昭镇乌金屯大桥桥北西行 5 公里。

接待能力：接待 200 人。

收费标准：100 元/人·天。

娱乐设施：垂钓、有线电视、棋牌、采摘、卡拉 OK、游泳、泛舟、水上游乐项目等。

公交/自驾车：长春→国道 102 线→扶余县乌金屯→江山度假村；长春沿国道 102 线到陶赖昭镇乌金屯西行 5 公里。

（十）嘎不拉生态园农家乐

地址：前郭县八郎镇曙光村，前郭县北 60 公里，嫩江江畔。

接待能力：接待 50 人。

收费标准：100 元/（人·天）（按季节变化而定）。

娱乐设施：卡拉 OK、有线电视、互联网、采摘、垂钓、嫩江漂流、农业、养殖业（金定鸭）观光等。

公交/自驾车：前郭县客运站（长山客车）→八郎镇→曙光村；前郭县→302 国道→八郎镇→曙光村。

（十一）小康山庄农家乐

地址：长岭县三青山镇三青山村，距太平山镇 15 公里。

接待能力：接待 50 人。

收费标准：平时 60 元/人·天，周末 100 元/人·天，团队 30 元/

人·天。

娱乐设施：卡拉OK、有线电视、采摘等。

公交/自驾车：乘长岭镇到三青山村汽车即可；三青山小康村位于长白公路北侧，距太平山镇15公里。

（十二）柳蒿山庄农家乐

地址：长岭县永久镇柳高村、永久镇4公里。

接待能力：接待80人。

收费标准：平时50元/人·天，周末80元/人·天，团队30元/人·天。

娱乐设施：卡拉OK、有线电视、垂钓等。

公交/自驾车：乘长岭镇到永久柳蒿村汽车即是；驾车沿长白公路，距永久镇4公里。

（十三）大兴百鸟园农家乐

地址：长岭县大兴乡，距内蒙古宝康镇12公里。

接待能力：接待30人。

收费标准：平时70元/人·天，周末100元/人·天，团队40元/人·天。

娱乐设施：卡拉OK、有线电视、垂钓、观赏亭等。

公交/自驾车：乘长岭镇到乡汽车即可；驾车沿长岭县到科左中旗公路，距长岭镇52公里。

（十四）保安山庄农家乐

地址：位于长岭县太平山镇保安村，距太平山10公里。

接待能力：接待50人。

收费标准：平时60元/人·天，周末90元/人·天，团队30元/人·天。

娱乐设施：卡拉OK、有线电视、垂钓等。

公交/自驾车：乘长岭镇到太平山保安村汽车即是；驾车沿长白公路，距太平山镇1公里。

（十五）新农村大院农家乐

地址：前郭县八郎镇黎明村，（前郭县北60公里，嫩江江畔）。

接待能力：接待 50 人。

收费标准：100 元/人·天（按季节变化而定）。

娱乐设施：卡拉 OK、有线电视、采摘、嫩江漂流、新农村大院（文明和谐大院、科普文化大院、革命传统教育大院、农家乐旅游大院）、田园风光等。

公交/自驾车：前郭县客运站（长山客车）→八郎镇→黎明村；前郭县→302 国道→八郎镇→黎明村。

（十六）西昂格赉屯农家乐

地址：前郭县在干花镇西昂格赉屯。

接待能力：接待 30 人食宿。

收费标准：农家宴：从羊群自选羊 400 元/只；本地鸡活鸡现杀 50 元/只。

娱乐设施：自己亲手采摘新鲜蔬菜。牧羊、骑马、参加农业劳动。

公交/自驾车：前郭客运站乘通往查干花镇客车可达；前郭县→查干花镇西昂格赉屯。

（十七）达尔罕屯农家乐

地址：前郭县查干花镇达尔罕屯。

接待能力：接待 30 人食宿。

收费标准：本地羊，50 元/人；本地鸡，20 元/人。

娱乐设施：牧羊、骑马、坐牛车观光天然次生林、采摘山杏和桑椹。

公交/自驾车：前郭客运站乘通往查干花镇客车可达；前郭＋查干花镇＋达尔罕屯。

（十八）黑泉眼垂钓园农家乐

地址：长岭县三县堡乡黑泉眼村，距长岭县城 50 公里。

接待能力：接待 60 人食宿。

收费标准：平时 80 元/人·天，周末 120 元/人·天，团队 50 元/人·天。

娱乐设施：卡拉 OK、有线电视、篝火等。

公交/自驾车：乘长岭镇到三县堡村汽车即可；自永久镇沿长新公路向西 10 公里处。

吉林市

一 神农庄园农业旅游示范点

农业观光休闲娱乐会议度假采摘垂钓

神农庄园位于大荒地生态村之中，在吉林市向北 30 公里的昌邑区孤店子镇，紧靠有机米园区，该地阡陌纵横，树林交错，水资源丰富，景色非常好。主要包括住宿、餐饮、娱乐、会议、民俗等旅游活动，是进行旅游度假亲近大自然的理想之地，也是城市人群规避喧嚣，亲近自然，开展青少年教育的场所。

神农庄园方圆 5 万平方米，建筑面积为 2.3 万平方米，主要包括神农博物馆、教育基地、假日宾馆、温泉度假村、休闲中心、高科技采摘园等。根据旅游资源划分，该庄园分为七大区域，然后根据景点特色，又分为 16 个主要景点，依次为音乐喷泉广场、网球场、拓展训练场、稻田迷宫、欢乐谷、御林院、星月湖、果树采摘园、丛林浴场、松梅苑、陶然亭、浣花溪、百步花苑、亲水幽林、白桦林、登舟亭。

地址：吉林市西北 30 公里处的昌邑区孤店子镇大荒地生态村。

游览：吉林市神农庄园的环境非常优美，并且处处洋溢着科技色彩，蓝天白云，碧水青山，把农业同科技紧密联系在一起，是游客进行农家乐游玩、学习农业知识、享受自然风光的良好去处。主要分为 7 个景区、16 个旅游景点。其中，神农博物馆是三层连体建筑。博物馆收录的主要是近代以后东北民俗文化，主要为民间生活艺术品，处处彰显着生活气息。

神农博物馆：为三层连体建筑。馆内传承和保存了近代以来北方地区的民俗文化，展示东北民众的民间工艺、生活器物、农耕用具等与生活息息相关的历史画面。走进博物馆，映入眼帘的是一条贯穿南北的农具长廊，中间的环形展区为农具精品展厅，走出农具长廊，进入左侧展区，从里向外依次为私塾、地主家、富农家、贫农家、"文革"期间老教室、老生产队一角，右侧从外向里依次为老铁匠炉、老木匠铺、老油坊、老豆腐坊、老米行。这些老作坊、老物件和旧民居的真实再现，让我们仿佛回到了历史，体味着岁月的沧桑巨变。在二楼的天井四周，为民间手工业展区，展示货郎手艺人、小银匠、锔锅锔缸、棉花铺、纺织间、土陶、手编用具等民间手工制作，在为这些手工业者的精湛技艺所折服的同时，更为有些现已失传的民间手艺深深叹，让参观者深感传承与保护民俗文化的重要意义。三楼民俗精品展厅里分为民间艺术展区和仪典祭祀展区，两个展区里分别展示剪纸、香包、器乐、年画、刺绣、皮影、泥塑、木偶、玩具、风筝、花瓷等民间工艺品，以及仪式典礼、祭祀神灵用的各种鼓、锣、香炉、酒具等器物。置身这丰富多彩、源远流长的民俗长廊中，触摸这些人类智慧的结晶，体验农耕岁月，感触这些已经失落或即将淡出我们视野的民间文化符号，使人们深刻地了解农业生产的历史演变，令人博古思今。特别是让青少年真切而具体地感受到科学发展的重要意义，加倍珍惜今天的现代化生活。在室外同时展示的还有吉林陨石雨坠落地原址，观看这个天外来客到我们地球后的第一站。

教育基地：为三层连体建筑，是专为都市青少年开辟的第二课堂，目的是培养青少年的社会实践能力、生存本领以及创新意识等综合素质。一楼由拓展训练营和多功能厅组成，有专为青少年精心设计的拓展训练课程、24小时科学的作息安排、全封闭强化集中训练，给学生提供了解生活、体验人生的机会，在封闭的环境中，在没有家长的情况下，在事事都要通过自己的努力，依靠集体的力量才能变为现实的情况下，学生们体验到成功的喜悦，发现人生的价值，培养出团队协作精神、组织能力、与人为善及开朗活泼的性格，发展潜能和创造力，从而有利于青少年德、智、体的均衡发展。二楼为第二课堂活动室，分布了多功能厅、图书阅览室和体验室，多功能厅既可作多媒体教室，可供学生开展主题班会或演讲等系列活动，图书阅览室电配有各种科普工具书、农业书籍及民俗文化读物，供青少年汲取传统文化素养。在体验室里，学生可进行工艺木工、陶艺制作、纳鞋底、弹棉花、柳条编筐、打草绳、农作物栽培、花卉栽培等劳动生活技能的尝试，让孩子在亲身参与和体验中得到多方位的锻炼提升，带给他们意想不到的收获！现代都市中，孩子们越来越痴迷于电子游戏和动漫，几乎忘记了那些传统的生活乐趣和大自然，不知稼穑，更不识五谷。第二课堂活动室通过影像、图文、观摩、实践活动，加强学生的民俗文化教育及熏陶，培养学生的动手能力及热爱劳动的高尚情操。三楼由会议中心、小型会议室及电影院所组成，可接待省市教育团体会议及大型商务会议。

神农假日宾馆：为五层连体建筑，是一家具有国际水准的四星级商务观光度假酒店。宾馆设有豪华套房、商务套房、标准间及单人间，共有客房108间，可同时接待200多人。宾馆配备大堂酒吧、咖啡厅、中餐厅、西餐厅、宴会厅、洗浴中心、屋顶花园及网球场和大型会务中心等，现代设施一应俱全，店堂高雅，装饰华美，是理想的商旅住所。从客房开窗望去，满目皆景，环境优美，空气清新。入住此间，既可享受现代商务活动之便利，又可宜人养性，放松身心，是每一位商旅观光者的理想居所。

温泉度假村：温泉美容健体古已有之，唐明皇赐杨贵妃洗浴骊山温泉，才有了贵妃出浴的佳话，千百年来用温泉之水疗及健身已成为中华民族文化的一部分。温泉度假村，由温泉游泳馆及四个温泉体验馆组成，水系取自地下1100米深的长白山温泉带优质温泉，含有多种矿物质和微量元素，具有治疗、保健、美容、康复等功效。在这里，我们首先看到的是温泉游泳馆，温泉游泳馆为二层建筑，一楼由游泳池、冲淋换洗区、健身区、瑜伽美体馆所组成，二楼分别为温泉体验区、神秘石区、温泉火炕区和配有休闲茶座与咖啡厅的休息区。馆内恒温开放，冬日如春，一年四季均能使用，畅游之乐，无拘无束，惬意闲适，实为一个益体养肤和休闲健身的好去处。四个温泉体验馆，由室内温泉池与玻璃幕墙式的户外温泉池组成，可开可合，四季皆宜，游客可以亲身体验在暖暖的温泉里赏雪的绝佳享受。四个温泉池中，一个是公共温泉，可对外开放，分为户外温泉池和室内温泉池、儿童戏水池以及水吧、美体养颜馆，无论春夏秋冬，均可享受美体健肤、舒缓身心的亲水空间。另外三个独立温泉馆则分布于一片茂密的丛林之中，专用于接待国际、国内贵宾。馆内项目丰富繁多，有桑拿室、按摩室、茶艺馆、咖啡厅、豪华客房等高级服务设施。

休闲中心： 为三层独立建筑，是为游人提供休息、饮食、购物的服务场所。设有清心茶坊、咖啡厅、农家饭庄、美食馆、话吧、小型超市，二层中央为中心接待大厅，为来宾办理旅游及会务登记，提供咨询服务。

高科技采摘园： 园区内拥有占地 4 万平方米科技领先的大型连栋智能玻璃温室。温室由电脑操作控制，全自动化生产，人坐在自动操作车上就可以管理和采摘。温室内生产高品位、高质量的蔬菜、花卉，兼有旅游和观赏的特点。智能玻璃温室代表了采用高科技国际园艺设施种植蔬菜、花卉的较高的水准，让您亲身体验高科技的生产手段。温室内采用了节水灌溉、测土配方施肥、无污染植保技术等 10 余项科技成果，确保绿色安全蔬菜的生产。温室内引种 10 多个国家和地区的 50 多种品种的特、新、优蔬菜，在棚内千姿百态、争奇斗艳，供游人观光、采摘。同时您还可以亲自采摘热带水果木瓜、香蕉和火龙果，让您饱享热带水果的口福。

小康示范村： 在这里，可以让游客到胡锦涛总书记接见过的朝鲜族农户家中，和他们一起攀谈、吃住，感受乡土风情。同时也可以到高科技技术与现代农业完美结合的秸秆燃气站了解这种绿色、清洁、环保的生态能源的工作原理和工艺流程，让游客真正看到社会主义新农村的建设成果。

餐饮： 在这里游客可以品尝到农村的各种新鲜蔬菜，并亲自到采摘园里，采摘自己喜爱吃的蔬菜，还可以亲自到厨房，烹饪自己喜爱的美食，有现场烤全羊，黑毛猪肉，绿色鸭肉、鸡肉，农村各种干菜等。

交通： 公交车：线路 1：吉林市客运站始发到大荒地、张家店的车均可以到神农庄园。线路 2：吉林市火车站乘 10 路车，到双吉下车，打车 10 元钱可以到达神农庄园。自驾车：线路 1：吉林市火车站→吉长北线→大红土→孤店子镇政府→红旗路→神农庄园。线路2：吉林市火车站→九站→双吉→孤店子镇政府→红旗路→神农庄园。

二 雾凇岛（韩屯）吉林市民俗村

雾凇是中国四大自然奇观之一。雾凇岛（WSD）是中国北方著名雾凇风景区，位于吉林市北部35公里的乌拉街满族自治镇界内，是松花江上一个自然的江心小岛，总面积为18公顷，因冬季雾凇树形奇美且厚重持久而被中外摄影家誉为"雾凇岛"。

地址：吉林市东北35公里的乌拉街满族自治镇界内。

游览：这里远离喧嚣，江水环绕，百鸟戏洲，古树苍郁，江水四季奔流，江面水雾缥缈，景色婀娜多姿，仪态万千，美不胜收。是北方少有的冬夏皆宜的旅游观光风景区。一年四季都有看的、玩的、吃的，这里是满族发祥地和聚集地之一，当地村镇有着浓郁的民族风情。

农业观光园、梅花鹿养殖，向您展示清代皇家传统种植、养殖的奥秘；冬季滑冰、滑雪、雪圈、冰猴、雪爬犁，让您重温童年的快乐；夏季骑马、射箭、漂流、垂钓、摸鱼、搬鱼、快艇环岛游，让您比一比智慧、试一试勇气，争做生活的强者；篝火晚会、燃放礼花、卡拉OK、激情周末，让您流连忘返，洗去紧张工作带来的身心疲惫。

住宿：20元/人。

餐饮：满族风味。

交通：客运站乘郊线到金珠收费站下车，转乘至乌拉街雾凇岛汽车即可。

三 兴光村

兴光村朝鲜族民俗特色突出，是省旅游局指定的民俗旅游景点。2006年被确定为省级社会主义新农村建设试点村。

地址：永吉县口前镇。

游览：兴光村与松花湖、北大湖已形成一个风景旅游带。原始的朝鲜族民居，以木搭架，屋顶苫稻草，墙壁抹白灰的房屋将使您切身感受到朝鲜族的文化内涵。具有兴光村特色的朝鲜族民俗表演，能歌善舞的兴光人还会邀您共舞。还可以亲身体验秋千、跳板等朝鲜族体育游乐,让游客从各个方面了解朝鲜族的民族文化、体验民族风情。

住宿:30元/人。

餐饮:品尝朝鲜族餐饮。餐饮的特点是五味五色,即甜、酸、苦、辣、咸五味;红、白、黑、绿、黄五色。提供朝鲜族人的日常饮食:米饭、泡菜、大酱、辣椒酱、咸菜、八珍菜、大酱汤、牛肉、鱼、狗肉、羊肉、土鸡、烧烤等,特色菜是狗肉全席。在兴光村每人每天的消费价格为100元。

交通:兴光村位于永吉县口前镇西部9公里,202国道北1公里处。游客可乘坐大客车,始发站为吉林市客运站,每半小时发一趟车。

四 窝集口村

吉林省蛟河市天岗镇窝集口村位于吉林市东部35公里处,地处山区,302国道、长珲铁路、长珲高速公路贯穿全境,森林覆盖率达72%。

地址:吉林市东部35公里处。

游览:该村旅游资源十分丰富,盛产山野菜、果品、食用菌、林蛙等;是"关东九寨"——"冰湖沟"的必经之路。村内果树种植面积280多公顷,设有农家乐3处、垂钓园1处、采果园区1处,是旅游休闲度假、投资兴业的理想去处。农家乐果品采摘游。价格:60元/人。含农家饭菜及住宿,不含水果费用。采摘每斤价格为2元。

住宿:住宿为火炕,室外卫生厕所,每人每宿20元,含早餐。

餐饮:"农家乐"饭庄有:刘光廷家:农家饭菜20元/人(10菜1汤),采摘水果:每斤2元,有包装箱。此处位于果园内。方俊峰家:农家饭菜20元/人(10菜1汤),采摘水果:每斤2元,有包装箱。此处位于池塘边。邹岩峰家:农家饭菜20元/人(10菜1汤),采摘水果:每斤2元,有包装箱。此处位于村中心。特色产品:精加工包装窝集口煎饼、林蛙、山野菜、窝集口水果、农家黏玉米、农家绿色青菜。

交通:线路1:乘客车或自驾车,从吉林市乘开往蛟河方向的客车或乘延吉、蛟河至吉林方向的客车,至天岗站下车,到天岗镇人民政府旅游经济办，办理相关手续后，由导游负责带队。**线路2**：乘火车，乘长春、吉林至蛟河、延吉方向的火车，至天岗站下车，到天岗镇人民政府旅游经济办，办理相关手续后，由导游负责带队。**线路3**：乘飞机，到龙嘉国际机场，乘长春、吉林至蛟河、延吉方向的火车或汽车，至天岗站下车，到天岗镇人民政府旅游经济办，办理相关手续后，由导游负责带队。

五　恒阳生态园

地址：吉林市朱雀山风景区孟家村。

接待能力：可同时容纳1000人就餐，生态园内的园林式宾馆拥有30余间标准客房以及10余间套房，关东民俗大院1处、山景别墅4座，共120张床位。

收费标准：2人标准间140元/天，四人间套房216元/天，三人间190元/天，12人别墅1500元/天。

娱乐设施：商务酒吧一处、KTV包房30间、游泳馆、康乐中心、滑雪（滑草）服务中心、人工湖、主题公园、钓鱼馆、茶餐厅、土特产商场。

公交车线路：吉丰东线公路10公里处，乘坐33路公共汽车到孟家村路口，北走200米。

六　宏达生态园

地址：吉林市丰满经济开发区。

接待能力：可同时容纳600人就餐，拥有10余间标准客房以及10余间套房，共40张床位。

收费标准：标准间120元/天，套间200元/天。

娱乐设施：蔬菜种植区、花窖区、果园区、休闲区、钓鱼馆。

公交车线路：位于市区内，交通便利，9路公共汽车终点前行400米。

七　小白山绿生园

地址：吉林市丰满区温德桥南西行2公里。

接待能力：可同时容纳700人就餐，拥有20余间标准客房及10余间套房，共80张床位。

收费标准：标准间 28 元/人，套间 160 元/天。

娱乐设施：商务酒吧一处、KTV 包房 10 间、垂钓馆 1 处、四季采摘园 3 个。

交通：位于市区内，交通便利，可乘坐 1 路、9 路公共汽车。

八　左家特产观光生态园

地址：左家农科院。

接待能力：可同时容纳 500 人就餐，拥有 50 余间标准客房以及 10 余间套房。

收费标准：标准间 50 元/人。

娱乐设施：景区内设置有野生动植物标本馆、生态农业科技示范园、药用植物种源圃、观赏园林、鹿狍场、鸵鸟场、法国莱茵鹅繁育中心、珍禽养殖基地、百鸟园、果园、葡萄园、鱼塘等十多个旅游观光景点，以特色农业、生态农业、园林农业、观赏农业为主，集"山、水、园、林"风光于一体。

交通：岔路乡汽车客运站乘吉林左家大巴车在左家农科院下车（每小时一班车）。

九　插树岭

地址：蛟河市庆岭。

接待能力：同时接待 260—300 人就餐、住宿。

收费标准：标准间 20 元/人。

娱乐设施：漂流、地方戏、篝火晚会、大秧歌、狩猎、登山、戏水、垂钓等。

饮食特点：主要以农家绿色特产为主，主食有玉米面、大米楂子、煎饼、黏豆包等，副食以江鱼、小河鱼、山野菜、菌类、农家菜等为主。游客可以自己采摘果菜，自下厨房，体验农家生活，感受乡村风情。

交通：吉林市乘车沿 302 国道经红叶谷到插树岭 120 公里，从蛟河到红叶谷经插树岭 90 公里，每日有班车 4 趟。

十　乌林朝鲜族民俗村

蛟河市乌林朝鲜族民俗村位于乌林朝族民族乡乡政府驻地，在蛟河市区以东 3.5 公里，交通便利，蛟金公路贯穿境内。全村面积为 9 平方公里，有居民 460 户、1760 人，耕地面积为 396 公顷。该村于 2002 年开发建设民俗旅游店，接待游客 1 万余人次，是吉林省少数民族民俗旅游主要活动景点。

地址： 乌林朝族民族乡政府驻地。

游览： 朝鲜族传统歌舞表演；朝鲜族传统婚礼、拜寿演示；朝鲜族传统民居、农家生产、生活用具展示；朝鲜族传统风味饮食品尝。

餐饮： 民俗村特色餐饮主要有狗肉汤、老鸡汤、朝鲜族的辣酱、泡菜。主食有米饭、打糕、松饼、冷面等。游客每人每餐消费约 30 元。

交通： 从吉林市乘至蛟河的公路客运在乌林镇下车。

十一 红石湖景区

地址： 桦向市红石湖景区。

接待能力： 同时接待 400 人就餐、住宿。

收费标准： 标准间 50 元/人。

娱乐设施： 快艇、篝火晚会、狩猎、登山、戏水、垂钓等。

饮食特点： 以松花湖鱼宴及农家菜为主。

交通： 吉林市乘至桦甸郊线车在红石湖景区下车即可。每小时一班车。

十二 肇大鸡山国家森林公园

地址： 桦甸市白自山湖景区。

接待能力： 同时接待 1000 人就餐、住宿。

娱乐设施： 采摘、登山、戏水、垂钓等。

饮食特点： 餐饮主要以农家菜为主，可自采自做，纯绿色食品，每人每天 20 元。

交通情况： 吉林市乘至桦甸郊线车在肇大鸡山景区下车即可。每小时一班车。

十三 黄金工业旅游区

地址： 桦甸市夹皮沟镇。

接待能力： 80 人住宿。

收费标准：50元/人。

娱乐设施：夹皮沟金矿是解放时间最长、井下竖井最深、开采时间最长的中国黄金第一矿。洪沟百年矿井景点，是集采金、淘金、观光、餐饮、住宿于一体的黄金工业旅游项目。

十四　枫雪谷景区

地址：桦甸市苏密沟。

接待能力：同时接待2000人就餐。

收费标准：40元/人。

娱乐设施：采摘、登山、戏水、垂钓、赏桦等。

饮食特点：以农家菜为主，可自采自做。

交通：吉林市乘至桦甸郊线车在苏密沟景区下车即可。每小时一班车。

四平市

一　吉林公主岭国家农业科技园（农业旅游示范点）

吉林公主岭国家农业科技园于2001年9月经国家科技部批准成立，是全国首批21个国家农业科技园区（试点）之一。吉林省政府将园区纳入省级开发区管理序列，享有省级经济管理权限。2004年园区被国家旅游局确定为全国首批农业旅游示范点。

园区核心面积为20多平方公里，规划为"科技贸易、高新技术示范和产业发展"三大功能区。园区按照国家颁布的全国农业旅游示范点标准，规划建设了具有园区特色的农业旅游观光景点。其中农业高科技畜禽养殖示范景点2个、其他类景点2个。这些景点可供游客从多角度、多侧面观赏了解农业种苗、种禽、种禽培育，粮食畜产品生产、加工、销售等生产过程、生产场景、地域风貌和自然风光。

地址：四平市。

游览：主要旅游路线：园区→产业发展区→绿色水稻示范园区→二十家子民族文化、古迹风景园；园区→精品牧业示范区→山前现代农业示范园→窑田花卉示范园；园区→黄龙华正龙头企业示范园→名优林果示范园；园区→转基因工程示范园→昆虫实验室→春光米业加工园→瑞泽农资大市场。

二十家子民俗文化、古迹风景园： 二十家子一带在清朝顺治年间为游牧区，于乾隆年间由山东一带移民到此处开荒种地。因为当时二十多户人家出了一个举人而得名二十家子。现有园林仿古街、禹顺度假村、八达岭公园、情侣度假村、天然狩猎场、灵山大教堂等景点可供游客参观游览。是集农业科技、民俗文化、历史古迹、自然风景于一体的旅游观光园。从公主岭市区乘车往南12公里可直达二十家子风景区。

农业植物观光园： 位于园区以西南崴子镇的绿色水稻示范园，地处东辽河畔，灌渠交织、杨柳排立、田畴成方。每年水稻生长季节，春夏碧绿，秋季稻浪金黄。这里既是水稻新品种、新技术的展示园，又是自然风景的观光园。在公主岭市西南6公里，沿102国道可直达。

动物畜牧观光园： 位于园区东部，吉林省农科院畜牧分院，建有草原红牛养殖场、中国特色细毛羊养殖场、特种动物（貂、狐、貉）养殖场、养鸡场、养猪场等。在二十家子风景园有梅花鹿养殖场。各种动物的新品种、养殖新技术以及批量种群，是农业观光旅游的极好景点。

大黑山苹果梨基地观光园： 位于园区南部的大黑山，是吉林省农科院主持建立的苹果梨基地。这里生产的苹果梨品质可与全国著名的延边苹果梨相媲美，是北方特有的寒地梨生产基地，是苹果梨生产的展示园和农业旅游风光的观赏园。

公主坟风景园： 位于园区北部5公里处，有清乾隆皇帝三女儿和敬固伦公主的衣冠冢。公主岭因和敬公主的陵墓而得名。在距公主衣冠冢不远处建有公主纪念馆。

住宿： 园区内有二星级旅游宾馆两座。其中响铃宾馆高级套房、标准间、大小会议室、大小餐厅一应俱全，可为您提供良好的住宿服务。

餐饮：公主岭市区餐饮业发达，既有高档酒店宾馆，又有中低档饭店餐馆，还有各种特色店，如各种火锅店、狗肉馆、野生鱼馆、笨鸡馆、农家菜馆等，为您提供各种档次、各种口味的餐饮服务。

交通：京哈铁路横贯园区，长平高速公路沿城通过，距长春龙嘉机场仅80公里。市区内有6条公交线路。

二　牧情谷民俗文化旅游村

牧情谷民俗文化旅游村是国家AA级旅游风景区，位于伊通满族自治县东南，距长春市51公里，三面环山，一湾碧水，风景秀丽，占地面积200万平方米，是以明清时期满族建筑风格为主体并与社会主义新农村建设相结合的旅游休闲场所。充分体现了满族民俗文化、民间文化及农家生活风情。

牧情谷民族文化旅游村是以独特而富有神秘感的满族萨满文化为核心，集北方民俗文化、生态观光、休闲度假、餐饮娱乐于一体的综合性、高品位的旅游风景区。

牧情谷民俗文化旅游村由九情园和七彩谷构成。九情园分为风情萨满园、怡情植物园、雅情书画园、温情野营园、诗情白桦园、幽情鸟语园、激情嬉水园、闲情垂钓园和纵情狩猎园；七彩谷分为鸳鸯谷、黄花谷、神秘谷、逍遥谷、聪灵谷、天籁谷、心愿谷。

地址：伊通满族自治县东南。

游览：风情萨满园由神路、满族萨满文化展览馆、满族民俗村、满族萨满祭祀场、满族萨满图腾林、女真古寨等构成；闲情垂铃园、怡情植物园、激情嬉水园、幽情鸟语园、温情野营园、雅情书画园、诗情白桦园、水禽养殖场、纵情狩猎园、跑马场、神程谷的迷石、天籁谷的灵月泉、黄花谷、鸳鸯谷、聪灵谷、心愿谷，千姿百态，相得益彰；户外游乐场、亲子攀岩、彩弹搏击，各种户外拓展运动应有尽有；满族萨满表演、满族民俗表演、篝火晚会、森林慢摇吧等户外活动更是丰富多彩。

住宿：仿古宾馆里可容纳400人同时入住，高级客房，独立卫生间，配套设施齐全，标准间每位150元。同时可以住宿野官四、小木屋等，每间30元。

餐饮：牧情谷特色餐厅里有各种特色美食，蒙古族烤全羊、伊通烤鸽子、野生全鱼宴、特色山野菜、野猪肉、烧鹅蛋、东北农家菜、三烀一燕、特色小炒、家常小吃。每人每天消费100元。

交通：到长春市有专线车直达牧情谷民俗文化旅游村，自驾车交通更快捷更方便，江源、四平、通化、吉林等地均可到达。

周边景点：伊通满族历史博物馆AAA级、南山旅游风景区AAA级、大孤山旅游风景区AA级、辉南三角龙湾AAAA级、伊通火山博物馆、七星山等。伊通是去长白山南坡旅游的必经之路。

三 农家乐

（一）水云宫山庄农家乐

地址：公主岭市二十家子水库。

接待能力：接待400人。

收费标准：2人间，40元/间·天；1人间，60元/间·天。

娱乐设施：垂钓、游艇等。

公交/自驾车：公主岭二十家子公路13公里处。

（二）红房子生态园农家乐

地址：卡伦水库下游。

接待能力：接待150人。

收费标准：200元/桌。

娱乐设施：垂钓、划船等。

公交/自驾车：公怀路10公里处。

（三）范家屯平洋农家乐

地址：范家屯平洋水库。

接待能力：接待150人。

收费标准：200元/桌。

娱乐设施：垂钓、划船等。

公交/自驾车：沿102国道离范家屯街里5公里左右。

辽源市

一　辽源市生态农业旅游观光园

生态农业旅游观光园位于辽源市南部10公里处的凌云乡凌镇村，背靠红狼山，面向西渭河，山水相映，景色宜人，地域广阔，物产丰富，素有小江南之称。该园1997年兴建，以生态农业、观光农业、科技实验为根本，以产供销"有机食品"为特色，集餐饮娱乐、观光旅游、休闲度假、会议培训、健身活动为一体，是体验清新自然现代田园生活的好去处。2006年被省政府确定为农业旅游创建示范点。

地址：辽源市东南十公里处的凌云乡凌镇村。

二　农家乐

（一）聚龙园餐饮旅游服务中心

地址：东辽县聚龙潭水库附近。

接待能力：接待300人。

收费标准：平时120元/人·天；周末160元/人·天；团队60元/人·天。

娱乐设施：垂钓、有线电视、歌舞、棋牌、麻将等。

公交/自驾车：到白泉镇胶片厂附近即可。

（二）聚龙园餐饮中心农家乐

地址：白泉镇赵家村龙潭寺聚龙潭水库附近。

接待能力：接待100人。

收费标准：平时100元/人·天；周末120元/人·天；团队元/人·天。

娱乐设施：垂钓、卡拉OK、有线电视等。

公交/自驾车：到白泉镇胶片厂附近即可。

（三）百家大酒店农家乐

地址：东江县东交大街路旁。

接待能力：接待300人。

收费标准：平时 120 元/人·天；周末 160 元/人·天；团队 60 元/人·天。

娱乐设施：有线电视、卡拉 OK、歌舞、麻将、棋牌等。

公交/自驾车：到白泉镇胶片厂附近即可。

（四）大嫂炖鱼馆农家乐

地址：东辽县聚龙潭水库附近。

接待能力：接待 80 人。

收费标准：平时 100 元/人·天；周末 120 元/人·天；团队 40 元/人·天。

娱乐设施：垂钓、有线电视、采摘等。

公交/自驾车：到白泉镇胶片厂附近即可。

（五）屯二迷糊饭庄农家乐

地址：东辽县东交大街。

接待能力：接待 100 人。

收费标准：平时 100 元/人·天；周末 120 元/人·天；团队 50 元/人·天。

娱乐设施：有线电视、卡拉 OK、棋牌等。

公交/自驾车：到白泉镇胶片厂附近即可。

（六）赵家庄餐饮服务中心农家乐

地址：东辽县聚龙潭水库附近。

接待能力：接待 200 人。

收费标准：平时 100 元/人·天；周末 120 元/人·天；团队 60 元/人·天。

娱乐设施：垂钓、有线电视、棋牌、麻将等。

公交/自驾车：到白泉镇胶片厂附近即可。

（七）天成山庄农家乐

地址：东辽县白泉镇安全村。

接待能力：接待 200 人。

收费标准：平时 100 元/人·天；周末 120 元/人·天；团队 50 元/人·天。

娱乐设施：有线电视、麻将、棋牌、采摘、垂钓、卡拉OK等。

公交/自驾车：到白泉镇胶片厂附近即可。

（八）草原肥牛涮羊肉农家乐

地址：东辽县白泉镇集贤村路边。

接待能力：接待200人。

收费标准：平时120元/人·天；周末160元/人·天；团队60元/人·天。

娱乐设施：歌舞、有线电视、麻将、棋牌等。

公交/自驾车：到白泉镇胶片厂附近即可。

（九）乡里乡亲农家乐

地址：东江县东交大街。

收费标准：平时80元/人·天；周末100元/人·天；团队35元/人·天。

接待能力：接待60人。

娱乐设施：卡拉OK、有线电视等。

公交/自驾车：到白泉镇胶片厂附近即可。

通化市

一 桥西旅游度假村

桥西旅游度假村坐落在世界文化遗产地、边陲古城集安市区距市中心1公里处（跃进桥左侧），交通便利，环境优美，背靠秀丽的七星山，南与朝鲜民主主义人民共和国隔江相望，是旅游、餐饮、娱乐、住宿为一体的农家乐园。

地址：距市中心1公里处（跃进桥左侧）。

游览：游泳、卡拉OK、秋千。

住宿：室内干净整洁，设有空调、电视机等。并设有单间、标准间。室内另设棋牌室、会议室，可同时容纳50人住宿。每人每天35元（含早餐）。

餐饮：有笨鸡、鸭绿江鲤鱼、烤全羊、无污染山野菜等。价格50元/人·天。

交通：从火车站下车乘出租车 2.5 公里即是（下车有指示牌）。自驾车：迎宾路→胜利路跃进桥左 200 米（下车有指示牌）。

二　浩月山庄

浩月山庄位于集安市麻线乡红星村，山庄依山傍水、绿树成荫，土地总面积为 20 余亩。是休闲、娱乐、度假的理想去处。在这里您可以身心放松地投入大自然的怀抱，体验一种前所未有的感受；在这里您可以呼吸高含负氧离子的空气，品尝纯绿色的健康食品，能让您疲惫的身心充分放松，和大自然融为一体。

地址：集安市麻线乡红星村。

游览：游泳、卡拉 OK、秋千。

住宿：可一次性接待 60 人。有火炕和床，房间整洁、内设空调，室内外都安装清洁冲水卫生间，为您提供方便。住宿价格为 40 元/人·天（团队可优惠）。

餐饮：农家特色菜以自产笨鸡为主，还有鸭绿江鲤鱼和山野菜。价格 50 元/人·天。

交通：公交车：可在客运站乘坐公交车由集安→麻线乡→红星村下车即是。自驾车：由集丹公路 + 麻线乡红星村。乘火车：由鸭绿路→胜利路→集丹公路→麻线乡→红星村。

三　迎喜度假村

迎喜度假村坐落于世界文化遗产地集安市麻线乡境内，距集安市 9 公里处（军港东侧），交通便利，占地 2000 平方米，与朝鲜民主主义人民共和国隔江相望，抬眼望去便是朝鲜著名景区高山镇。可乘游船顺鸭绿江而下，一路可观赏两岸风光。至老虎哨电站水利旅游风景区，这里群山环峙、依山傍水、风景秀丽，是旅游、度假、休闲、娱乐的理想去处。在这里您可感受到大自然的风情，品尝特有的农家饭，纯天然鸭绿江鲜活鲤鱼、柴鸡炖蘑菇、山野菜等；尽情享受乡村田园生活的野趣。

地址：距集安市 9 公里处（军港东侧）。

游览：乘游船，唱卡拉 OK，荡秋千，采摘时令蔬菜、野菜、瓜果等。

住宿：住宿条件十分优越，房间内设床和火炕。日接待 30 人住宿、300 人就餐。每人每天 30 元（含早餐）。

餐饮：农家特色菜有纯天然鸭绿江鲜活鲤鱼、麻口鱼、鲫鱼、嘎鱼、鲇鱼、白漂鱼、江虾、柴鸡炖蘑菇、柴鸡蛋、鸭蛋、各种山野菜等，每人每天消费价格为 50 元（酒水除外）。

交通：可在集安市客运站乘坐公交车由麻线乡→鞍子哨→集丹公路 9 公里处（下车有指示牌）。

火车站：下车后可乘出租车或乘坐公交车由鸭江路→胜利路集丹公路 11 公里处（下车有指示牌）。

自驾车：由集安市迎宾路→麻线乡→鞍子哨→集丹公路 9 公里处即是。

四　通化梅河口市吉乐乡鸡冠山国家森林公园

吉林鸡冠山国家森林公园是吉林梅河口市旅游景区。公园规划总面积 2903.61 公顷，东西长约 7.0 公里，南北宽约 8.5 公里。森林覆盖率为 95%。鸡冠山国家森林公园距梅河口市区 50 公里，最高峰 969.1 米，即鸡冠砬子，是梅河口市最高峰。公园规划总面积 2903.61 公顷，东西长约 7.0 公里，南北宽约 8.5 公里。公园内重峦叠嶂、绵亘曲折，因状如鸡冠头上的鸡冠而得名。地文景观资源主要表现为雄、奇、秀、幽等，景观类型可分为峰、峦、岭、谷、洞、石等，是娃娃鱼、獾、狼等野生动物的原始栖息地。春天，鸡冠山丰富的野生山杜鹃、小叶杜鹃、牛皮杜鹃、高山小叶杜鹃、毛皮杜鹃等迎春怒放；夏天，气候宜人，原始森林富氧离子含量极高；秋天，满山红叶，赏心悦目；冬天，大地银装素裹，雪岭冰峰，千姿百态的树木枝条上凝结的雪和雾凇，在蓝天的衬托下更显冰清玉洁，傲骨铮铮。梅花鹿属国家 I 级保护动物，生活于森林边缘或山地草原地区。梅花鹿具有很高的经济价值，历史上捕捉猎杀过度，野生数量极少，现公园内人工养殖种群已达数 500 余只。

地址：吉林省通化市梅河口市吉乐乡。

五　农家乐

（一）万通山庄农家乐

地址：通化市二道江区铁厂镇心村。

接待能力：接待 300 人。

餐饮：有笨鸡炖蘑菇、无污染的蔬菜和各种山野菜。

住宿：房间干净整洁，内设电视机、农家火炕和床，25 元/人·天。

娱乐设施：大型儿童游乐园，有蹦蹦床、碰碰车、旋转木马、电动火车等十余种娱乐项目，是孩子们的乐园；自然垂钓场，面积近 1 万平方米，水质优良，鱼类品种繁多，是避暑胜地，怡情佳所；水上游乐园，有飞渡桥、水上滚轮、悬空索道等十余个项目；园心湖，面积近 2 万平方米，碧波荡漾，泛舟湖上，美丽的自然景观令游人心旷神怡。

公交/自驾车：二道江万通山庄。

（二）金碧泉山庄农家乐

地址：通化县金斗乡西沟。

特色菜：烤全羊、本地大公鸡以及各种盆鱼。

收费标准：60 元/人·天，每人均价消费 20—30 元。

娱乐设施：电视机、农家火炕和床。钓鱼池、游沐池、台球、卡拉 OK 等。

公交/自驾车：距通沈公路 1 公里，距县城快大茂 10 公里。

（三）禾韵有机田园农家乐

地址：通化县光华镇正南 1 公里处。

接待能力：接待 200 人。

收费标准：60 元/人·天。

餐饮：笨鸡炖蘑菇、无污染的蔬菜和各种山野菜。

住宿：房间干净整洁，内设电视机、农家火炕和床。

娱乐设施：大小"马龙泡"面积为 23 亩，水深 4 米，引入"哈泥河"水源，放养商品鱼品种多有鲤鱼、鲫鱼、鲢鱼、鲇鱼、草鱼等。水上建有木制拱桥，可供游客垂钓游玩。园区青山碧水，空气清新,景色优美,环境宜人,山上建有亭子,可供游客休息、打牌,还可远眺田园全景,设有乒乓球、篮球、羽毛球等娱乐设施。

公交/自驾车: 通化市→二密→马当镇→光华镇→田园(路程38公里);通化市→二道江电厂→桃园库区—长春沟村田园(路程30公里)。

(四) 映山红度假村农家乐

地址: 通化县经济开发区。

收费标准: 60元/人·天,人均消费20—30元。

特色菜: 烤全羊、本地大公鸡以及各种盆鱼。

住宿: 电视机、农家火炕和床。

娱乐设施: 果园占地面积约为200平方米,春天,百花争艳,馨香满园;秋天,秋香型、苹果、沙果等缀满枝头,游人可采摘各种果子,与农家共享丰收的快乐。鱼塘面积约为4000平方米,有草鱼、鲤鱼、鲫鱼、花鲢、白鲢、红鲤鱼等供游人垂钓,感受悠闲恬静的意境。

公交/自驾车: 通化县经济开发区。

(五) 玉龙园度假村农家乐

地址: 通化县江南镇。

收费标准: 60元/人·天。

特色菜: 烤全羊、本地大公鸡以及各种盆鱼;笨鸡炖蘑菇、无污染的河鱼、菇菜和各种山野菜。

住宿: 房间干净整洁,内设电视机、农家火炕和床。

娱乐设施: 度假村与通化江达米业有限公司、江甸镇中学隔河相望,铁索吊桥连接三民河东西岸,桥边有钓鱼池供游人垂钓;度假村会客厅与十余种树丛、草坪、花圃、亭台相间分布,错落有致,具有独特的风景韵味;清冽透彻的三民河是由多条山润泉水汇集而成,从度假村身旁缓缓流过;度假村的西北角有江甸镇独特的风景"望江石";距度假村1公里处的西鲜村,有远近闻名的龙头山、龙虎山;浑江干流从江甸中心镇横穿而过,距度假村4公里,有投资近亿元正在兴建中的东江水电站。另外,历史上江甸镇还是著名的"贡米"产区，几万亩水田连成片。每逢夏季，稻花飘香，微风吹来，稻浪翻滚。

公交/自驾车：通化市通化县→江南镇。

（六）永顺生态园农家乐

地址：梅河口市杏岭乡永顺村。

接待能力：接待100人。

收费标准：80元/人·天，团队60元/人·天。

特色菜：笨鸡炖蘑菇。

住宿：电视机、农家火炕和床。

娱乐设施：农业园林观光、划艇、垂钓、采摘野果、山野菜。

公交/自驾车：客车每天往返3次；梅河口→生态园（12公里）。

（七）四季生态园农家乐

地址：梅河口海龙镇先锋村七组。

接待能力：接待300人。

收费标准：80元/人·天，团队70元/人·天。

特色菜：笨鸡炖蘑菇、无污染的蔬菜和各种山野菜。

住宿：电视机、农家火炕和床。

娱乐设施：水上歌舞厅、生态长廊、垂钓池、儿童游乐谷、采摘野果、山野菜。

公交/自驾车：客车每天往返2次；梅河口→生态园（19公里）。

（八）长眉沟生态旅游区

地址：吉林省集安市境内，地处集锡303国道，距集安市39公里，距通化市71公里，距五女峰国家森林公园18公里。

接待能力：接待500人。

收费标准：60元/人·天。

特色菜：哈什蟆、山野菜、笨鸡炖蘑菇、鸭绿江活鲤鱼、各式山野菜、无污染蔬菜，每人每天消费约为40元。

娱乐设施：垂钓、秋千、篝火晚会、野外游览、游泳。

住宿：房间整洁，内设电视机，每人每天消费30元。

自驾车：由集锡303国道→集安市热闹乡文字村即是（下车有指

示牌),距五女峰国家森林公园 18 公里。

(九)清水山庄农家乐

地址:集安市榆林镇老虎哨。

接待能力:接待 500 人。

餐饮:游人在消遣之余尽情享受清水山庄特色美味佳肴,主要有鸭绿江各种活虾、本地鸡、各种无污染农家菜,且物美价廉,每人每天消费约为 50 元。

娱乐设施:卡拉OK、游船、登山、篝火晚会。

公交/自驾车:乘客车由麻县乡→安子哨码头乘船→老虎哨;由集安→集丹公路→麻线乡→太平乡→榆林镇→地沟村→老虎哨。

(十)清悠园山庄农家乐

地址:集安市麻线乡石庙村。

接待能力:接待 200 人。

餐饮:农家特色菜,纯天然的鸭绿江活鲤鱼、鲇鱼、江虾、笨鸡炖榛蘑、各种无污染的山野菜等,每人每天消费约为 40 元。

住宿:室内整洁,环境优美、内设电视。

娱乐设施:卡拉OK、游船、登山、篝火晚会、农家火炕和床,每人每天消费 30 元。

公交车/自驾车:由客运站乘汽车→麻线乡→红星村→石庙村(下车有指示牌);由迎宾路→麻线乡→红星村→石庙村(下车有指示牌)。

(十一)太王村农家乐

地址:集安市太王镇太王新村。

接待能力:接待 500 人。

餐饮:特色菜有笨鸡炖蘑菇,鸭绿江鲤鱼,韩式烧烤,朝鲜族打糕、冷面,每人每天消费约为 50 元。

住宿:客房是具有朝鲜族特色的地炕,干净整洁,床上用品一客一换。室内按照家庭旅馆风格设计,有闭路电视、单独卫生间、淋浴间,太阳能热水器 24 小时供应热水。客房价格为 20 元/人·天。

娱乐设施:卡拉OK、游船、登山、篝火晚会。

公交车/自驾车：士口岭→集青公路→鸭江路→度假村；火车站→鸭江路→度假村；旅游线→度假村。

（十二）玉泉山庄农家乐

地址：集安市青石镇秋皮村。

接待能力：接待500人。

餐饮：纯天然鸭绿江活鲤鱼、鲇鱼、笨鸡炖蘑菇、无污染的蔬菜和各种山野菜，每人每天消费约为40元。

住宿：农家火炕和床，房间干净整洁，内设电视机，每人每天30元。

娱乐设施：卡拉OK、游船、登山、篝火晚会。

自驾车：集安→双安→秋皮。

白山市

一　白山市长白原果园朝鲜族民俗村

长白原果园朝鲜族民俗村位于吉林省长白朝鲜族自治县马鹿沟原果园村，距县城以东3.5公里，地处长白山南麓、鸭绿江源头，与朝鲜民主主义人民共和国两江道惠山市隔江相望，是国家AAA级旅游景区、全国农业旅游示范点。

长白朝鲜族自治县为加强民族团结，改善少数民族的生产生活条件，传承朝鲜族文化，开发民俗旅游项目，推进旅游产业发展，于2005年4月对原果园村进行全面规划与开发，使其成为带动地方农村经济发展的长白朝鲜族小康示范村。其建筑主体充分体现了朝鲜族的传统习俗和风格，使朝鲜族文化、长白山文化、鸭绿江文化与乡村环境、田园风光和城镇生活有机结合；在产业发展上，以旅游开发为主、生态特色农业为辅。建筑工程包括民居工程、农村社会福利中心、民俗陈列馆、高丽馆等；园艺工程包括牌楼、景壁、奇石园、水系、广场、文化墙、雕塑小品等。

长白原果园朝鲜族民俗村共设八个分区，即民俗展览区、康体娱乐区、人文景观区、动物观赏区、野生花卉区、餐饮购物区、民居服务区、绿色生态区，是集休闲、观展、娱乐、餐饮、购物和度假于一体的综合民俗旅游场所。

地址：吉林省长白朝鲜族自治县马鹿沟镇原果园村，县城以东3.5公里。

游览：牌楼：牌楼总长49米，宽1.5米，高5.3米，有立柱12根，楼顶为仿古青瓦覆盖，楼体设计为玄武岩砌筑，是小康村的标志性建筑。整体设计壮观厚重，表现了长白各族人民勤劳勇敢、热情好客、乐观向上的淳朴民风和博大胸怀。牌匾上"长白朝鲜族小康村"八个大字由国家民委主任朱德洙亲笔题写。

喜鹊桥：朝鲜族视喜鹊为吉祥之物，自古以来以喜鹊迎宾，能为来宾带来喜气和祥瑞。此桥迎门而建，寓意喜气盈门，故取名喜鹊桥。

水车：大小两座水车分列历史长河南北，全部为木质结构。朝鲜族人民喜食大米，水车是灌溉水稻的生产用具。旋转的水车象征着时来运转。福寿绵长；叮咚的水流象征着五谷丰登、丰衣足食。寓意朝鲜族人民勤劳、朴实、善良、助人的高尚品质。

文化墙：位于广场东侧，高3米，长20米，采用鸭绿江的鹅卵石、天然大理石和名列中国五大篆刻名石之一的长白玉砌筑而成，代表了长白悠久的历史和丰富的资源。

士帽亭：以朝鲜族男子在举行成年礼（冠礼）后所戴的帽子为原型，寓意长大成人，可以参加劳动或者守护家园，并受到成年人的待遇。文化休闲广场东西各有两处，每处都有各自不同的寓意：第一亭寓意勤劳智慧，所刻文字大意是"淌汗珠，开荒地，以智慧建设文明，名声广为流传，招徕八方客"；第二亭寓意五谷丰登，所刻文字大意是"绿水青山明净，精气陶醉旅客，五谷丰登百果累累，高昂风月声，武陵桃源是否在此"；第三亭寓意崇尚礼仪，所刻文字大意是"从古老开始崇尚礼仪，淳厚的风习世代相传，灿烂的文化不可比拟"；第四亭寓意奉养父母，所刻文字大意是"奉养父母应是至诚，洗漱在鸡鸣，天天侍侧奉养没身不衰"。

斗笠亭：亭子的取名有两种含义。其一，果园村依山傍水，村落背后所依附的大山名为"斗笠峰"。因此取名斗笠峰下"斗笠亭"。其二，朝鲜族、历史上有一位著名诗人，名叫金笠，常年在朝鲜半岛四处流浪，好打抱不平，创作的作品内容大都取于现实生活，风格以讽刺社会丑恶现象为主，语言犀利，有大量作品至今流传，是一位浪漫讽刺诗人。此亭的取名源于他的服饰，金笠常年流浪的典型服饰就是戴着斗笠，人送雅号"金斗笠"。因此，此亭取名也是为了纪念这位著名的朝鲜族浪漫讽刺诗人。

巨矢城：以巨矢城命名村委会，源于此地在历史上的朝鲜语地名（葛氏城）谐音。有两种说法，一种是根据朝鲜族对地名起名的传统习惯中而来，据说此地原来居住的多为葛姓人家，因此取名为葛氏城，类似汉族中"张家屯""李家庄"等。另有一种说法是，春秋时期，一日周王殿前飞来一只神鸟，脖间系一巨大箭头，周王聚众臣研究此为何物，皆不知，故差人拿此物问孔子，孔子曰："此为肃慎之物"，当时，人民把东北一带以狩猎为主的民族统称为肃慎，朝鲜族便是其中一支，故取名"巨矢城"。

巨矢城的耳房设为村委会办公室和民兵执勤点。正厅设展览馆，展览馆共分三个区，一是书画展区，展出长白本地书画爱好者作品；二是民俗展区，展示朝鲜族生产生活用具和器皿；三是奇石展区，展示独具特点的鸭绿江奇石和长白玉雕刻作品。

稻香居：位于巨矢城西侧，建筑形式完全仿照古代朝鲜族民间房屋的霸王圈，全部为木架结构，屋顶以稻草覆盖。房间内分为寝室、客室、厨房和仓库，寝室内用砖或木板铺成平炕，仓库可放置各种生产生活工具，是朝鲜族人民居住和劳动的场所。

铜牛：由纯铜铸造，总重量为500公斤。铜牛昂起的头颅象征着中华民族自强不息、艰苦奋斗、吃苦耐劳、坚韧不拔、昂扬向上的民族精神。坚挺的脊梁激励着各族人民勇于创新、不断发展的进取精神。

石来轮转（时来运转）：此石取于长白山脚下，吸天地灵气、聚日月精华，与水车轮转组合，寓意时来运转，运运亨通。水车是朝鲜族常用的农业用具，两者相互搭配，超脱了原有独立的意义，"石来轮转"谐音就是汉语成语"时来运转"，此景观因势造型，因型取意。石上所书的朝文意思是"近邻如亲"，是一句典型的朝鲜族民间谚语，意思和汉语谚语"远亲不如近邻"相近。这句谚语表现了朝鲜族邻里乡亲和睦相处的优良传统美德，用在此处，也表现了把果园村建成邻里乡亲的小康示范村的美好愿望。

和睦石：为组石造型，形状、颜色搭配和谐，象征朝鲜族家庭和睦，寓意民族团结和谐、小康社会和谐、人与自然和谐。朝鲜族是勤劳勇敢，勇于拼搏的民族，在创造民族文明、推动民族发展的进程中，不断积累形成了夫妻互敬互爱、家庭和睦团结的优良传统。在这组石头造型中，高的石头比较挺拔，色泽深重，象征丈夫；矮的石头秀美，象征妻子；两石相依象征夫妻相互扶持，和谐美满。由家庭的和睦组成社会和谐，引申到民族的团结进步、小康社会的和谐美满。

奇石园："突兀玲珑各斗奇，高低位置雅相宜"的奇石形态各异，有的赋有迷人的图案，有的色泽绚烂多彩，还有的镶嵌委婉的孔洞和斑驳的纹理，千奇百怪，独立生辉，令人赞叹，这些奇石是以石灰岩、灰岩、石英岩、玄武岩为主，是长白县奇石协会从鸭绿江边、长白山脚下、望天鹅峡谷等地精心收集的，有的还来自邻国朝鲜，让游客在赏石过程中增添了情趣并获得了知识。

历史长河：历史长河流经文化休闲广场，透过溪水由鹅卵石铺装的河底清澈可见。河畔巨石与潺潺的流水刚柔并济、相映成趣，象征着长白大地人杰地灵，体现出历史长河中朝鲜族文化与汉族文化源源不断、一脉相承的关系。

运动场：运动场地长40米、宽30米，总占地面积为1200平方米。按照竞赛标准设置了秋千、大小跳板及摔跤三个项目的场地。摔跤是朝鲜族人民在漫长的生产和生活实践中形成的独特体育运动，深受朝鲜族男子的喜爱。跳板和秋千则为朝鲜族妇女喜爱的体育项目，也最能体现朝鲜族妇女柔和、贤淑、坚贞的精神风貌。

景墙：坐落于小康路南端，与牌楼遥相呼应。总长13米、高3.8米，白墙青瓦为典型朝鲜族传统风格。墙体上醒目的"团结、进步、小康"，六个红地钛金大字，展现了长白各族人民实现民族大融合、创新谋发展、共同奔小康的决心。

住宿：有一家三星级宾馆，其余为民俗接待户，房间有朝鲜族火炕，民俗接待户。

餐饮：可以容纳150人住宿、餐饮、娱乐，可以品尝朝鲜族特有的狗肉、冷面、打糕、拌饭、辣白菜等各式民族风味小吃。每人18—30元。

交通：公交车：距县城3.5公里，乘坐出租车5元，公交每人2元。自驾车：开车十分钟即可到达。

周边景点：望天鹅景区：距民俗村45公里，是国家AAA级旅游景区、国家森林公园、国家自然保护区、省级地质公园；长白山天池南坡：距民俗村70余公里，是中华十大名山之一，国家AAAAA级旅游景区、国家自然保护区、世界自然保留地；塔山公园：距民俗村5公里，全国重点文物保护单位，国际AA级旅游景区；赴朝边境旅游：可以登天池东坡、观瀑布，看白头山密营，欣赏异国风光，领略朝鲜风情。

二 八道江区朝鲜族民俗村

八道江区朝鲜族民俗村是在七道江镇鲜明村基础上建立起来的一个集朝鲜族民俗观光、民俗体验、特色餐饮、产业服务加工于一体的朝鲜族民俗度假村。该村是全市为数不多的少数民族村落，有着悠久的历史，100多户村民依山居住在北山脚下，过着典型的朝鲜族田园生活。村子气候宜人，群山环绕，交通便利，村民生活富足。四浑公路、鹤大线从村头经过。白山益寿人参加工厂、老乡亲保鲜玉米加工厂、浩翔轿车维修4S店、鲜明朝鲜族民俗休闲会馆在村里安家落户。

地址：八道江区七道江镇。

游览：参观朝鲜族休闲会馆，参加并体验风格独特的朝鲜族婚礼，住宿在朝鲜族人家，参与朝鲜族酱菜、糕点的制作等。观看朝鲜族荡秋千、跷跷板等传统娱乐项目及歌舞娱乐表演。全方位感受朝鲜族风情及朝鲜族人民的勤劳、智慧。

住宿：全村116户、798人全部为朝鲜族。2006年被评为市级民俗旅游村。民俗村内旅游接待户43户，日可接待1500人，可接待300多人住宿，价格30—200元。

餐饮：可以品尝到特色鲜明的正宗朝鲜族风味冷面、狗肉、鲜族酱菜、打糕等，人均消费20—50元。

交通：古兰小区乘5路公交车或关东美食城乘8路公交车可达。

自驾车：市区内驾车经通江桥至鹤大公路向东，或经星泰大桥向西可达。

周边景点：北山公园、古堡山庄、白山滑雪场。

三　向阳山度假村

地址：八道江区城南街道向阳村虎头沟。

接待能力：250人。

收费标准：20—40元。

娱乐设施：露天游泳。

饮食特点：餐饮主要以农家菜为主，可自采自做，纯绿色食品，每人每天20元。

交通：自驾车：市内驾车至南环路向西10分钟。

四　阳光山谷

地址：七道江狼洞沟水库。

接待能力：200人。

收费标准：（客房）豪华间50元/12小时；标准间30元/12小时。

娱乐设施：垂钓、温泉洗浴。

饮食特点：餐饮主要以农家菜为主，可自采自做，纯绿色食品，每人每天20元。

交通：自驾车：市内驾车向西至国道鹤大线20分钟。

五　古堡山庄

地址：白山市八道江区库仓沟。

接待能力：300人。

收费标准：大客房80元、中客房50元、小客房30元。

娱乐设施：游船、垂钓、台球，棋牌。

饮食特点：餐饮主要以农家菜为主，可自采自做，纯绿色食品，每人每天20元。

交通：自驾车：江北大街至库仓沟10分钟。

六 珍珠门风景旅游村

地址：白山市八道江区库仓沟。

住宿：农家院：15元/人（冬季、夏季20元/人）。

游览：珍珠门采摘果园：面积为550亩，以种植草莓、沙果、李子和梨为主。成熟时节，游客可观赏满园秋色，又可亲手摘取丰硕果实。

生态风景观光区：被列入国家重点保护的有黑熊、貂、林蛙等70余种野生动物。树种以天然次生林和人工落叶松、红松交替混交，林相层次明显，四季景色差异较大。春季山梨花、珍珠梅相继开放；夏季森林郁郁葱葱，翠绿欲滴；秋季枫叶娇红，映衬晚霞；冬季白雪皑皑，银装素裹。

地貌景观带：珍珠门地貌景观重峦叠嶂、怪石嶙峋，既有形象逼真的天然石塑，如将军石、弥勒诵经、金蟾望月等，又有雄伟壮观的石峰，如擎天食品、每人轩玉柱、天门瑞气等，同时又有神秘莫测的洞穴，如蝙蝠洞、老道洞等。各种千姿百态的奇峰异石，构成了独特的地貌景观。

溪谷庄园：地处花山镇14公里处，平均海拔650—800米，森林茂密，栖息着山鸡及各种鸟类。北部为平缓的高山草原地，站在高山草原上东望，可远眺溪谷林海的美丽风光。每年有数千游客到此游玩。润龙游泳馆位于临江老岭脚下，距临江市区18公里，这里地热水源极为丰富，温泉遍布数里。水温在20—40℃，已成为养殖热带罗非鱼的良好资源。从林中的竹篱农院、山峰上的楼阁亭台，让你流连忘返、兴致盎然。目前已建成6000平方米的温泉度假村和游泳馆，是人们休闲、健身、疗养的好去处。

交通：交通便利，临白公路、鸭大铁路从风景区穿过，公路铁路南北贯通。

七　苇沙河旅游度假村

地址： 临江市苇沙河镇。

接待能力： 苇沙河休闲度假村可同时接待游客150余人，大小会议室各个，分别可容纳100人和130人。

游览： 百亩采摘果园：果园内主要以种植李子、白梨为主，完全不施化肥，不打农药，绿色无污染。秋季果实成熟，满园飘香，游客可身临其间自行采摘，充分体验劳动收获的喜悦。

白马浪垂钓乐园： 面积为30亩，平均水深76米，盛产鳌花、重唇等各种名鱼。垂钓台精心为游客设立了垂钓设施和鱼饵。

千亩桑蚕生态养殖观光基地： 位于苇沙河镇白马浪村，占地1300亩，这里养殖的柞蚕具有极高的营养价值，远销国内外，被喻成高蛋白质资源库。

葡萄酒加工厂： 占地1000亩，投资990万元。工厂选用优质葡萄原浆，经精心酿制。出品的原汁葡萄酒色泽呈宝石红，口感醇和，果香浓郁。形成了可供游人观赏、品尝、购买为一体的农业生产观光基地。

法萌寺： 位于金银峡景区入口东侧，是正在筹建中的亚洲最大的山峰寺院。

金银峡风景区： 位于长白山西南麓中朝界河鸭绿江沿岸。距临江市区36公里，这里气候四季分明，最色绚烂多彩。春天山花烂漫，夏季绿色葱茏，秋天枫叶似火，冬天雪压青松。富有灵气的天圣泉瀑布、玲珑雅致的享台构成一幅精美绝伦的天然画卷，素有"小山峡"之美称。

白马浪沙滩浴场： 马浪沙滩浴场是人造沙滩浴场，内设服务项目有：出租太阳伞、救生圈、简易棚帐、淋浴板房、照相部、沙滩排球场；冬季可作滑冰场。此项目已在建设中。

收费标准： 博盛园宾馆标准间客房16间，价格100元/间；小型套房3间，价格288元/间；豪华套房3间，价格688元/间；大会议室，价格200元/小时。

交通： 水陆两条游路可进入，交通便利。

延边朝鲜族自治州

一 延边朝鲜族自治州福满生态沟（农业旅游示范点）
农业观光、生态旅游、休闲旅游、特产购物

福满生态沟位于明长公路沿线，距安图县城19公里，总面积为129平方公里，其中林地面积为111平方公里。境内野生动植物资源十分丰富，拥有种植业、养殖业、绿色食品加工业旅游业和林业五大产业门类。福满生态沟依托长白山旅游大环境，生态旅游前景广阔。福满生态沟按照"观延边风俗，品边境风情，赏生态田园风光"的旅游发展思路，充分利用延边朝鲜族民族风情浓郁、生态田园风光别具一格的特色，改善环境，培植旅游经济增长点，加强旅游配套设施建设。有二星级宾馆和旅游购物店，是集农业观光、生态旅游、休闲度假、会议接待、特产购物和教学科研为一体的综合型旅游景区。2004年7月被国家旅游局评为国家农业旅游示范点。胡锦涛总书记等党和国家领导人及有关部委、省州领导，都曾到福满生态沟视察，对福满生态沟的生态环境、特色经济给予了高度评价。

地址：明长公路沿线，距安图县城19公里。

游览：福满生态沟开发建设了林蛙养殖基地、木耳基地、木灵芝基地、松茸保护基地、梅花鹿园、五味子园、百药园、丁香园、绿色长廊、森林公园等旅游观光景点，生态沟内的福满山珍城出售人参、林下参、野山参、鹿茸、鹿鞭、不老草等290多种长白山土特产品和各种旅游纪念品。

梅花鹿园：占地3万平方米，有600余头梅花鹿，可观鹿、赏鹿。

百药园：福满生态沟的药用植物基地，占地100公顷，种植了长白山特产的药用植物，其中包括轮叶党参、桔梗、贝母、穿龙薯蓣等品种。游客可亲自采摘林下参，体验密林深处放山人的历险和奇趣。

福满塘：面积为2万平方米，有鲤鱼、鲫鱼白鲢、虹鳟等品种计

2万余尾。可供游客休闲垂钓，体验摸鱼游戏，品尝野生鱼的美味。

绿色长廊：全长为350米，种植猕猴桃、南瓜、葡萄、五味子等，可观赏、采摘。

登山：全程1小时。登山远眺可看日出、赏美景，沿途可欣赏鹿回头、千手观音、窥浴台、涅槃松等景点。

住宿：景区有二星级宾馆和度假屋，宾馆总面积为3000平方米，有26间标准间、7间3人间、2间套房，可容纳70多人住宿，客房备有有线电视、电话、空调，提供热水洗浴。有大小会议室2处，可容纳100人开会。房价：100元/间。

餐饮：景区有餐厅3个，其中大餐厅可容纳200人同时就餐。主要特色菜有长白山野菜、食用菌、全鹿宴、烤全羊等特色美食，有林蛙、蘑菇、梅花鹿等药膳滋补餐，有长白山越橘、树莓等养颜美容健身餐饮。

交通：福满生态沟位于驰名中外的长白山东北部，明长公路沿线，在安图县明月镇西端，距安图县城19公里，毗邻碧波荡漾的明月湖。

周边景点：长白山文化博览城、明月湖、长白山药园、红旗朝鲜族民俗村、海沟黄金城、雪山湖、药水泉。

二 万宝红旗朝鲜族民俗村

中国朝鲜族第一村——万宝红旗朝鲜族民俗村地处安图县万宝镇，坐落在长白山旅游沿线、秀水潺潺的古洞河畔。这里地势平坦，环境幽雅，明长公路穿村而过。该村现有86户朝鲜族居民，一直保留着古老的朝鲜族民俗风情，拥有浓厚的民族传统文化底蕴和独特的地域优势。

1994年以来，该村依托民俗旅游资源优势和地理优势，大力发展旅游业，旅游接待设施得到了长足的发展。改善了民居，改造了民俗饭店，修建了标准卫生间；修建了"朝鲜族民俗表演场"，扩建了用于朝鲜族传统运动项目的秋千、跳板、摔跤场等；还设立了经营土特产品的购物中心，基本上形成了食、住、行、游、购、娱为一体的旅游服务体系。1995年，时任吉林省省委书记的张德江同志为该村题名："红旗朝鲜族民俗村"。2006 年，国家民委主任李德洙为该村题名："中国朝鲜族第一村"。

地址：延吉市依兰镇。

游览：欣赏民俗表演：在朝鲜族民俗表演场可欣赏到精彩的朝鲜族传统民俗舞蹈和民歌。悦耳的民谣、轻快活泼的舞蹈、古朴典雅的婚礼独具特色。夜幕降临之际，您可以接受村民的邀请，围着篝火，参与到轻歌曼舞中，体验着风俗人情。

朝鲜族饮食制作：朝鲜族饮食打糕、米肠、泡菜、拌蕨菜、马蹄叶包饭等风味独特，游客可亲手参与制作并品尝。

朝鲜族体育：观看并参与秋千、跳板、摔跤等朝鲜族体育游艺，了解朝鲜族奔放热情的性格。

朝鲜族民居：全村 86 户人家都可以接待住宿，在村民家中，可以近距离体验朝鲜族的风情民俗和特有的生活方式。

朝鲜族民俗博览馆：民俗博览馆收集了朝鲜族日常生活劳作所需用具，在此可以了解朝鲜族传统及历史文化。

住宿：住宿以民居为主，全村 86 户人家都可以接待住宿。

餐饮：有十余家朝鲜族特色饮食饭店，朝鲜族的小吃、泡菜、狗肉汤、酱汤和各种烧烤风味独特。

交通：万宝红旗朝鲜族民俗村地处安图县万宝镇，坐落在长白山旅游沿线，距安图县城明月镇 76 公里。

周边景点：长白山文化博览城、福满生态沟、明月湖、长白山药园、海沟黄金城、雪山湖、药水泉。

三 大成民俗旅游村

大成民俗旅游村独具民族特色的农家大院错落有致，古朴典雅清澈的烟集河水潺潺流过，风景旖旎秀丽，是节假日旅游、度假、休闲观光的好地方。游客在旅游观光的同时，还可以品尝到具有浓郁区族特色的朝鲜族水豆腐、江米鸡及各式朝鲜族泡菜。大成村同时也生延吉市水果主产地，这里有苹果梨、延边白杏、蜜桃李等。游客在站游、观光的同时，可自由采摘，感受收获的快乐。

地址：延吉市依兰镇大成村。

游览：果园采摘：大成民俗旅游村现有果园面积28公顷，为了发展农村经济，近年来引进了不少名、优、特新品种，可提供游客采摘。品种有：延边苹果梨，1.5元/斤；延边白杏，2元/斤；蜜桃李，3元/斤。

垂钓：大成民俗旅游村现有两处垂钓场所，品种以鲤鱼、鲫鱼为主，垂钓价格为每市斤10元左右。

住宿：大成民俗旅游村接待游客主要以各农家为主，价格在50元左右，卫生条件良好。

餐饮：特色菜以朝鲜族水豆腐、江米鸡、米肠、各式泡菜为主，每人每天消费价格在100元左右。

交通：交通十分便利，25路、35路公交车每30分钟一次；自驾车可经公园桥或健康桥北上即到

周边景点：屏峰山登山旅游度假区、吉永疗养院。

四 春兴朝鲜族民俗村

春兴朝鲜族民俗村地处延吉、图们、汪清交界处，素有延吉市"北郊花园"之称。这里比较完整地保留了朝鲜族人生礼仪、岁时风俗、娱乐、体育游戏、饮食起居、生产活动等鲜明特色的民俗文化。民俗村位于春兴村二组，有5000平方米的具有鲜明民族特色的农家田园式的旅游胜地。

地址：延吉市依兰镇春兴村地处延吉、图们、汪清交界处。

游览：树莓采摘：春兴树莓基地面积为5公顷，各农户庭园亦有栽培，树莓作为保健水果日趋受到城镇居民的青睐，采摘：5元/斤。

垂钓：建有两处垂钓场所，品种以鲤鱼、鲫鱼为主，垂钓价格每市斤10元左右。

住宿：接待游客主要有60户农家，价格在50元左右，卫生条件良好。

餐饮：特色菜以朝鲜族狗肉、水豆腐、米肠及各式泡菜为主，每人每天消费价格在100元左右。

交通：乘坐始发于延吉市西市场的春兴专线（每小时一次）即到；自驾车可经延吉市局子街向北延河公路18公里处，交通十分

便利。

周边景点：九龙山庄、新龙沟山庄、滑雪场。

五 台岩民俗旅游村

台岩民俗旅游村可使游客充分领略到田园风光。2006年台岩村被列为省级"社会主义新农村"建设试点村。通过大规模建设，已成为延吉市北郊一道独特的风景线。屏风山登山旅游度假区的建设为旅客去延吉提供了登山、度假、休闲观光的好去处。这里有渤海国古长城遗址，置身层风峰观景亭上，您可以俯瞰到延吉市全景。台岩民俗旅游村同时也是延吉市育肥牛基地之一，在这里您可以品尝到牛肉系列菜肴，有风味独特的牛尾汤、生拌牛肚、烧烤等特色菜。

地址：延吉市依兰镇台岩村。

游览：登山：门票10元/人，游客在登山的同时，通过登山石阶旁的碑林了解到在渤海国文化方面的知识，充分感受周边田园诗般的景色。

果园采摘：台岩民俗旅游村也是延吉市水果主产区之一，现有果林面积35公顷，游人可亲自参与采摘，延边苹果梨，1.5元/斤；南果梨，4元/斤。

住宿：接待游客以各农户为主，住宿价格在50元左右，卫生条件良好。

餐饮：特色菜以牛肉系列菜肴为主，主要有牛肉烧烤、生拌牛肚、生拌牛肉、牛尾汤等。每人每天消费价格在100元左右。

交通：25路公交车年30分钟发一次；自驾车可经公园桥或健康桥北上即到，交通十分便利。

六 九龙民俗旅游村

九龙民俗旅游村位于延吉市西北部，距市区33公里，距依兰镇政府20公里。地理位置优越，长珲高速公路、延图高速穿越镇城，交通极为便利。在建的延吉水利枢纽工程、延边大觉寺与九龙村同属依兰镇辖区。

九龙村的土特产资源十分丰富，盛产苹果梨、烟叶、苏子叶、木耳、蘑菇等土特产品和多种山野菜；境内存有延吉市唯一的原始红松林；北部山区还有储量较大的沸石矿产。

九龙村是以延边州首府城市延吉市的区位优势为依托，整合延边朝鲜族民俗、生态、区位等优势，构建集东北朝鲜族民族、民俗展示、体验、表演及影视基地为一体的朝鲜族农家乐旅游专业村。

地址：延吉市依兰镇九龙村。

游览：九龙村由原来的明兴村、九龙村、柳才村合并而成，共有4个自然屯，总户数为644户，主要产业：种植水稻、玉米、黄豆、木耳、双孢菇，年产值达236万元。牧业主要有牛、猪、鹿，年产值达130万元。九龙村秀美的自然风光，浓郁的朝鲜族民俗风情，每年都吸引着大批游人。九龙村现有农家山庄5个，年接待5万人，初步形成了以民俗餐饮、休闲娱乐、农家体验为主的农家乐旅游基地。

交通：从市内乘11路即可到达。

周边景点：新石器时代遗址、台岩屏峰山长城遗址、王隅沟抗日战遗址、金日成革命旧址、抗日英雄纪念碑。

七　河龙民俗旅游村

河龙民俗旅游村位于延吉市东部近郊12公里，海兰江与布尔哈通河两江交汇处，帽儿山脚下，地处延吉盆地，布尔哈通河自西向东流淌其间。这里山清水秀，溪流环绕，山岭连绵，绿树掩映，景色宜人。人文环境和自然景色是中国朝鲜族历史文化的缩影，充分体现了中国朝鲜族的发展历史、民族风俗以及对环境的审美要求。

延吉市小营镇河龙村2005年列入了吉林省财政支持小康村示范村建设项目，这里将建设成为中国朝鲜族民俗博览旅游区。

地址：延吉市小营镇河龙村。

游览：河龙村现有6个自然屯、426户、1442人，朝鲜族人口比例占75%。有耕地320公顷，是以旅游业及无公害食品为支柱产业，其他特色产业相陪衬的延吉朝鲜族民俗旅游村。

交通：从市内乘14路即可到达。

周边景点：延吉海兰江高尔夫球场、小河龙三胎松、城子山历史古迹、小河龙水库景观、花卉生产基地、中国朝鲜族民俗旅游度假村。

八　腰甸民俗村

腰甸民俗村位于吉林省敦化市雁鸣湖镇，由于牡丹江及其支流自镇内穿过，水域面积大，无霜期较长，气候条件好，故有"北方江南""鱼米之乡"的美誉。雁鸣湖镇因雁鸣春晓而得名"雁鸣湖"。雁鸣湖镇又因全国著名作家张笑天先生在此地创作了处女作《雁鸣湖畔》而誉满海内外。

腰甸村坐落在牡丹江畔、201国道旁，依山傍水临湖。每当春季，鸿雁归来，鹭鸶汇集，百鸟齐鸣，遨游觅食，一派万象争荣的春色。村旁山林葱翠，湖泊交错，丹江澄碧，村落相望，散发着浓郁的田园乡土气息，是集自然景观、人文景观于一体的休闲、避暑、度假的旅游佳地。

地址：敦化市雁鸣湖镇。

游览：游览长白山腹地唯一国家级湿地保护区——雁鸣湖湿地；游览"塞外小江南"雁鸣湖镇，体味小桥流水人家的水乡气息；雁鸣湖水上泛舟、垂钓、观撒网捕鱼；观东北第一道观太和宫、百年古榆、古渡口，横道河水上漂流。

住宿：2005年被评为省级卫生村，小康示范村，住渔家、农家小院。全村有221户、724人。有民俗旅游接待户15家，日接待量600人，可接待100多人住宿。

餐饮：黄金水岸烧烤、岛烤鲜鱼及特色鱼干、烤河蚌、烤家禽；品尝雁鸣湖江水活鱼宴；品尝雁鸣湖镇有机食品的代表——纳豆，吃"一锅出"、自制咸鸭蛋等农家饭菜，享受农家民俗乐趣。

交通：公交车：敦化二客运乘小巴至小山，中途在腰甸下车，或直接乘出租车前往。自驾车：敦化市官地镇→林胜村→雁鸣湖镇→腰甸村。

周边景点：雁鸣湖黄金水岸、丹江山庄、映山红山庄、太和宫道观。

九　龙山朝鲜族民俗村

龙山朝鲜族民俗村始建于1995年，由吉林省政府直接命名。龙山朝鲜族民俗村依山傍水，风景秀丽，民俗风情浓郁。北临延吉市距

10公里,西临龙井市距9公里,背靠突兀挺拔的帽儿山,怀抱闻名遐迩的海兰江……

1995年,新加坡总统王鼎昌曾到龙山民俗村访问,并亲手栽下一棵象征着美好未来的"友谊树"。多年来,龙山朝鲜族民俗村以其独特的民俗风情和丰富的旅游资源,吸引了众多中外游客前来参观游览,先后接待海内外旅游者总计10万多人。是龙井市最具民俗特色的旅游景点之一。

地址: 龙井市东盛涌镇。

游览: 民俗博物馆:占地面积3200平方米,建筑面积为252平方米,馆内展品有包括19世纪末至20世纪初各种文物3500多件,客观、真实反映了我国境内朝鲜族的民族特色和风土人情。

传统朝鲜族住宅: 当地朝鲜族民房民居。

近代土木结构草房: 当地朝鲜族民房民居。

住宿: 共30户,能接待120人,室内按朝鲜族民俗习惯装修,有电视、沙发、冰箱、热水器、洗浴间、标准卫生间等配套设施。

餐饮: 朝鲜族民俗饮食,如江米鸡、豆腐、打糕、冷面、土豆饺子、牛肉、狗肉、羊肉系列佳肴、泡菜等。价格20—30元/人。

交通: 龙山朝鲜族民俗村,位于龙井市东盛涌镇。北距延吉市10公里,西距龙井市9公里,交通便捷,龙图公路、龙延公路都从村中经过。

周边景点: 大成中学、井泉公园、碧岩山—松亭景区、万亩果园、东方熊乐园等。

十 三合朝鲜民俗村

龙井市三合镇总人口为5824人,其中朝鲜族为5713人,汉族为111人,朝鲜族占98%,大多数村落属于朝鲜族部落,住房饮食习惯、各种礼仪、风俗都较好地保持了朝鲜民族传统风俗习惯,具有突出、鲜明的代表性。在口岸贸易优势的带动下,旅游流动人口达25万人次以上,开发潜力巨大。设有秋千、跷跷板、射箭场等游乐设施。

地址: 龙井市三合镇。

游览：朝鲜族百年老宅、体验朝鲜族民俗民风、参观周边景点等。

住宿：120元/户。

餐饮：朝鲜族风味小吃，包括朝鲜族泡菜、打糕、米肠、江米鸡、各类酱汤狗肉汤、牛羊肉汤等，外加主食，价格大约为30元/人。

交通：三合朝鲜族民俗村距龙井市50公里，路况良好。

周边景点：清泉水库、望江亭、罕王山遗址、天佛指山国家自然保护区等。

十一 朝阳川绿色大米基地

以延边绿色食品加工有限公司和宇星科技有限公司为龙头在龙盛、太东等7个村建立的绿色大米基地，采用农家肥和有机肥进行田间管理，生产纯天然绿色稻米。绿色大米种植面积达到1800公顷，有机水稻种植面积达20公顷。

地址：龙井市。

游览：千里稻花香，一望无际的田园风光。

住宿：宿于农家小院，120元/户。

餐饮：品农家菜、吃农家饭，每餐30元/人。

交通：朝阳川镇距龙井市15公里，路况良好。

周边景点：大成中学旧址、碧岩山一万亩果园、延边东方熊乐园、松亭等。

十二 防川朝鲜族民俗村

龙井市朝鲜民俗村

防川村位于珲春南部，中、俄、朝三国交界地带，被誉为"东方第一村"，素有"鸡鸣闻三国，犬吠惊三疆，花开香三邻，笑语传三邦"之美誉。

该村距珲春市区60公里，总面积为14平方公里，海拔为5米，吉林省海拔最低的地方就在这里。全村现有村民31户、95人，村内所有居民都是朝鲜族，其民族文化内涵纯正，仍保留着原有的民族气息和民族特色。周围景色秀丽，每年慕名而来的游客都在5万人次以上，是吉林省为数不多的纯正朝鲜族村落，也是研究和发展朝鲜民俗文化的现存宝典。党和国家领导人胡锦涛、江泽民、李鹏、朱镕基、刘华清等曾先后到防川村慰问。

地址：龙井市防川村。

游览：民俗表演（舞蹈、荡秋千、跳板、传统民族乐器表演等），江中捕鱼（随渔民一起到图们江中捕鱼），参观展览馆（张鼓峰战役遗留的史迹材料和军用品）。

住宿：游客可到装修新的民居中住宿，体验朝鲜族农家生活。

餐饮：品尝朝鲜族特色饮食，主要包括：朝鲜族泡菜、肉汤、米肠、冷面、鱼等，这些都是朝鲜族村民自己制作的，游客可参与一些饮食的制作过程，体验朝鲜族饮食文化。

交通：珲春—防川风景名胜区。

周边景点：防川风景名胜区、莲花湖公园、龙山湖水库度假村、中俄朝边境。

十三　大洞村

大洞村位于长白山脚下，图们江上游，距市区 78 公里，西接安图县，南与朝鲜咸镜北道、两江北道大红丹郡隔江相望，是沿江旅游公路通往长白山天池的必经之地。据记载，大洞村于清朝光绪初年建屯，渔业资源丰富，除少数鲍、鳅等小型鱼类外，还有珍稀的冷水性鱼类，如细鳞鱼、花羔红点鲑、大马哈陆封型、雅罗鱼等。农业向生态化发展，形成了粮食、药材、野山菜、畜牧等商品生产基地。虎牙石群巍峨耸立，红旗河瀑布飞流直下，秀峰叠翠，曲径阡陌，奇花异草楚楚动人。图们江源头、金日成钓鱼台、红旗河漂流、红旗河连环瀑布、登军舰山望中朝风景等，这些都是长白山旅游环线的必经之地。现每年可接待上万人次国内外游客。

地址：和龙市崇善镇大洞村。

游览：中朝 21 号界碑：是和龙市境内唯一的陆地三角界碑，三个界碑地中心点就是中朝地分界点，而图们江源头恰好在三角界碑内。

图们江"第一哨"、金日成钓鱼台：图们江"第一哨"是沿图们江我国境内的第一个哨所。哨所地对面就是金日成钓鱼台。金日成抗日战争时曾经在此钓过鱼，故此才称为金日成钓鱼台。在抗美援朝时期这里曾经有一座桥，现在虽然断开了，但是在抗美援朝时，它为向朝鲜运输战略物资做出了巨大贡献。

图们江国家森林公园：具有十分丰富而又珍贵的动植物，同时又是一座天然的大氧吧。

军舰山著名风景区：军舰山有军舰洞，此洞长308米。军舰山风景秀丽、气候凉爽，登上山顶，朝鲜美丽景色一览无余。

红旗河景区：瀑布飞流直下，雄伟壮观。红旗河瀑布旅游景区建有攀岩区、漂流区；滑绳区，同时游客可观看到每年的金达莱文化节，欣赏到朝鲜族艺术，游客可以直接参与朝鲜族传统饮食的制作，参与荡秋千、跷跷板、拔河等朝鲜族传统体育活动，参与农家劳动，和村民一起娱乐，亲身体验婚礼、"花甲"等丰富多彩的朝鲜族民俗风情。

住宿：民俗村对所有农房进行改造或新建，建成的富有朝鲜族民族特色的民居民俗一条街，有实惠方便的农家乐，让您能体验到真正的民俗风情。住宿费用30元到100元之间。同时并建筑了高档的住所，提供舒适安逸的住宿条件，设有会议大厅，满足游客的要求，住宿费用50元到100元之间。

餐饮：集聚了以狗肉汤、米肠、辣香汤等朝鲜族传统饮食文化为主的餐饮一条街，朝鲜族传统的大米饭、冷面、打糕、发糕、蒸糕和松饼，细鳞鱼、花羔红点鲑、大马哈陆封型、雅罗鱼等稀有冷水鱼和烤土猪等。每人一天的消费约为150—180元。

交通：往返和龙市区与民俗村的客车每天三班次（上午7：00、上午10：00、下午14：00发车）。

十四　南坪镇民俗村

南坪镇民俗村位于吉林省东部，和龙市东南部，图们江上游北岸，地属山区。南坪镇地处边境，与朝鲜咸镜北道隔江相望，距朝鲜咸镜北道茂山郡（亚洲第一大茂山铁矿所在地）20公里。全镇边境线长75公里。在边境一线能欣赏到风光秀丽的异国景色，南坪镇内有国家名胜风景区仙景台,国家一级对朝口岸,省级旅游景点虎岩等旅游资源。

地址:和龙市南坪镇。

游览:虎岩位于南坪镇东南部,相距18公里。这里地处边境,与朝鲜隔江相望,这里物产丰富,盛产木耳、蕨菜、山葡萄、五味子、山野菜、沙参和桔梗等中药材。别具一格的民俗风情和怡然自得的江边垂钓是该村休闲旅游的一大特点。

住宿:单、双间可任意选择,费用为30—50元。如果想亲自感受农村的乡土气息,也可选择当地村民家里。这里的村民热情好客,喜欢与其他民族交流,居住在村民家里每日仅需20元。

餐饮:朝鲜族的米饭、米酒、打糕、冷面、小咸菜、山野菜、狗肉全席等风味饮食。

交通:客车从和龙始发,每人10元,每日三趟,分别为早上8:00、上午10:30、下午3:00,出租车每人15元。返回时可乘坐客车和出租车,票价均为每人10元。

十五 农家乐

(一)九龙山庄农家乐

地址:延吉市依兰镇九龙村。

接待能力:日接待200人。

收费标准:每人50元左右。

娱乐设施:垂钓、文体活动、民俗活动。

公交车:延吉至汪清客车直达九龙山庄。

(二)新龙沟山庄农家乐

地址:延吉市依兰镇。

接待能力:日接待100人。

收费标准:每人50元左右。

娱乐设施:垂钓、文体活动、民俗活动。

公交车/自驾车:西市场始发的依兰车,每小时一班次。

(三)方元山庄农家乐

地址:延吉市依兰镇春兴村。

接待能力：日接待 200 人。

收费标准：每人 50 元左右。

娱乐设施：垂钓、文体活动、民俗表演。

公交车：西市场至春兴班车直达。

（四）垂钓山庄农家乐

地址：延吉市依兰镇春兴村新光一组。

接待能力：日接待 100 人。

收费标准：每人 50 元左右。

娱乐设施：农事采摘、文化活动。

公交车：西市场至春兴班车直达。

（五）万隆山庄农家乐

地址：延吉市依兰镇春兴村。

接待能力：日接待 150 人。

收费标准：每人 50 元左右。

娱乐设施：农事采摘、垂钓、文体活动。

公交车：西市场至春兴班车直达。

（六）金氏土鸡店农家乐

地址：延吉市小营镇理化（原明新）五队。

接待能力：能接待 20 人住宿（卫生间 4 个）；

第一、第四季度能接待 200—300 人同时用餐；

第二、第三季度能接待 500—600 人同时用餐。

收费标准：200—400 元/桌。

娱乐设施：练歌机 2 台，机器麻将 1 台，凉亭 30 个，有假山、水车、喷泉等。

公交车：从市内乘 43 路即可到达。

（七）美阿里土鸡店农家乐

地址：小营镇河龙村 17 队。

接待能力：能接待 40 人同时用餐；能接待 30 人住宿（卫生间 2 个）。

收费标准：用餐 200—300 元/桌，住宿标准 10 元/人。

娱乐设施：练歌机 1 台、机器麻将 1 台。

公交车：从市内乘 14 路即可到达。

（八）惠珍度假村农家乐

地址：小营镇河龙村 16 队。

接待能力：能接待 200—300 人同时用餐；能接待 200—300 人住宿（卫生间 3 个）。

收费标准：用餐标准：早餐 5 元/人，中餐和晚餐 200—300 元/桌；住宿标准 10 元/人。

娱乐设施：练歌包房 5 间、机器麻将 3 台，院内有运动场。

公交车：从市内乘 14 路即可到达。

（九）金顺土鸡店农家乐

地址：小营镇河龙村 14 队。

接待能力：能接待 40 人同时用餐；能接待 30 人住宿（卫生间 1 个）；用餐标准 200—300 元/桌。

收费标准：住宿每人 5 元/晚。

娱乐设施：练歌机 1 台。

公交车：从市内乘 14 路即可到达。

（十）天鹅冷面部农家乐

地址：小营镇河龙村 13 队。

接待能力：能接待 400 人同时用餐；能接待 200 人住宿（卫生间 2 个）。

收费标准：用餐标准 200—300 元/桌；住宿标准 10 元/人。

娱乐设施：练歌机 1 台。

公交车：从市内乘 14 路即可到达。

（十一）龙山湖水库度假村

地址：珲春市敬信镇境内。

接待能力：接待 150 人。

餐饮：野菜、湖中盛产的野生鱼类、河蟹、河虾等。

收费标准：50 元/人。

娱乐设施：乘双人摩托艇、脚踏船、冲锋舟游湖，欣赏湖中美景和沿岸风光；摆渡捕鱼、湿地观鸟、荡舟垂钓、欣赏荷花、游湖。

公交车：珲春→敬信镇。

（十二）莲花湖公园农家乐

地址：珲春市敬信镇境内。

接待能力：接待30人。

餐饮：品尝湖内自产野生鱼（鲤鱼、鲫鱼、鲇鱼、河虾等各种鱼类佳肴）和山野菜（蕨菜、薇菜、山芹菜、刺嫩芽等）、农家土鸡、鸭、兔等。品尝当地江、海产品（大马哈、滩头鱼、梭鱼、七星鱼等）和朝鲜、俄罗斯螃蟹、虾，地产河蟹、鸭蛋等土特产。品尝朝鲜族特色烧烤。

收费标准：50元/人。

娱乐设施：观赏公园自然风光，采摘园内野菜、野果，观赏海鸥、白鹭等珍奇野生鸟类，参加划船、打水仗、体验沙滩浴等娱乐活动，莲花湖垂钓，瞭望苏联碉堡遗址，了解早期莲花湖居民生活，参观遗址、早期石磨等。

公交车：珲春→防川风景区（珲春市区约40公里）。

（十三）李致云农家乐

地址：珲春市敬信镇二道泡村。

接待能力：接待60人。

餐饮：朝鲜族小吃、狗肉、鱼餐、山野菜、打糕、纯农家院绿色食品。

娱乐设施：庭院环境幽雅，典型的朝鲜族民房周围遍布各种果树和绿色蔬菜。春天花枝烂漫、鸟语花香，夏天绿树成荫、舒适清爽，秋天五彩缤纷、果实累累，冬天冰清玉洁、银装素裹。曾接待过江泽民、刘华清、钱其琛、曾庆红等党和国家领导人。

公交车：珲春→敬信镇二道泡村。

（十四）宇别尔

地址：珲春市板石镇。

接待能力：200人左右。

收费标准：50元人。

娱乐设施：水上脚踏船、健身器材、休闲亭、旅游观光车、篮球场、排球场。

公交车：珲春市区→光新。

(十五) 密江旅游区

素有"洞箫之乡"美誉的密江，山清水秀，景色宜人。现已在密江河、三安河下游地区建有10余处旅游度假村，其中，以江东渔村和密江乡民俗村的规模最大，分别具有容纳300余人同时就餐的接待能力。

地址：珲春市密江乡境内。

接待能力：1000人左右。

收费标准：50元/人。

特色餐饮：品尝密江河、三安江盛产的虹鳟鱼、金鳟鱼和沿图们江迎水而上的大马哈鱼、滩头鱼等鱼类以及朝鲜族特有的打糕、冷面、狗肉等，还有山野菜、蜂蜜、蘑菇等纯天然食品。

娱乐设施：欣赏朝鲜族洞箫、舞蹈、荡秋千、跳板等民俗娱乐表演；观赏密江河美妙景色。

公交车：珲春市区→密江。

自驾车：图们→密江。

(十六) 蓬莱山庄

地址：汪清县北部，离汪清县城7公里，是延边到牡丹江镜泊湖的必经之路。

收费标准：有标准客房10间，价格为100元/人；有3座民俗房，内有14间民俗屋，20元/人，可供150人住宿；并设有一个100平方米，能容纳80人的会议室和歌厅。

特色餐饮：主要特色菜有以自产鱼系列，农家自产菜。消费价格为每人100元左右。

娱乐设施：7800平方米垂钓鱼塘，以鲤鱼、鲫鱼为主，价格为10元/斤。有1艘快艇和16艘游船。并配备网球、排球、羽毛球等体育设施供游客选用。

公交车：汪清县城至该山庄7公里，面的或的士10元/辆，延吉至牡丹江，汪清至大兴沟的公共车辆路过该山庄。

（十七）溪水湾农家乐

地址：和龙市龙城镇富兴村。

收费标准：每人每天最低消费100元左右。

娱乐设施：网球、健身、游泳、麻将、棋牌等，大、中、小型舞台、秋千、跷跷板等传统民族娱乐设施。

交通：位于长白山旅游公路沿线的城乡接合部，距延吉75公里，距和龙市区2公里左右。

（十八）图们江烧烤第一村

龙图公路月晴镇内，距离图们市中心8公里，乘车大约10分钟。村内95%以上村民均为朝鲜族，是集民俗观光、风味饮食、生活体验为一体的农家乐旅游村。观光项目主要有朝鲜族百年民居、二十四块石及朝鲜族民俗表演等；饮食主要为民俗风味野外烧烤。该村浓郁的朝鲜族生活习俗，让游客体验到中国朝鲜族地方风情和朝鲜族文化氛围，并融入朝鲜族农家温馨快乐的生活当中。

（十九）家美苑生态文化博物园

位于302国道88公里处的吉林省图们市长安镇龙家村，图们市与延吉市的毗邻处，距离图们市中心28公里。乘车大约30分钟。1994年开工建设，是图们市唯一集民俗、文化、餐饮、休闲为一体的生态文化博物园。总占地面积为12公顷。其中心建有3公顷左右的绿色岛，外围有7公顷大的湖面，沿湖修筑环绕景观步行道，景色宜人。总建筑面积为3200平方米的博物园融合传统与现代设计特点、风格各异的建筑群。园内有博物馆、展览馆、石雕和诗碑、会议室、迎宾殿、画室、湖边舍、餐饮店等。

（二十）图们凉水稳城大桥

位于302国道140公里、图们江上游240公里处，吉林省图们市凉水镇内，距离图们市中心23公里。图们市凉水镇与朝鲜稳城郡之间的稳城大桥（现已俗称"稳城断桥"）1937年5月竣工。日本侵略军修桥的目的是把在中国各地掠夺的物资通过朝鲜运回其国内。同时，该桥也是中朝之间开展贸易和人员往来的通道。大桥总长525

米、宽6米，有桥墩21个。1945年8月13日，东北抗日胜利前夕，日本侵略军不甘心自己失败的命运，派遣特务将此桥炸毁。站在图们水稳城"断桥"上，可一睹一江之隔的朝鲜稳城郡城区及朝鲜著名的王在山革命事迹地纪念塔的全貌。在此既可领略异国风情，也可进行爱国主义教育。

（二十一）马川乡特色餐饮

位于珲春市东南部，西与边境经济合作区相邻，距市区仅1.5公里。朝鲜族饮食文化悠久，是远近闻名的特色"串乡"，马川子乡肉串被誉为"珲春第一大肉串"。马川子乡肉串，是珲春市独有正宗的延边朝鲜族传统肉串。它是在继承原有朝鲜族传统风味肉串的基础上，又创造了自己独有的特色"有烟烤串"。串店内备有专供"有烟烤串"需求的顾客室外就餐的环境。马川子肉串选用优质延边黄牛肉，用多种优质材料配制，颜色鲜艳自然，口感嫩爽，既饱口福又滋补强身。肉串满街飘香，引人食欲，味道极佳，游客尝后赞不绝口，久食不厌，回味无穷。吃串过程中还配有各种纯正的朝鲜族小菜，风味俱佳。肉串种类繁多，有牛肉、羊肉、各种内脏。鹿肉及烤串全部采用不损害人体健康的纯柞木炭烤制。马川子乡肉串在烧烤过程中全部由客人自行烤制，使客人体验自己动手烤制肉串所带来的无穷妙趣。

马川子乡特色餐饮除肉串外还有鸭子的吃法。鸭子全部采用马川子乡稻田养殖的肉鸭，鸭肉肥而不腻，做法种类繁多，可以炒、煎、炸、炖、烤，味道各具特色。

参考文献

Ahn B., Bongkoo, Shafer C. S., "Operationalizing sustainabiliey in regional tourism Planning: an application of the limits of acceptable. Change framework", *Tourism Management*, 2002, 23 (1): 11 – 15.

Abraham Pizamt, "Aliza Fleischer. Rural tourism in lsrael", *Tourism Management*, 1997, 18 (6): 367 – 372.

Ann Murphy, Peter W. Williams, "Attracting Japanese tourists into the rural hinterland: implications for rural development and planning", *Tourism Management*, 1999, (8): 245 – 248.

Acott, T. G., La Trobc, H. L. and Howard, S. H., "An evaluation of deep ecotourism and shallow ecotourism", *Journal of Sustainable Tourism*, 1998, 6 (3): 238 – 253.

Andrew Lepp, "Residents' attitudes towards tourism in Bigodi village, Uganda", *Yourism Management*, 2007, 128 (3): 876 – 885.

Ales Saveriades, "Establishing the Social Tourism Carrying Capacity for the Tourist Reports of the Coast of the Republic of Cyprus", *Tourism Management*. 2000, (21): 147 – 156.

Arie Reichel, Oded Lowengart, Ady Milman, "Rural tourism in Israel: service quality and orientation", *Tourism Management*, 2000 (21): 451 – 459.

A. K. Bhattacharya, "Ecotourism Planning and Management (24th – 30th May, 2000)", *Ecotourism and Livelihoods*, Concept Publishing Company, 2005.

Butler, R. W., "The concept of a tourist area cycle of evolution: implications for management of resources", *Canadian Geograther*, 1990, 24: 5 - 12.

B. Kpandey, "*Tourism: Policies, Planning and Governance, Rural Development: Towards Sustainability*", India: Isha Books, 2005.

Blamey R. K., Principles of Ecotourism. In Weaver D. B. (cd.) The Encyclopedia of Ecotourism, New York: CAB International, 2001.

Beckman K. F. B. A. Wright, and Beckman, "Ecotourism: A Short Descriptive Exploration", *Trends*, 1994, 31 (2): 31 - 38.

B. Solomon, C. Corey - I. use and K. Halvorsen, "The Florida manatee and eco - tourism: Toward a safe minimum standard", *Ecological Economics*, 2004, (50): 101 - 115.

Buckley R., "A framework for Emotions", *Annals of Tourism Research*, 2008, 21 (3): 661 - 669.

Butler, R. A., "lternative Tourism: Pious Hope or Trojan horse", *World Leisure and Recreation*, 1999, 31 (4): 9 - 17.

Ceballos - Lascurain H., "The Future of Ecotourism", *Mexico Journal*, 1987 (2): 13 - 14.

Chris C., Stephen W., *Tourism Development; Environmental and Community Issues*, Jhon Wiley&Sons, 1987.

Ceballos - lascurain. H. Tourism, Ecotourism and protected Areas, in KuslerJA (ed). Ecotourism and Resource Conservation, Ecotourism and Resourse ConservationProject, 1991: 1.

Donald F. Hawkins, "Protected Areas Ecotourism Competitive Cluster Approach to Catalyse Biodiversity Conser - vation and Economic Growth in Bulgaria", *Journal of Sustainable Tourism*, 2004, 12 (3): 219 - 244.

Dernoi L. A., "About Rural & Farm Tourism", *Tourism Recreation Research*, 1991, 16 (1): 3 - 6.

Drumm A., "New approaches to community - based ecotourism management, learning from Ecuador, ecotourism, a guide for planners&managers", *The International Ecotourism Society*, Burlington, VT USA, 1998, 2: 134 -

139.

Dyer P., L. Aberdeen, S. Schuler, "Tourism impacts on an Australian indigenous Community: a Djabugay case study", *Tourism Management*, 2003, 24: 83 – 95.

David A. Fennell, *Ecotourism*, *Third Edition*, London: Routlege Press, 2008.

David A. Fennell, *Ecotourism: an Introduction*, London: Routlege Press, 1999.

D. C., "Landscape studies in geography and cognate fields of the humanities and social science", *Landscape Research*, 1999, 5 (3): 1 – 6.

Edward Inskeep, "Tourism planning: an Integrated and Sustainable Development Approach", *Van Notary Reinhold*, 2009, 5 (1): 100 – 103.

Edward J. R., "The UK heritage coasts: an assessment of the ecological impacts of tourism", Annals of Tourism Research, 2007, 14: 71 – 87.

Elizabeth Boo, *Ecotourism: the potential and pitfalls*, WWF, Washington, 1990.

Edward S. McLaughlin W&Ham S., Comparative Study of Ecotourism Policy in the Americas 1998, Organization of American States, *Ecological Economics*, 2001, (39): 321 – 331.

Fennell D. A., "A content analysis of ecotourism definitions", *Current Issues in Tourism*, 2001, 4 (5): 403 – 421.

Fennell D. A., *Ecotourism: An Introduction*, London: Routledge, 1999.

Femando, Garrigos, Yeamduan Narangajavana, Daniel Palacios Marques, "Carrying Capacity in the Tourism Industry: A Case Study of Hengistbury Head", *Tourism Management*, 2004, (25): 273 – 283.

Farrell B. H., "Sustainable Development; Whatever Happened to Hana", *Cultural Survival Quarterly*, 2000, 14 (2): 25 – 29.

George N. Wallace Wallace, "Toward a Principled Evaluation of Ecotourism Ventures", *Colorado State University*, 2012, (4): 88 – 101.

Hwey – Lian Hsieh, Chang – Po Chen, Yaw – Yuan Lin, "Strategic planning for a wetlands conservation greenway along the west coast of Taiwan", *Ocean & Coastal Management*, 2004, (47): 257 – 272.

Isabclle Frochot, "A benefit segmentation of tourists in rural areas: a Scottish perspective", *Tourism Management*, 2005 (5): 331 – 335.

Jim C. Y., "Environmental changes associated with mass urban tourism and nature tourism development in Hongkong", *The Environment Tallest*, 2000, 20: 223 – 247.

Kreg Linberg, Brian Furze, Marilyn Staff & Rosemary Black, *Ecotourism in the Asia – Pacific Region*, Issues and Outlook, 1998.

L. Medina, "Ecotourism and certification: Confronting the principles and pragmatics of socially responsible tourism", *Journal of Sustainable Tourism*, 2005, (13): 281 – 295.

Lange, E., "Integration of computerized visual simulation and assessment in environmental planning", *Landscape and Urban Planning*, 2005, 30: 99 – 112.

Leo Huang, "Rural tourism revitalization of the leisure farm industry by implementing an e – commerce strategy", *Journal of Vacation Marketing*, 2006, 12 (2): 232 – 245.

Lane B., Sustainable Rural Tourism Strategies: A Tool for Development and Conservation. In Bramwell R. Lane B. Rural Tourism and Sustainable Rural Development, Clevcdon: Channel View Publication, 1994.

Lmdberg K., Hawkins D. (eds.), *Ecotourism: A Guide for planners and Managers*, North Bennington: The Ecotourism Soiety, 2004.

Lindberg K., Donald and Hawkins E., "Ecotourism guide for planners and managers", *The Ecotourism Society*, America, 2004: 191 – 212.

Martin Oppcrmann, "Rural Tourism in Southern Germany", *Annals of Tourism Rescarch*, 1996, 23 (1): 86 – 102.

Martin Mowforth, Clive Charlton and Ian Munt, *Tourism and Responsibility: Perspectives from Latin America and the Caribbean*, London: Routledge Press, 2008.

M. Novellli, J. Barnes and M. Humavindu, "The other side of tourism corn: Consumptive tourism in Southern Africa", *Journal of Ecotourism*, 2006 (5): 62 – 79.

Martin Oppermann, "Rural Tourism in Southern Germany", *Annals of Tourism Research*, 1996, 23 (1): 86 – 102.

Megan Epler Wood, "Developing a Framework to Evaluation of Ecotourism as Conservation and Sustainable Development Tool", *The International Ecotourism Society*, 2012: 115 – 120.

Medina F. M., Garcia R., Nogales M., "Feeding ecology of feral cats on a heterogeneous subtropical oceanic island", *Actatheriologica*, 2006, 51 (1): 75 – 83.

Megan Epler Wood, "Ecotourism and Sustainable Development", *Industry and Environment*, 2001, 24 (3 – 4): 10 – 13.

Priskin J., "Assessment of natural resources for nature – based tourism: The case of the Central Coast Region of Western Australin", *Tourism Management*, 2001, 22 (6): 837 – 846.

Peter Evans, *Livable cities? Lrban struggles for livelihood and sustainabilily*, Berkeley: University of Califomia Press, 2002.

Peter E., Murphy, Tourism: a community approach, New York: Methuen Inc. 2005: 155 – 176.

Ryan C., "Equity, management, power sharing and sustainability issues of the 'new tourism'", *Tourism Management*, 2002, 23 (1): 128 – 132.

Ravee Chsuhan, *Ecotourism: Trends and Chanllenges*, India: Vista International Publishing House, 2006.

Rymer T. M., "Growth of U. S. Ecotourism and Its Future in the 1990s", *FIU Hospitality Review*, 1992, 10 (1): 1 – 10.

Rhodes Hotelling, Division for Sustainable Development. Department of Economic and Social Affairs, United Nations, Indicators of Sustainable Development: Framework and Corset, 2009, (1): 56.

Priskin J. , " Assessment of natural resources for nature – based tourism: The case of the Central Coast Region of Western Australin", *Tourism Management*, 2001, 22 (6): 837 – 846.

Steven R. Lawson, Robert, E. , Manning, William A. , Valliere, Benjamin Wang, "Proactive Monitoring and Adaptive Manage ment of Social Carrying Capacity in Arches National Park: An Appli canon of Computer Simulation Modeling", *Environment Management*, 2003, (68): 305 – 313.

Tony Prato, " Modeling Carrying Capacity for National Parks", *Ecological Economics*, 2001, (39): 321 – 331.

TES, ed. , *Ecotourism Principles of Nature Tourism Operators*, North Bennington: The Ecotourism Soiety, 1998.

Vanessa Stinger, " Ecotourism in the Last Indigenous ", *Caribbean Community Annals of Tourism Research*, 2010, (2): 899 – 912.

Valentine P. S. ,"Ecotourism and Nature Conservation: Dennition with Some Recent Developments in Micronesia", *Tourism Management*, 2013, 14 (2): 107 – 115.

Wherrett, J. R. , " Creating landscape preference models using Internet survey techniques", *Landscape Research*, 2000, 25 (1): 7996.

Wall G. , "Ecotourism: Old Wine in New Bottles?" *Trends*, 1994, 31 (2): 4 – 9.

Jim C. Y. ,"Environmental changes associated with mass urban tourism and nature tourism development in Hongkong", *The Environment Tallest*, 2000, 20: 223 – 247.

Westem D. , " An African Odyssey to save the elephant", *Discover*, *Chicago*, 2006, 7 (10): 56 – 58.

Yedla S. , Shrestha R. M, Anandarajah G. , "Environmentally sustainable urban transportation", *Transport Policy*, 2005, (12): 245 – 254.

白光润：《论生态文化与生态文明》，《人文地理》2003 年第 4 期。

白延飞、王子臣、吴昊、王海芹、沈建宁、吴田乡、管永祥、梁永红:《江苏省农业旅游中的生态保护问题研究》,《安徽农业科学》2014年第32期。

保继刚:《旅游资源定量评价初探》,《干旱区地理》1988年第3期。

保继刚:《滨海沙滩旅游资源开发的空间竞争分析——以茂名市沙滩开发为例》,《经济地理》1991年第2期。

保继刚、潘兴连、杰弗里·沃尔:《城市旅游的理论与实践》,科学出版社2011年版。

曹胜:《农村生态开发中存在的问题及化解对策》,《江苏经济报》2012年第12期。

曹冬琴:《社区居民对发展农业生态旅游态度的研究——以兴安县莲塘村为例》,《中南林业科技大学学报》(社会科学版)2013年第6期。

陈传康:《海南发展战略与旅游开发》,《资源开发与市场》1990年第2期。

陈春光:《长春市净月开发区休闲观光农业发展研究》,硕士学位论文,吉林农业大学,2013年。

陈德广、朱建营:《河南省精品旅游资源的定量评价与分析——兼论〈中国旅游资源普查规范〉中的定量评价方法》,《河南大学学报》(自然科学版)2006年第3期。

陈福义、范保宁:《中国旅游资源学》,中国旅游出版社2003年版。

陈高钦:《国际旅游市场发展趋势》,中国经济出版社1996年版。

陈佳平:《河南省乡村生态旅游开发问题研究——基于中原经济区的视角》,《河南社会科学》2012年第9期。

陈健、吴楠、刘倩慧:《农业生态旅游园区绿色营销开发战略研究——基于珠海斗门生态农业园的实证》,中国环境科学学会、四川大学《2014中国环境科学学会学术年会论文集》(第二章)。

陈娟:《福鼎市生态旅游资源评价与开发研究》,《温州大学学报》(自然科学版)2008年第3期。

陈娟:《东北区生态旅游资源的开发与保护》,《海岸工程》2002年第1期。

陈秋华、陈贵松:《生态旅游》,中国农业出版社2009年版。

陈世清:《生态旅游概态浅析》,《广东林业科技》2004年第4期。

陈学清:《基于绿色营销观的农业生态旅游开发研究》,《生态经济》2007年第6期。

陈艳萍、祁真:《生态农业旅游的内涵及开发研究》,《内蒙古农业大学学报》(社会科学版)2009年第1期。

陈跃明、赖晓君、赖剑锋、胡情祖:《江西省玉山县发展农业生态旅游的思考》,《江西农业学报》2012年第5期。

陈赞章、罗富晟:《海南省旅游资源评价模型建设研究》,《农业网络信息》2011年第11期。

程天矫:《农业旅游的生态规划设计方法研究》,硕士学位论文,西北农林科技大学,2006年。

程天矫、贺金红、胡兵辉:《农业生态旅游研究进展》,《武汉生物工程学院学报》2006年第1期。

川许刚:《旅游产品的结构划分及对策》,《桂林旅游高等专科学校学报》2004年第1期。

David A. Fennell:《生态农业旅游》,张凌云译,旅游教育出版社2011年版。

丁忠明、孙敬水:《我国观光农业发展问题研究》,《中国农村经济》2000年第12期。

范水生、朱朝枝:《休闲农业的概念与内涵原探》,《东南学术》2011年第2期。

范子文:《观光、休闲农业的主要形式》,《世界农业》1998年第1期。

付臣、吕鹏:《辽宁生态旅游资源评价体系研究》,《商业文化》2007年第11期。

付卉:《吉林省农业生态旅游发展问题研究》,《中国农业信息》

2014年第20期。

付卉：《吉林省农业生态旅游发展中环境保护问题研究》，《现代商业》2014年第23期。

付启敏、吴刚：《简论乡村旅游与生态旅游》，《人连教育学院学报》2004年第12期。

傅丽华：《社区参与城郊农业生态旅游开发研究——以株洲市仙庾岭开发为例》，《湖南农业大学学报》（社会科学版）2006年第5期。

高吉喜：《可持续发展理论探索——生态承载力理论、方法与应用》，中国环境科学出版社2011年版。

谷松：《北大荒农业生态旅游品牌的定位与建设》，《经济视角》2006年第10期。

郭彩玲：《陕西省农业生态旅游资源发展对策研究》，《干旱区资源与环境》2005年第4期。

郭华：《社区农业生态旅游产品指标体系构建研究》，硕士学位论文，西南交通大学，2008年。

郭华：《我国农业生态旅游研究现状及展望》，《四川文理学院学报》2014年第4期。

郭焕成：《发展乡村旅游业，支援新农村建设》，《旅游学刊》2006年第3期。

郭来喜：《中国生态旅游——可持续旅游的基石》，《地理科学进展》1997年第4期。

耿红莉：《休闲农业体验活动设计与开发——农业资源的创意应用》，《农产品加工》（创新版）2010年第1期。

海南省国土环境资源厅：《海南省生态环境保护状态与建议对策》，2013年。

韩林平：《农业生态旅游经济的可持续发展研究》，《农业经济》2013年第2期。

韩迎春、张方成：《论农业生态旅游的可持续发展——基于农民环境权保护的角度》，《生产力研究》2013年第8期。

何平：《农业生态旅游资源及其分析》，《社会科学家》2002年第1期。

赫尔曼·戴利：《超越增长：可持续发展的经济学》，长沙译文出版社2011年版。

郝立群：《农业科技示范园区调查与规划的研究》，硕士学位论文，吉林农业大学，2011年。

郝新娣、刘淑芹：《农业生态旅游发展浅析——以定州黄家营葡萄酒庄为例》，《农业开发与装备》2014年第6期。

胡川：《农业生态旅游资源开发及监管研究》，《农业经济问题》2007年第7期。

胡建团：《农业生态旅游经济的可持续发展策略》，《中外企业家》2013年第13期。

胡志毅、张兆干：《社区参与和旅游业可持续发展》，《人文地理》2002年第10期。

黄世成、徐春阳、周嘉陵：《城市和森林空气负离子浓度与气象环境关系的通径分析》，《气象》2012年第11期。

黄细嘉：《略论我国度假旅游的现状、问题和发展趋势》，《南昌大学学报》（社会科学版）2000年第2期。

黄细嘉、李雪瑞：《我国旅游资源分类与评价方法对比研究》，《南昌大学学报》（人文社会科学版）2011年第2期。

黄亚泉：《农业生态旅游发展与旅游经济的重要关联》，《办公室业务》2012年第17期。

黄震方、袁林旺、黄燕玲等：《生态旅游资源定量评价指标体系与评价办法——以江苏海滨为例》，《生态学报》2008年第4期。

黄震方、朱晓华：《生态道德是发展生态旅游的道德保障》，《生态经济》2001年第7期。

江舜年：《十里荷香景色幽江苏农垦云台农场精心打造农业生态旅游》，《中国农垦》2013年第10期。

姜哲琦、田利琪：《张家口农业生态旅游产品差异化现状、问题及对策》，《河北软件职业技术学院学报》2015年第1期。

焦慧元：《河北省发展生态农业旅游的思考》，《商业研究》2011年第21期。

雷和涛：《农业生态科普旅游发展研究》，硕士学位论文，西北农林科技大学，2009年。

李春生：《城郊观光农业旅游开发研究——以郑州市近郊为例》，《河南教育学院学报》（自然科学版）2001年第3期。

李东和：《国际生态旅游市场分析》，《旅游学刊》1999年第1期。

李尔、张德安：《论生态旅游的兴起及其概态实质》，《地理学与国王研究》1999年第2期。

李芳洁：《广州市白云山风景名胜区旅游资源评价与可持续发展研究》，硕士学位论文，华南理工大学，2011年。

李海军、杨阿莉：《我国生态旅游资源分类的研究综述》，《湖南工程学院学报》（社会科学版）2007年第4期。

李华、张序强：《黑龙江省开发生态农业旅游的策略研究》，《哈尔滨师范大学自然科学学报》2012年第5期。

李会琴、侯林春、王林等：《黄土高原地区生态旅游资源评价研究——以山西省中阳县为例》，《山西师范大学学报》2009年第1期。

李婧：《农业生态园区旅游景观设计的理论与实践》，《大众文艺》2014年第18期。

李俊清、石金莲：《生态旅游资源》，中国林业出版社2007年版。

李乐兰、李林、张莉莉、刘帅、李未华：《吉林市体验型乡村旅游模式研究》，《科技创新导报》2014年第15期。

李仁杰、路紫：《国内生态旅游与区域可持续发展关系研究》，《地理科学进展》2009年第1期。

李巧义：《遂宁市旅游资源分类与评价》，《四川职业技术学院学报》2011年第2期。

李小明：《安康农业生态旅游资源定量分析及评价》，《杨凌职业技术学院学报》2015年第1期。

李亚男：《农业生态旅游资源分类及其开发经营评价体系研究》，

《现代经济信息》2014年第11期。

李杨：《长白山自然保护区旅游产业可持续发展研究》，硕士学位论文，吉林大学，2012年。

李友亮：《基于需求心理角度的"生态旅游"概念诠释》，《黑龙江生态工程职业学院学报》2009年第4期。

李真：《新疆维吾尔族民俗旅游资源体验性评价研究》，硕士学位论文，新疆师范大学，2009年。

廖君孝：《农业生态旅游中的突发事件应对机制研究》，硕士学位论文，浙江农林大学，2014年。

廖军华：《对我国发展农业生态旅游的思考》，《湖北农业科学》2009年第8期。

廖萌：《中国农业旅游发展研究》，硕士学位论文，福建师范大学经济学院，2007年。

林瑞报：《德化县农业生态旅游资源开发研究》，《热带农业工程》2013年第2期。

林秀治、陈秋华、赖启福：《农业生态旅游资源评价模型构建研究》，《林业经济问题》2010年第12期。

林秀治：《农业生态旅游资源评价指标体系构建研究》，硕士学位论文，福建农林大学，2011年。

林水富：《福建省生态旅游产品开发研究》，硕士学位论文，农林大学，2004年。

刘春：《东北地区生态农业发展研究》，硕士学位论文，吉林大学，2014年。

刘丽丹、韩旭：《宁夏农业生态旅游开发现状及前景探讨——以玉泉营葡萄山庄为例》，《农业科学研究》2008年第9期。

刘玲：《旅游环境承载力研究》（第9卷），中国环境科学出版社2010年版。

刘继生、孔强、陈娟：《中国自然保护区生态旅游开发研究当议》，《人文地理》1997年第12期。

刘江辉：《北京市昌平区旅游资源综合评价》，硕士学位论文，首都师范大学，2008年。

刘小航、唐卉：《海南旅游资源持续利用探讨》，《热带地理》2012年第22期。

刘旭玲：《高科技农业生态园旅游开发模式探讨——以新疆兵团中国彩棉科技园为例》，《科技视界》2013年第1期。

刘焰：《我国西部生态旅游产品绿色创新》，经济管理出版社2004年版。

刘宜晋：《乡村农业生态旅游开发模式调整初探——以蔡阳村生态旅游开发为例》，《大舞台》2011年第7期。

刘赵平：《分时度假产品在我国的变革和出路》，《中外饭店与餐饮》2002年第4期。

梁奋玲、张祖陆：《南四湖自然保护区生态旅游资源评价与开发》，《资源外发与市场》，2007年第3期。

梁仁君、臧宁波：《临沂市农业生态旅游的现状和可持续发展对策》，《临沂师范学院学报》2003年第6期。

梁锦海：《生态旅游地开发与管理研究》，《经济地理》2001年第5期。

缪林海：《生态风景林景观质量评价初探》，硕士学位论文，福建农林大学，2008年。

卢宏升、卢云亭、吴殿延：《中国生态旅游的类型》，《桂林旅游高等专科学校学报》2004年第15期。

卢云亭：《生态旅游与可持续旅游发展》，《经济地理》2006年第1期。

鲁青：《温州休闲农业生态旅游发展模式浅析与策略》，《北京农业》2015年第18期。

陆兴中、方海川、汪明林：《旅游资源开发与规划》，科学出版社2005年版。

陆月月、卿伟平：《关于发展贵州生态农业旅游的思考》，《贵州工业大学学报》（社会科学版）2013年第5期。

路明霞、李陇堂、王树春、谢东山：《银川市农业生态旅游产品开发及结构研究——以"塞上江南"枸杞园为例》,《宁夏大学学报》(自然科学版)2008年第1期。

罗千植:《我国农业生态旅游发展现状及展望》,《北京农业》2015年第21期。

罗云:《新常态必须要有新作为》,《四川党的建设》(城市版)2015年第7期。

骆静珊:《都市生态农业与乡村生态旅游的协调发展》,《昆明大学学报》(综合版)2005年第2A期。

吕永龙:《生态旅游的发展与规划》,《自然资源学报》2004年第1期。

马乃喜:《我同生态旅游资源的评价问题》,《西北大学学报》1996年第26期。

马秋芳、杨新军、王军伟:《基于游客的旅游资源分类及旅游空间模型构建——以西安"十一"游客为例》,《地域研究与开发》2009年第4期。

马耀峰、宋保平等:《旅游资源开发》,科学出版社2005年版。

马迎霜、陈芳、王庆:《基于复合生态系统的旅游观光农业发展探索——以湖北省罗田县为例》,《湖北农业科学》2015年第15期。

马勇:《区域旅游持续发展潜力模型研究》,《旅游学刊》1997年第12期。

马勇、李玺:《旅游规划与开发》,高等教育出版社2002年版。

［美］迈克尔·波特:《国家竞争优势》,陈丽芳译,中信出版社2007年版。

孟令彬:《试论农业生态旅游发展与旅游经济的关系》,《神州》2013年第17期。

孟晓苏:《"分时度假"——我国房地产业的产品创新》,《城市开发》2002年第9期。

铭月:《晋中明乐农业生态庄园成为晋中旅游新亮点》,《山西日报》2013年6月26日第C09版。

那守海、肖小英、张彦彦:《横头山国家森林公园旅游资源评价》,《森林工程》2009 年第 9 期。

倪川:《观光农业生态园规划设计理论研究与实践》,硕士学位论文,福建农林大学,2010 年。

裴洪淑、吕弼顺、张守志等:《和龙市生态旅游资源类型划分及其特征》,《延边大学农学学报》2007 年第 3 期。

彭思喜、张日新、马佩菲:《农业生态旅游可持续发展机制研究——以梅州丰华为例》,《广东农业科学》2014 年第 13 期。

钱奇霞、陈楚文:《森林公园风景资源评价与景观规划研究——以瑞安福泉山森林公园为例》,《福建林业科技》2011 年第 12 期。

邱海蓉、冯中朝:《茶园生态旅游资源可持续开发模式研究》,《生态经济》(学术版)2009 年第 5 期。

曲维东:《乌海市政协建言农业生态旅游发展》,《人民政协报》2012 年 2 月 9 日第 A02 版。

阮作庆、刘浩、徐颂军:《珠江三角洲生态农业旅游可持续发展探讨》,《生态科学》2011 年第 25 期。

赛江涛、张宝军:《试论生态旅游资源问题》,《河北林业科技》2014 年第 12 期。

石沐子:《莫莫格国家级自然保护区湿地生态旅游保护性开发研究》,硕士学位论文,东北林业大学,2009 年。

石进朝、朱启酒、钱静:《都市农业、生态旅游、文化创意产业融合之价值研究》,《北京农业职业学院学报》2013 年第 1 期。

师杨、商诗雨、于佳、彭玲、许斌:《内江市长江现代农业园生态农业旅游 SWOT 分析》,《内江师范学院学报》2012 年第 10 期。

舒伯阳:《中国观光农业旅游的现状分析与前景展望》,《旅游学刊》1997 年第 5 期。

孙海娜:《桂林"漓江上游"生态农业旅游开发研究》,硕士学位论文,广西师范大学,2014 年。

孙其勇:《国外农业生态旅游对苏州农耕文化旅游发展的借鉴意义》,《江苏农业科学》2013 年第 7 期。

孙彤、王帅:《农业生态旅游开发模式的研究——以湖北省恩施州枫香坡侗族风情寨为例》,《商业文化》2011 年第 11 期。

孙也椒:《自贡市飞龙峡森林公同景观资源评价及植物景观改造》,硕士学位论文,四川农业大学,2014 年。

孙巍巍:《秦皇岛市农业生态旅游经济发展现状探析》,《热带农业科学》2012 年第 3 期。

孙文昌:《应用旅游地理学》,华北师范大学出版社 1989 年版。

陶玉霞:《乡村旅游的概态体系构建》,《江西农业大学学报》(社会科学版) 2009 年第 5 期。

陶雨芳:《观光农业发展战略研究——以宁夏回族自治区为例》,西北大学,硕士学位论文,2003 年。

唐留雄:《中国旅游产业转型与旅游产业政策选择》,《财贸经济》2006 年第 12 期。

唐晓云、吴忠军:《农村社区生态旅游开发的居民满意度及其影响——以广西桂林龙脊平安寨为例》,《经济地理》2006 年第 5 期。

万绪才、朱应皋、丁敏:《国外生态农业旅游研究进展》,《旅游学刊》2012 年第 17 期。

王冰:《新疆那达慕草原节的体验性评价研究》,硕士学位论文,新疆师范大学,2010 年。

王斌:《吉林省发展生态旅游农业的资源优势及对策分析》,《长春大学学报》2002 年第 3 期。

王晨:《我国农业生态旅游中存在的问题及其前景探讨》,《旅游纵览》(下半月) 2015 年第 7 期。

王春燕:《生态旅游资源评价与开发研究——以艾比湖湿地国家级自然保护区为例》,《资源开发与市场》2009 年第 5 期。

王锋:《环太湖生态农业旅游圈综合评价与可持续发展研究》,博士学位论文,南京农业大学,2010 年。

王华斌、周玲:《生态旅游开发》,科学出版社 2000 年版。

王慧:《农业旅游对建设新农村的意义及其发展对策探析》,《农业发展》2006 年第 25 期。

王红霞:《五泄风景名胜区资源评价与景观保护》,硕士学位论文，浙江大学，2011年。

王力峰、王志文、张翠娟：《生态旅游资源分类体系研究》，《西北林学院学报》2006年第6期。

王健、阎同生、闫芬等：《涿州市生态农业旅游开发研究》，《河北农业科学》2008年第5期。

王建军、李朝阳、田明中：《生态旅游资源分类与评价体系构建》，《地理研究》2006年第25期。

王洁：《自然保护区生态旅游开发的社区影响与个案研究》，硕士学位论文，云南大学，2012年。

王金伟、李丹、李勇等：《生态旅游：概念、历史及开发模式》，《北京第二外国语学院学报》2008年第9期。

王鹏明、董洁：《关于基地实施农业生态旅游开发的初步构想》，《河南农业》2015年第17期。

王榕国：《福建连江坑园生态农业旅游产品开发研究》，硕士学位论文，福建农林大学，2013年。

王涛：《临沂市生态文明新农村建设问题研究》，《农业与技术》2015年第11期。

王曦：《基于CVM的旅游景区农业生态资源价值研究》，硕士学位论文，华中师范大学，2014年。

王婉飞：《我国分时度假市场需求实证研究》，《浙江大学学报》（人文社会科学版）2005年第6期。

王欣、吴殿廷、方修琦、肖敏：《旅游资源整合新论》，《桂林旅游高等专科学校学报》2005年第4期。

王霄：《生态旅游资源潜力评价——以江苏盐城海滨湿地为例》，《经济地理》2007年第9期。

王晓磊、李传荣、许景伟等：《济南市南部山区不同模式庭院林空气负离子浓度》，《应用生态学报》2013年第2期。

王兴斌：《中国旅游业可持续发展研究》，科学技术出版社1999年版。

王燕、孙德亮：《贵州喀斯特地区农业生态旅游发展初探》，《广东农业科学》2013年第7期。

王吟其：《甘肃省生态农业旅游发展问题研究》，《甘肃农业》2006年第11期。

王硕：《集安五女峰国家森林公园生态旅游资源评价与满意度研究》，硕士学位论文，吉林农业大学，2013年。

王振如、钱静：《北京都市农业、生态旅游和文化创意产业融合模式探析》，《农业经济问题》2009年第8期。

王兆礼、曾乐春：《中国农业旅游发展研究》，《云南地理环境研究》2004年第3期。

王忠先、周尔槐、旷允慧、周咪、童菊兰：《依托现代农业园区助推生态观光与休闲旅游产业》，《上海蔬菜》2014年第4期。

汪洪旭：《农业旅游开发对内蒙古呼伦贝尔草原生态环境的影响》，《水土保持研究》2015年第2期。

魏敏、冯永军、李芬等：《农业生态旅游可持续发展评价指标体系研究》，《山东农业大学学报》（社会科学版）2004年第6期。

魏敏：《农业生态旅游地可持续发展评价与规划研究》，硕士学位论文，山东农业大学，2004年。

温年晶：《城乡统筹视域下吉林省乡村旅游发展研究》，硕士学位论文，东北师范大学，2012年。

文旭东、陈国先：《探索大城市近郊农业生态旅游开发的新模式——以成都市温江区为》，《地方文化研究》2011年第3期。

吴碧漪：《海南旅游业可持续发展环境分析》，《华南热带农业大学学报》2012年第2期。

吴承照：《人与自然和谐发展的设计图解——国家公园游憩设计评介》，《中国园林》2013年第7期。

吴楚材、吴章文、郑群明等：《生态旅游概念的研究》，《旅游学刊》2007年第22期。

吴晋峰：《旅游系统与旅游规划》，《人文地理》2008年第7期。

吴菊安：《小流域综合治理型农业生态旅游发展研究》，《农业展望》2013年第10期。

吴琳萍：《福建省生态旅游资源分类及评价》，《闽江学院学报》2012年第6期。

吴庆书等：《海南旅游业发展与生态环境的关系研究》，《海南大学学报》2011年第18期。

吴书锋：《近年国内生态旅游文献述评》，《江西财经大学学报》2009年第14期。

吴雁华、傅桦：《关于观光农业发展的若干问题之探讨》，《首都师范大学学报》（自然科学版）2002年第23期。

吴洲：《从世界国家公园的发展看我国的风景区建设》，《辽东学院学报》（自然科学版）2012年第14期。

伍冠锁：《我国休闲农业的发展现状与对策》，《现代农业科技》2008年第10期。

冼明炫：《探索农业生态旅游经济发展》，《现代经济信息》2013年第15期。

项载昌：《生态农业旅游及其开发规划理论的初步探讨》，硕士学位论文，云南师范大学，2005年。

肖笃宁：《生态农业旅游透视》，中国旅游出版社2012年版。

肖洪磊：《禄劝县农业生态旅游的可持续发展研究》，《中国商贸》2014年第7期。

谢雨萍、邓祝仁：《发展生态农业旅游对乡村生态伦理的影响研究》，《旅游学刊》2006年第9期。

谢雨萍、李肇荣、耿文辉等：《桂北地区生态农业科普旅游开发示范》，《桂林旅游高等专科学校学报》2008年第11期。

谢雨萍、任冠文：《生态农业旅游内涵及相关概念辨析》，《旅游论坛》2009年第6期。

徐宝辉：《农业生态观光旅游心理需求研究》，《旅游纵览》（下半月）2014年第3期。

徐建：《休闲农业百花传香吸引游客竞相观赏——邹城休闲农业做靓生态旅游品牌小记》，《农产品加工》2014年第12期。

徐宁：《河北省农业旅游发展SWOT分析及对策研究》，《河北农业科学》2009 年第 13 期。

徐颂军、保继刚：《广东发展农业生态旅游的条件和区域特征》，《经济地理》2001 年第 3 期。

徐新洲、薛建辉：《基于 AHP——模糊综合评价的城市湿地公园植物景观美感评价》，《西北林学院学报》2012 年第 2 期。

徐栖玲、李庄容：《分时度假——我国度假宾馆淡季经营的福音》，《桂林旅游高等专科学校学报》2000 年第 3 期。

徐亚秋、赵东辉：《辉南龙湾群农业生态旅游现状及存在的问题》，《现代农业科技》2014 年第 9 期。

严贤春：《生态农业旅游》，中国农业出版社 2004 年版。

严韵、卢涛、王嘉：《结合农业园区规划探索农业生态旅游发展途径——以无锡市锡山区农业园区规划为例》，中国城市规划学会《多元与包容——2012 中国城市规划年会论文集（11. 小城镇与村庄规划)》，中国城市规划学会，2012 年。

鄢武先、王金锡、马朝洪等：《四川生态旅游资源评价指标体系的初步研究》，《四川林业科技》2007 年第 1 期。

闫观渭：《浅析农业生态旅游的发展策略》，《现代农村科技》2014 年第 23 期。

闫姗姗：《旅游资源综合评价体系构建与实证研究》，硕士学位论文，曲阜师范大学，2012 年。

燕贵成、胡永盛：《农业生态旅游景区开放式运营模式探究》，《农业经济》2014 年第 12 期。

杨阿莉：《甘肃省生态农业旅游可持续发展的现状及对策研究》，《甘肃联合大学学报》（自然科学版）2006 年第 20 期。

杨汉兵：《我国发展农业生态旅游的必要性与可行性分析》，《安徽农业科学》2014 年第 26 期。

杨桂华：《论生态旅游资源》，《云南大学人文社会科学学报》1999 年第 25 期。

杨桂华等：《生态农业旅游的绿色实践》，科学出版社 2011 年版。

杨桂华、钟林生、明庆忠：《生态旅游》，高等教育出版社 2000

年版。

杨桂林、潘剑萍：《观赏荷花在农业生态旅游中的应用与发展对策》，《广东科技》2014年第6期。

杨立娟：《分时度假：闻着"臭"吃着"香"》，《中国旅游报》2014年9月24日。

杨铭铎、焦翠翠：《农业旅游及其相关概念辨析》，《黑龙江科技信息》2008年第16期。

杨妮、李小明：《安康市农业生态旅游资源评价及开发建议》，《江西农业学报》2014年第9期。

杨文凤、卓嘎、师学萍：《藏东南生态旅游资源的分类与旅游业可持续发展战略探讨》，《中国农学通报》2009年第20期。

杨晓华：《我国农业生态旅游可持续发展探讨》，《资源调查与环境》2004年第2期。

杨欣、李凤兰：《汉江源头农业生态旅游发展探析》，《陕西理工学院学报》（社会科学版）2009年第3期。

杨载田：《湖南省的自然保护区及其旅游可持续发展研究》，《经济地理》2012年第2期。

姚治国、苏勤：《我国乡村旅游研究的主要内容》，《忻州师范学院学报》200年第1期。

叶青青：《基于GIS和多媒体技术的安图农业生态旅游系统的研究与设计》，硕士学位论文，吉林农业大学，2014年。

义旭东、陈国先：《探索大城市近郊农业生态旅游开发的新模式——以成都市温江区为例》，《地方文化研究》2011年第3期。

尹霞、陈昆才：《对旅游业发展的思考》，《合肥学院学报》（自然科学版）2004年第1期。

由亚男、刘红阳：《农业旅游区引入分时度假的意义及策略分析》，《商场现代化》2006年第20期。

优农：《生态农业旅游开发必备模式》，《农产品加工》2014年第11期。

于洁、袁龙海：《绿地中空气负离子的作用分析》，《科技创新导报》2011 年第 33 期。

于颖:《我国农业生态旅游中存在的问题与前景探讨》,《科技经济市场》2011 年第 4 期。

余敏:《旅游资源的经济学透视》,《商业经济文荟》2006 年第 4 期。

喻红林、路娜、邓楚雄:《基于 AHP 的新疆博湖县农业生态旅游资源评价研究》,《北方农业学报》2012 年第 1 期。

喻学才:《旅游资源》,中国林业出版社 2002 年版。

原清兰:《基于 AHP 的桂林生态旅游资源评价研究》,《重庆工商大学学报》(社会科学版)2009 年第 6 期。

袁力:《现代农业视域下的生态旅游发展》,《湖南农机》2013 年第 7 期。

袁书琪:《试论生态旅游资源的特征、类型和评价体系》,《生态学杂志》2004 年第 23 期。

悦川:《观光农业生态园规划设计理论研究与实践》,硕士学位论文,福建农林大学,2010 年。

张淡:《生态旅游资源多维价值评价体系初探》,《中国集体经济》2009 年第 6 期。

张东祥、董丽媛:《农业生态旅游产业发展对区域经济的影响与对策探索》,《农业经济》2014 年第 12 期。

张广瑞、宋瑞:《生态农业旅游政策与规划》,南开大学出版社 2011 年版。

张洪双:《基于利益相关者理论的黑龙江省农业生态旅游开发模式研究》,《知识经济》2010 年第 14 期。

张蕾:《论农业生态旅游经济的可持续发展》,《旅游纵览》(下半月)2013 年第 5 期。

张丽丽、岳本良、宋艳梅:《浅谈北方农业观光园规划》,《现代化农业》2009 年第 6 期。

张林英、徐颂军:《广东省自然保护区开展生态农业旅游的探讨》,《生态科学》2012 年第 21 期。

张纪南：《生态"特区"与海南旅游发展》，《海南大学学报》2010年第22期。

张佳通、安增龙：《海林农场农业生态旅游问题研究》，《农场经济管理》2014年第10期。

张建、李世泰：《新型城镇化背景下的乡村旅游发展路径研究》，《发展研究》2015年第6期。

张九菊：《十万大山国家森林公园生态旅游资源评价与开发研究》，硕士学位论文，广西师范学院，2012年。

张弥：《关于社会主义生态文明建设的几点思考》，《科学社会主义》2015年第3期。

张攀攀：《福建省生态农业旅游资源评价及开发研究》，硕士学位论文，福建农林大学，2011年。

张秋惠、杨絮飞：《吉林省生态农业旅游开发的对策研究》，《吉林师范大学学报》（自然科学版）2011年第27期。

张三丽：《依托农业示范园区发展生态旅游之浅见》，《农业技术与装备》2013年第1期。

张淑梅：《农业生态旅游——农业经济新的增长极》，《农业经济》2014年第2期。

张莹：《我国农业旅游资源开发研究》，《长春师范学院学报》（自然科学版）2006年第11期。

张永华：《生态农业旅游景区开发》，科学出版社2012年版。

张芝敏、陈颖：《农业生态旅游经济的可持续发展探析》，《农业经济》2012年第6期。

章家恩：《关于农业生态旅游的几点看法》，《农村生态环境》2000年第1期。

赵成城：《农业生态旅游园区建设项目风险管理研究》，硕士学位论文，吉林大学，2013年。

赵亚红、路紫：《河北省生态旅游资源模糊综合评判》，《石家庄学院学报》2005年第7期。

赵艺桦：《农业生态旅游经济的发展对地区旅游经济的影响》，

《中外企业家》2015年第20期。

郑景明、罗菊春、曾德慧：《农地生态系统管理的研究进展》，《北京林业大学学报》2002年第24期。

郑铁：《生态旅游农业发展研究》，《农业经济》2007年第10期。

郑薇、张吉立：《衡水市发展农业生态旅游的思考》，《江西农业学报》2010年第9期。

钟林生：《生态农业旅游》，化学工业出版社2013年版。

钟绍军：《吉林市发展生态旅游的对策和建议》，硕士学位论文，中国农业科学院，2007年。

周波：《澳大利亚农业生态旅游发展及对我国的启示》，《天津农业科学》2014年第6期。

周波、于洪雁、韩东：《基于产业融合理论的黑龙江农业生态旅游发展研究》，《现代商业》2013年第9期。

周晓卫：《县域农业生态旅游研究》，硕士学位论文，湖南农业大学，2009年。

周笑宇：《石碣崇焕农业生态旅游园项目商业计划书》，硕士学位论文，兰州大学，2013年。

邹开敏：《乡村旅游与农业旅游的内涵和关系辨析》，《通化师范学院学报》2012年第6期。

邹宽生：《江西省自然保护区的发展现状及对策》，《森林工程》2011年第2期。

邹仁爱、陈俊鸿、陈绍愿：《旅游地群落：区域旅游空间关系的生态学视角》，《地理与地理信息科学》2005年第4期。

左剑：《农业生态园旅游品牌开发研究——以昌坊农业生态园为例》，《旅游纵览》（下半月）2014年第8期。